富裕層マーケットで勝つための
新たな営業手法

プライベートバンキングの基本技術

公認会計士・税理士
岸田 康雄
著

Private
Banking

清文社

はじめに

　これまで、金融機関のリテール営業担当者は、手数料率の高い金融商品を売買させることに注力してきました。証券会社を例にとれば、為替手数料を期待できる外国債券、元本を取り崩して毎月高い分配金を支払っているかのように見せるREITなど、リテール営業担当者は、とにかくお客様に高い手数料を支払わせ、会社の利益を優先するような商品を売ることに邁進してきたはずです。

　しかし、欧米のリテール金融マーケットを見ていますと、販売されている金融商品のほとんどが手数料率の低いものです。その代わり、運用助言に対する報酬や、預り資産に対する管理報酬によって稼いでいます。今後の日本もこのようなビジネスモデルに変質する可能性があるでしょう。

　そこで、求められるのが、全く新しいスタイルのリテール営業のプロフェッショナルとしての「プライベートバンカー」です。プライベートバンカーは、手数料率の高い金融商品を販売することを考える必要はありません。お客様の最適な資産管理と運用方法をアドバイスすることに加え、相続・事業承継に関わるお客様の問題点を探り出して、問題解決へと導くのです。このような役割を果たすプライベートバンカーは、高齢化が進む日本の資産家のお客様に対してたいへん重要な役割を果たすことになります。

　資産家の資産運用、相続・事業承継をアドバイスできるプライベートバンカーは、これから、日本の金融業界においてその重要性がますます高まってきています。

　ただし、手数料率の高い金融商品の販売だけに邁進してきた従来型のリテール営業担当者がプライベートバンカーとなることは容易ではありません。プライベートバンカーが提供するサービスの範囲は非常に広いものだからです。

日本証券アナリスト協会の定義によれば、「プライベートバンカーとは、富裕層（マス富裕層を含む）のために、金融資産のみならず、事業再構築、事業承継を含めた生涯あるいは複数世代にわたる包括的・総合的な戦略をベースに投資政策書を立案し、その実行を助けるとともに長年にわたってモニタリングを続ける**専門家のこと**」とされています。この点、お客様から相談され、アドバイスする分野は、相続・贈与、事業承継、税務対策、内外不動産の取得・売却、金融・非金融資産の運用など多岐にわたりますが、こうした分野については全て習得しておく必要があるのです。

　お客様の財産管理を提案する際には、ご家族が達成したい目標、それを達成するにあたっての問題点、課題と解決策を明確化しなければなりません。その検討内容としては、例えば、家族構成、資金繰り、資産の分散、相続税など納税資金、資産運用・対策の提案並びに期待される効果、最適資産配分、ファミリー・ミッションの実現の可否などです。こうした価値あるサービスを提供するプライベートバンカーは、これまでのリテール営業以上にやりがいの大きな仕事となるはずです。

　しかしながら、プライベートバンカーが活躍する欧米と比べ、日本には次のような特有の事情があることから、本格的なプライベートバンカーが育成されているとはいえません。すなわち、相続税などの資産税制が欧米に比べて複雑なこと、土地制度が特殊であること、富裕層のみならずマス富裕層の存在が非常に重要で、顧客戦略が欧米とは異ならざるを得ないこと、細分化されている金融業務と複雑に入り組む業法・規制の存在、金融機関における短期の人事ローテーションです。

　その一方で、日本の経済環境は大きく変化し、急速な高齢化の進展が大きな影を落としています。それゆえ、金融資産や不動産の保全、次世代以降にどう引き継いでいくかが、個人にとって資産運用以上に重要になってきているともいえます。この高齢化問題は、日本経済を支える中小企業や個人事業のオーナー、その家族にとっても大きな影響を与えています。つ

まり、プライベートバンカーに対する社会的な役割期待が高まってきているといえるのです。

本書は、日本証券アナリスト協会が主催しているプライベートバンカー資格試験の受験生にとって最適な参考書です。プライベートバンカー資格試験は、富裕層に多様なサービスを提供するプライベートバンカーを本格育成するための、日本で初めての教育プログラムです。金融機関の窓口担当者や顧客担当渉外員、リテール金融業務に従事するスタッフ・管理職、さらにその上級幹部クラスを含む幅広い層を対象に、プライベートバンキングに関する知識や考え方を実務に即した視点から効率よく学ぶ機会を提供しています。

プライベートバンカー資格試験は、①リレーションシップ・マネジメント、②ウェルス・マネジメント、③不動産、④税金、⑤信託・エステートプランニング、⑥マス富裕層、⑦職業倫理で構成されています。学習範囲が広汎にわたり、テーマが相互に絡み合っている点が特長です。

本書によって基礎知識を整理し、プライベートバンカー資格試験の受験に臨んでください。難しく見える論点も図解を使ってわかりやすく整理してあります。

さらに、プライベートバンキングに携っておられる実務家には、基礎知識を再確認するために本書を活用していただければ幸いです。

最後に、本書を企画時から刊行まで担当していただいた株式会社清文社の橋詰氏には心より感謝を申し上げます。

平成27年10月

公認会計士・税理士

岸田　康雄

目 次

はじめに

第1章　リレーションシップ・マネジメント

Ⅰ ■ お客様の理解 …………………………………………………………… 2
　[1] 資産形成の経緯のヒアリング　2
　[2] 資産の現状の把握　3
　[3] 人生の夢はお金だけではない　3
　[4] プライベートバンカーの3つの役割　4
　[5] お客様の心の中に入る　6
　[6] 能動的資産として代表的な自社株式　9
　コラム　11
　例題1-1　12

Ⅱ ■ プライベートバンカー自身の分析　16
　[1] プライベートバンカーとしての強みと顧客基盤　16
　[2] プライベートバンカーの営業力の強化方法　17
　コラム　19
　例題1-2　20

Ⅲ ■ お客様との関係性構築と維持 ………………………………………… 22
　[1] お客様をいかに見つけるか　22
　[2] お客様から契約を取るには　23
　[3] 既存のお客様の関係性を維持するには　25
　コラム　27
　例題1-3　28

第2章　ウェルス・マネジメント

Ⅰ ■ ウェルス・マネジメントとは何か …………………………………… 34
　［1］お客様の幸せと人生の目的　*34*
　［2］お客様のニーズへの対応　*35*
　［3］お客様のリスク許容度　*35*
　［4］人生の計画と個人キャッシュ・フロー　*36*
　［5］個人の貸借対照表の作成　*40*
　［6］生命保険の活用　*42*
　　（1）定期保険　*44*
　　（2）終身保険　*45*
　　（3）長期平準定期保険　*48*
　　（4）逓増定期保険　*49*
　　（5）養老保険　*49*
　　（6）がん保険　*50*
　　（7）その他の保険商品　*52*
　コラム　*53*
　例題2-1　*54*

Ⅱ ■ 投資政策書の書き方 ……………………………………………………… 60
　［1］投資政策書の作成目的　*60*
　［2］目標運用利回りとリスク許容度の決定　*62*
　例題2-2　*66*

Ⅲ ■ 金融商品 …………………………………………………………………… 70
　［1］株式への投資　*70*
　［2］投資信託への投資　*77*
　［3］ETFへの投資　*82*
　［4］債券への投資　*86*
　［5］デリバティブと仕組債　*90*

例題2-3　*94*

Ⅳ■ファミリーミッション・ステートメント ……………………………… *102*
　［1］ファミリーミッション・ステートメントの作成方法　*102*
　［2］ファミリーガバナンス　*102*
　［3］財産承継に伴う問題　*103*
　　（1）経営の承継　*103*
　　（2）代償分割　*104*
　　（3）家計貸借対照表　*105*
　　（4）家族への所得分散　*110*
　　（5）次世代への承継を考えた金融資産運用　*112*
　例題2-4　*114*

Ⅴ■相続・事業承継 ……………………………………………………… *120*
　［1］事業承継　*120*
　［2］財産承継対策　*122*
　例題2-5　*124*

第3章　不動産

Ⅰ■不動産の3つの側面 …………………………………………………… *134*
　［1］不動産の利用と純投資　*134*
　［2］相続対策に有効な不動産　*136*
　コラム　*139*
　例題3-1　*140*

Ⅱ■不動産取引と不動産投資　*142*
　［1］不動産の売買手続　*142*
　　（1）不動産の売却　*142*
　　（2）不動産の購入　*144*
　　（3）宅地建物取引業者との媒介契約　*146*
　　（4）不動産仲介業者の仲介取引　*148*

（5）売買に必要な経費　*150*

　［2］不動産の売買契約　*152*

　　（1）重要事項説明書　*152*

　［3］不動産の登記　*156*

　　（1）不動産登記とは何か　*156*

　　（2）登記事項証明書の入手　*160*

　　（3）区分所有建物に係る権利　*163*

　　（4）登記識別情報　*164*

　　（5）登記費用　*165*

　［4］不動産投資の考え方　*167*

　　（1）不動産市場の動向　*167*

　例題3-2　*174*

Ⅲ ■ **不動産の関連税制** ……………………………………………………… *184*

　［1］不動産の取得に係る税金　*184*

　　（1）不動産取得税　*184*

　　（2）登録免許税　*186*

　　（3）消費税　*187*

　　（4）印紙税　*188*

　　（5）固定資産税・都市計画税　*188*

　［2］不動産の譲渡に係る税金　*191*

　　（1）土地・建物の譲渡所得の計算　*191*

　　（2）居住用財産の譲渡に係る3,000万円特別控除の特例　*192*

　　（3）居住用財産の譲渡に係る軽減税率の特例　*195*

　　（4）居住用財産の買換特例　*196*

　　（5）居住用財産の譲渡損失の損益通算及び繰越控除の特例　*198*

　　（6）居住用財産の買換え等の場合の譲渡損失の損益通算及び繰越控除　*200*

　［3］不動産の賃貸に係る税金　*201*

　　（1）不動産所得の計算　*201*

　［4］不動産の有効活用　*206*

(1) 等価交換方式 *206*

(2) 底地と借地権の交換の特例 *208*

コラム *209*

例題3-3 *210*

Ⅳ ■ 不動産の法令制限 ……………………………………………………… *222*

[1] 都市計画法 *222*

[2] 建築基準法 *224*

(1) 用途規制と道路 *224*

(2) 防火地域 *225*

(3) 建ぺい率 *226*

(4) 容積率 *228*

(5) 高さ制限 *232*

[3] 区分所有法 *234*

例題3-4 *236*

Ⅴ ■ 不動産の相続税評価 ………………………………………………… *244*

[1] 路線価による土地評価 *245*

(1) 間口距離の計算 *246*

(2) 奥行価格補正率の算定 *247*

(3) 一方路線のみに面する宅地の評価 *252*

(4) 側方に路線を有する宅地の評価 *255*

(5) 裏面に路線を有する宅地の評価方法 *259*

[2] 賃貸している土地の評価 *261*

[3] 小規模宅地等の評価減の特例 *262*

(1) 特例適用の要件 *263*

(2) 特定居住用宅地等の要件 *263*

(3) 1棟の建物の敷地である宅地のうちに自宅とそれ以外がある場合 *268*

(4) 特定事業用宅地等の要件 *269*

(5) 特定同族会社事業用宅地等の要件 *271*

(6) 貸付事業用宅地等の要件 *272*

（7）居住用宅地等が2つ以上ある場合　*273*

コラム　*277*

例題3-5　*278*

第4章　税金

Ⅰ ■ プライベートバンカーと税金……………………………………………… *288*

Ⅱ ■ 所得税 ……………………………………………………………………… *289*

　［1］所得の種類と計算　*289*

　［2］各種所得の計算方法　*292*

　　（1）利子所得　*292*

　　（2）配当所得　*292*

　　（3）不動産所得　*294*

　　（4）事業所得　*299*

　　（5）給与所得　*299*

　　（6）退職所得　*303*

　　（7）山林所得　*303*

　　（8）譲渡所得（土地・建物や株式以外）　*304*

　　（9）譲渡所得（株式等）　*304*

　　（10）譲渡所得（土地・建物）　*305*

　　（11）一時所得　*306*

　　（12）雑所得　*306*

　［3］所得控除　*307*

　　（1）雑損控除　*307*

　　（2）医療費控除　*308*

　　（3）社会保険料控除　*308*

　　（4）小規模企業共済等掛金控除　*308*

　　（5）生命保険料控除　*308*

　　（6）地震保険料控除　*309*

（7）寄附金控除　*309*

　　（8）障害者控除　*309*

　　（9）寡婦控除・寡夫控除　*309*

　　（10）勤労学生控除　*310*

　　（11）配偶者控除　*310*

　　（12）配偶者特別控除　*310*

　　（13）扶養控除　*311*

　　（14）基礎控除　*311*

　［4］税額控除　*312*

　　（1）配当控除　*312*

　　（2）寄附金控除　*312*

　　（3）雇用者の給与等支給額が増加した場合の特別控除　*312*

　　（4）住宅借入金等特別控除　*313*

　コラム　*315*

　例題4-1　*316*

Ⅲ ■ 贈与税と相続税　*324*

　［1］相続税の計算　*324*

　［2］贈与税の諸制度　*333*

　　（1）暦年贈与　*334*

　　（2）相続時精算課税　*334*

　　（3）贈与税の配偶者控除　*335*

　　（4）住宅取得等資金の贈与税の非課税制度　*336*

　　（5）教育資金の一括贈与に係る贈与税の非課税措置　*337*

　　（6）非上場株式等の贈与税の納税猶予制度　*337*

　例題4-2　*338*

Ⅳ ■ 法人税　*348*

　［1］法人の所得金額　*348*

　［2］法人税額の計算　*349*

　［3］繰越欠損金　*350*

コラム　*351*

　　例題4-3　*352*

V ■ 消費税 ……………………………………………………………… *356*

　[1] 消費税の仕組み　*356*

　[2] 消費税の計算　*357*

　コラム　*359*

　例題4-4　*360*

VI ■ タックス・プランニング …………………………………………… *364*

　[1] 相続の現場とその対応　*364*

　[2] 資産の組替え　*365*

　　(1) 自宅の住替え　*366*

　　(2) 遊休不動産を売却して賃貸不動産を購入する　*367*

VII ■ 事業承継における自社株対策 ……………………………………… *369*

　[1] 企業オーナーの相続対策　*369*

　[2] 事業承継に伴うリスク　*371*

　[3] 自社株式の評価　*372*

　[4] 事業承継税制　*378*

　コラム　*381*

　例題4-5　*382*

VIII ■ 金融商品取引に係るタックス・プランニング ………………………… *386*

　[1] 金融商品の税務　*386*

　　(1) 預貯金の利子　*386*

　　(2) 非上場株式の配当金　*386*

　　(3) 上場株式等の配当金　*386*

　　(4) 株式等の譲渡益　*386*

　　(5) 公社債等の利子　*386*

　　(6) 公社債等の譲渡益　*387*

　　(7) 公社債等の償還差益　*387*

　[2] 金融機関の特定口座　*388*

［3］証券税制の改正　*389*

第5章　信託とエステート・プランニング

Ⅰ ■ 信託の活用 …………………………………………………………… *392*
　［1］信託の基本　*392*
　［2］信託を使った金融商品　*398*
　［3］新しい信託スキーム　*399*
　［4］受益権の評価　*404*
　［5］信託の課税方法　*406*
　［6］事業承継における信託の活用　*407*
　［7］民事信託　*409*
　コラム　*413*
　例題5-1　*414*

Ⅱ ■ 成年後見制度 ………………………………………………………… *424*
　［1］成年後見制度の基本　*424*
　［2］法定後見制度　*425*
　［3］任意後見制度　*426*
　コラム　*427*
　例題5-2　*428*

Ⅲ ■ エステート・プランニング ………………………………………… *430*
　［1］エステート・プランニングの基本　*430*
　［2］エステート・プランニングの進め方　*430*
　［3］顧客タイプによるエステート・プランニングの違い　*432*
　　（1）中小企業オーナー　*433*
　　（2）不動産オーナー　*434*
　　（3）プロフェッショナル、キャッシュ・リッチ、上場企業オーナー株主　*435*
　例題5-3　*436*

第6章　マス富裕層

Ⅰ ■ マス富裕層の職業と財務 …………………………………………………… 444
　[1] マス富裕層とは何か　444
　[2] マス富裕層の職業　445
　[3] マス富裕層のキャッシュ・フロー　446
　例題6-1　448

Ⅱ ■ マス富裕層へのソリューション ……………………………………………… 452
　[1] 資産形成期のソリューション　452
　　(1) 強制的な貯蓄商品　453
　　(2) 非課税貯蓄制度の活用　453
　　(3) 法人契約の生命保険の活用　454
　　(4) 暦年贈与による相続税対策　455
　　(5) 海外不動産による税負担の軽減　457
　　(6) オペレーティング・リース取引による税負担の軽減　458
　[2] 資産保全期のソリューション　459
　　(1) 老後資金の確保　459
　　(2) 不動産に係る相続税対策　460
　　(3) リバースモーゲージによる相続税対策　461
　　(4) 個人の生命保険契約の見直し　461
　　(5) 遺言書の作成指導　462
　コラム　463
　例題6-2　464

Ⅲ ■ マス富裕層へのマーケティング ……………………………………………… 470
　[1] ソリューションの定形化　470
　[2] 組織的な営業戦略　470
　　(1)【第1ステップ】顧客データベースの構築　470
　　(2)【第2ステップ】顧客囲込みのための外部組織との提携　471
　　(3)【第3ステップ】データベースや提携先と連動したセミナーの実施　472

コラム　*473*
例題6-3　*474*

第7章　職業倫理

Ⅰ ■ 職業倫理についての考え方 ……………………………………………… *478*
　[1] プライベートバンカーの職業倫理　*478*
　[2] 法令、自主規制とプライベートバンキング業務　*478*
Ⅱ ■ プライベートバンカーの職業行為基準 ………………………………… *481*
　[1] 顧客への最善のアドバイス提供　*481*
　[2] 利益相反の排除　*482*
　[3] 専門家としての能力の維持・向上　*484*
　[4] 顧客の秘密保持　*484*
　[5] 投資の適合性　*485*
　[6] 不実表示に係る禁止等　*485*
　[7] 資格・認可を要する業務上の制約　*485*
　例題7-1　*486*

第8章　参考資料

Ⅰ ■ 税率表 ……………………………………………………………………… *500*
　[1] 所得税の税率表　*500*
　[2] 住民税の税率表　*500*
　[3] 贈与税の税率表　*501*
　[4] 相続税の税率表　*501*
Ⅱ ■ 相続税額早見表 …………………………………………………………… *502*

※本書の内容は、平成27年10月1日現在の法令等に基づいています。

第1章

リレーションシップ・マネジメント

I ■ お客様の理解

[1] 資産形成の経緯のヒアリング

　お客様に対して的確なアドバイスを提供するためには、先にお客様のニーズを正しく把握しなければならない。そのためには、お客様と良好な関係を築き、安心感、信頼感を醸成したうえで、お客様の過去の体験をヒアリングしておく必要がある。具体的な提案に入る前に、お客様の基本情報をできる限り正確に入手するのである。

　例えば、**どのようにしてこれほどの財産を築くことができたのか**、親からの相続なのか、本人が興した事業の成功なのか、その理由を聞くことが重要である。

財産を蓄積できた理由を確かめる
○ 親からの相続
　✓ 親の相続税申告書を見せてもらい、どのような遺産を相続したのか確かめる。
○ 事業の成功
　✓ 企業経営の成功
　✓ 賃貸不動産経営の成功
　✓ 個人事業（特に、開業医師、開業弁護士は高額な所得）

　これによって、適切なアドバイスを提供できるようになるだけでなく、コンプライアンスに抵触する事項が無いかを確かめ、マネーロンダリングに巻き込まれることを防ぐことができる。

　お客様が事業経営者である場合、事業の経営方針や投資意思決定の判断基準を聞くことも不可欠である。これによって、**投資（有価証券だけでなく不動産も）に対する本人の好みやリスク許容度**を知ることができるからである。

また、事業経営者であるお客様個人は、本人が経営する会社に対する重要な資金提供者であることから、会社の資金繰りとの関係を考慮したうえで、自社株式以外の投資対象を決めなければならない。個人であっても法人であっても、絶対に回避しなければならないリスクは**資金繰りリスク**である。経営する会社が黒字の場合、長期的でリスクを取った運用が可能となると判断できる。しかし、会社が赤字であれば、短期的でリスクを取らない運用方針をとる必要がある。

[2]　資産の現状の把握

　投資家のリスク許容度を測る基本的な指標が、**個人の純資産額（正味財産額）**である。すなわち、資産から負債を差し引いた正味の財産額である。一般的に純資産額が大きければ大きいほどリスク許容度が高いと評価される。

　また、流動資産と負債との関係において、負債の返済可能性も評価しておくことが必要である。詳細は後述するが、個人の貸借対照表を作成した場合、**将来発生するであろう相続税額**は、簿外債務（見えない債務）として、負債の1つに認識しておかなければならない。

　負債を返済するための流動資産としては、現金預金、金融資産、死亡保険金等がある。ただし、上場企業オーナーの場合、上場有価証券であっても経営上の理由（持株比率の維持）から売却できない状況にあることが多く、実質的に固定資産として扱うべきものもある。

[3]　人生の夢はお金だけではない

　プライベートバンカーの真の役割は、**お客様の人生の夢の実現**である。日常業務である財産の管理や運用は、お客様の人生の夢を実現するための

手段の1つにしかすぎないことを理解しなければならない。

プライベートバンカーは、お客様のお金を増やすことだけを提案すべきではない。お客様の夢がいかにして実現するか、お客様がどれだけ幸せになるかを考えて、資産運用やそれ以外のサービスまで提供すべきである。もし、お客様がお金の価値を正しく理解していないとすれば、プライベートバンカーは、**お金との正しい付合い方**をアドバイスしてあげるべきであろう。

お金との正しい付合い方を理解することは不可欠である。その前提として、お金を活用できる分野とそうではない分野があることを知っておく必要がある。

お金を活用できる分野としては、生活に必要なものの購入、他人への支援、他人の時間を買うことがある。

今後、重要になってくるのは、**海外の高度医療サービス**を利用することである。高額な費用がかかるが、富裕層にとっての貴重なお金の使い途となることは間違いない。プライベートバンカーとして、海外トップクラスの医療機関へお客様を案内することも重要な仕事の1つとなってくるはずである。

一方、お金を活用できない分野としては、愛情や友情、身体の健康、仕事がもたらす欲求（所属、承認、尊敬、自己実現）などがある。

[4] プライベートバンカーの3つの役割

プライベートバンカーの果たすべき役割として、第1に、**カウンセラーとしての役割**がある。これはお客様のライフデザイン（人生設計図）をお客様がご自身で描けるように支援することである。この際、お客様本人に熟考させるべきであり、そのためにカウンセラーが本人の話を傾聴することが効果的である。

第2に、**コンサルタントとしての役割**である。具体的には、老後資金を準備するためのアドバイスを行うことである。この際、様々な変数を考慮して財務シミュレーションを行うことになる。例えば、老後資金が不足する状況にある場合、退職時期の延長、生活費の削減、資金の積極運用によって老後資金を増やすようなアドバイスを行うこととなる。

　第3に、**コーチとしての役割**である。長期的な資産形成を目指す場合、ときには変動性ある商品の時価が下落することもあるが、そのような場合も決して狼狽売りすることなく、顧客の冷静さを保たせなければならない。すなわち、プライベートバンカーは、長期資産形成を傍で支え、価格変動がもたらす欲求と恐怖をお客様が乗り越えられるように支援し、本来の正しい長期運用が継続できるようにお客様を導かなければならない。

【プライベートバンカーの3つのCの役割】

①　カウンセラーとしての役割
②　コンサルタントとしての役割
③　コーチとしての役割

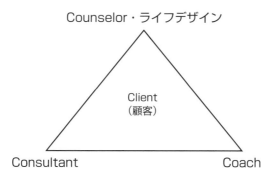

・ファイナンシャルプランニング（人生の資金操り）
・インベストメントプランニング（アセットロケーション）
・金融商品の選択
・定期的見直し
・欲と恐怖に打ち勝つための資産形成の伴走者

（出所：プライベートバンキング上巻）

[5] お客様の心の中に入る

お客様のニーズを探り出すためには、お客様との信頼関係を醸成し、お客様との共感を形成することが必要となる。**お客様の悩みを真剣に聴く**ことによって、プライベートバンカーが提案できるサービスを考えきっかけとすることができる。ヒアリングの際には、以下のようなお客様のお悩みや懸念事項を聴くことが基本である。

第1に、**健康上の悩み**を聴くことである。お客様本人だけでなくご家族の健康状態を聴き、病気等の治療のサポートが必要であれば、高度医療サービスや専門医を紹介するなどのサービスを提供する。また、医療費の支払いに足る資金を確保するようなライフプランを提案する。

第2に、**家族の人間関係に関する悩み**を聴くことである。特に、企業オーナー（会社経営者）の場合、親子の不和が2大派閥を形成し、会社経営を混乱に招くケースがあるため、創業者と後継者の不仲は絶対に解消すべきである。

また、**お子様やお孫様の教育問題**についてもお客様の大きな悩みの1つとなっているケースが多いため、相談があればプライベートバンカーは自らの人脈をフル活用し、受験に詳しい専門家や有識者を積極的に紹介すべきである。さらに、企業活動の国際化に伴い、自社の後継者として予定する子供を海外留学させたいと考えるお客様も増えてきている。次世代教育の一環として海外留学の斡旋もプライベートバンカーのサービスの1つとして考えるべきであろう。

企業オーナーのお客様の家族の関係を分析するうえで有用なツールは、ハーバード大学ビジネススクールで教えられている「**スリーサークルモデル**」であろう。3つのサークルで区分された7つ領域に属するステークホルダーは、それぞれの立場の違いによって様々な利害衝突が生じることになる。

「スリーサークルモデル」は、家族の事業（家業）を「**ファミリービジネス**」と呼び、その所有、経営、ファミリー（家族）という3つの要素から成る複合体であると考えるものである。ファミリービジネスとは、創業者や創業者の親族など、いわゆる創業家が中心となって経営されている事業を指し、**同族企業**とか**オーナー系企業**と呼ばれることも多い。そのような企業では、創業家が議決権の大部分を継続保有し、創業家の親族が主要な経営陣に入ることになる。

【スリーサークルモデル】

スリーサークルモデルを構成する3つの要素
① 資産の所有
② 事業の経営
③ ファミリー（家族）

ファミリービジネスを構成する3要素（スリーサークルモデル）

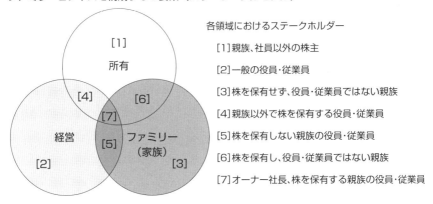

各領域におけるステークホルダー
[1] 親族、社員以外の株主
[2] 一般の役員・従業員
[3] 株を保有せず、役員・従業員ではない親族
[4] 親族以外で株を保有する役員・従業員
[5] 株を保有しない親族の役員・従業員
[6] 株を保有し、役員・従業員ではない親族
[7] オーナー社長、株を保有する親族の役員・従業員

（出所：Tagiuri and Davis, "Bivalent attributes of the family firm" (Family Business Review 1982)）

【スリーサークルモデルの構成要素】

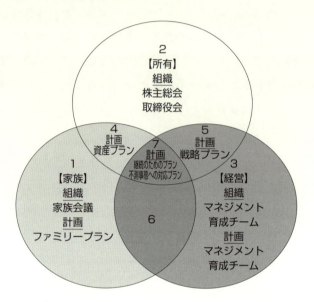

(出所:プライベートバンキング上巻)

　一般的に、スリーサークルモデルの3要素は、事業の成長や時間の経過とともに拡散する。すなわち、利害関係者が増えるのである。このためファミリービジネスの発展段階に応じて、全ての領域において様々な課題が生じ、複数のサークルが重なる部分においてはファミリービジネス特有の課題が生じやすい。特に、3つが重なる領域(図中の[7])では、親族間だけでなく、多様な利害関係者とのコミュニケーションの課題が生じる。

　第3に、**財産に関する悩み**を聴くことである。金融機関のプライベートバンカーが投資提案を行う際、お客様の余裕資金の運用目的を正確に把握することは基本である。

　お客様の保有する資産は、その運用可能性によって2つに大別できる。1つは受動的資産、もう1つは能動的資産である。

　受動的資産は、不動産投資や有価証券運用のように外部専門家に任せた

ほうがよい資産である。これについては、プライベートバンカーが積極的に改善のアドバイスを提案したほうがよい。一方、**能動的資産**は、会社経営のようにお客様本人の意思と能力を必要とする資産である。これについては、プライベートバンカーが直接支援することができないため、問題解決の道筋を明確化するなど、意思決定の方法をアドバイスすることとなる。

［6］ 能動的資産として代表的な自社株式

自社株式は能動的資産として代表的なものである。これは、会社経営を行うためにお客様本人の意思と能力を必要とする資産であり、プライベートバンカーが直接運用することはできない。それゆえ、問題解決のための助言にとどまることになるが、自社株式の取扱いで最も重要な**株式承継**をアドバイスできるようにしたい。

株式承継の方向性は以下のように整理できる。

【事業承継の方向性】

	株式の承継先	経営の承継先
親族内承継	子供	子供
	子供	役員・従業員
親族外承継	役員・従業員	役員・従業員
	第三者	第三者
廃業	なし	なし

子供を後継者として自社を継がせたいと考える創業者が多いため、自社株式の承継先は**親族内承継**が基本である。その際、子供に後継者教育を行い、株式の承継に伴う税負担を最小化させることを検討する。しかし、子供に株式を継がせても、何らかの理由で経営は社内の従業員に任せるケースもある。いわゆる「所有と経営の分離」である。これは避けたほうがよい。

しかしながら、最近増えてきているのが**親族外承継**である。これは子供が会社を継がない、そもそも子供がいないケースである。その際、役員・

従業員に会社を継がせるか、第三者に売却するしかない。役員・従業員への承継は、**MBO**（Management Buy Out）と呼ばれるが、これは株式の売買を伴うＭ＆Ａの一種であり、サラリーマンである役員・従業員が高い評価額の株式を買うことができるかどうか、大きな銀行借入金に対する債務保証を引き継ぐことがができるかどうかが最大の問題となる。

　廃業については、社会的に見れば、価値ある事業や雇用機会の喪失を招くものとして回避せよといわれることが多いが、資産超過で廃業するのであれば、お客様個人としては正しい選択肢といえる。なぜなら、資産価値の流出を招く赤字事業は止めてしまい、不動産経営など安定的な事業へ切り替えることが合理的だからである（会社は不動産管理会社となる）。旧本社は、会社経営を止めて、賃貸オフィスビルとして賃料を得るほうが儲かる場合がある。会社の経営環境の変化は激しいため、変化に対応した株式承継が必要なのである。

【コラム】プライベートバンカーの相続・事業承継の提案書①

　著者が実務で作成したお客様向け提案書を紹介する。

　これは事業売却を提案したものである。オーナー経営者が子供に任せて新規事業を立ち上げたものの、本体を売却することとなった。M&Aである。しかし、買手が株式100%買収ではなく経営統合を希望したため、株式移転によって共同持株会社を新設、その持株会社株式を20%ずつ5年間に分けて譲渡することとなった。その譲渡代金をオーナー経営者は子供に暦年贈与するのである。子供はその資金を元手に子会社の株式を買い取る。これによって、スムーズな事業売却と子供への財産承継が実現した。

他社との経営統合

> 20%ずつ5年間かけて株式を売却します。

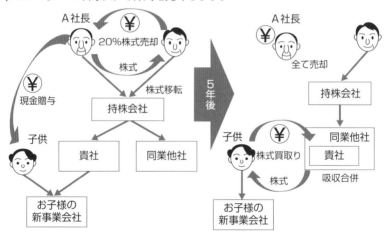

例題1-1　以下の各記述を読み、正しいか誤っているかを判定しなさい。

【問題】

1. 顧客に対するヒアリングを行う目的は、本人の投資体験や資産形成の経緯を知ることによって、最適な運用方針を提案するためのみである。

2. 上場企業オーナーが、その親族の支配権の維持するため、ある一定比率の上場株式を継続して保有する方針をとった場合、上場株式であっても相続税の納税手段として考えるべきではない。

3. 顧客が経営する会社が黒字の場合、長期的かつ安定的な資金運用が必要となるが、会社が赤字であれば、資金繰りを改善させるために、短期的に値上りを目指す積極的な資金運用も必要となる。

4. 個人財産を評価する際、将来発生するであろう相続税額は、見えない債務として認識しておかなければならないが、配偶者に相続された個人財産が子供に相続される際の相続税額は認識する必要はない。

5. 年収から逆算した時間給が高い富裕層は、個人の秘書や家政婦を雇い、運転手付きのハイヤーを使うなど、高い費用を負担することになっても、外注サービスを積極的に活用したほうがよい。

【解答1-1】

1. 誤り。顧客に対するヒアリングを行う重要な目的の1つに、**コンプライアンスに抵触する事項が無いか**を確かめ、マネーロンダリングに巻き込まれることを防ぐことがある。

2. 正しい。

3. 誤り。個人と法人とは密接な関係がある。会社（法人）が黒字の場合、長期的でリスクを取った運用が可能となるが、会社が赤字であれば、**短期的**で**リスクを取らない**運用方針をとる必要がある。

4. 誤り。個人財産は、本人から配偶者への相続（一次相続）、その配偶者から子供への相続（二次相続）の2回にわたって次世代に承継されるため、将来発生するであろう相続税額は、本人から配偶者への相続の際に課される税額だけでなく、配偶者から子供への相続の際に課される税額も併せて認識しておかないと、個人財産に係る納税可能性を分析することができない。

5. 正しい。年収から逆算した時間給が高い富裕層は、**単位時間当たりの機会費用**が大きいため、代行サービス分野で他人の作業・時間を買ったほうが得策である。

6. 将来的に顧客の老後資金が不足する状況にある場合、資金を保守的に運用することによって、可能なかぎり資金を目減りさせないようにアドバイスすることが適切である。

7. 顧客が病気等の問題を抱えている場合であっても、高度医療サービスや専門医を紹介することは、法律的な問題をもたらし、後からトラブルを招くもとになるので、避けたほうがよい。

8. 会社経営者がこれまで営んできた事業を廃業すると、多額の清算損失が発生するとともに、従業員の雇用も失われてしまうため、絶対に避けるべきである。

9. プライベートバンカーは、個人の財産管理や財産承継に係るサービスだけでなく、企業経営、コーポレート・ファイナンスやファミリービジネスの分析に係る助言やアドバイスまで提供しなければならない。

6. 誤り。顧客の老後資金が不足する状況にある場合、銀行預金を中心とした不作為状態となっている流動資産を、**本格的な資産運用によって増やすこと**を提案すべきである。その際、資産配分を抜本的に見直し、具体的な投資商品を提案することとなる。

7. 誤り。顧客が病気等のために治療が必要であれば、**高度医療サービスや専門医**を紹介すべきである。紹介先から見返りとしての紹介手数料を受け取ることについては職業上の問題を伴うため避けるべきであるが、顧客が入手できない高度な医療サービスを顧客に紹介することは、プライベートバンカーとして重要なサービスの1つとなる。

8. 誤り。**資産超過**で廃業するのであれば、賃貸不動産経営など安定的な事業へ切り替えるべきである。それによって、赤字事業によって資産価値が流出することを防ぎ、個人資産の価値を維持することが可能となる。旧本社では、会社経営を止めて、賃貸オフィスビルとして賃料を得るほうが儲かる場合も多い。

9. 正しい。プライベートバンキングの中核顧客である**同族企業オーナー経営者**の課題に包括的に対応するためには、個人の財産管理や財産承継に係るサービスだけでなく、コーポレート・ファイナンスやファミリービジネスの分析サービスまで提供しなければならない。

II ■ プライベートバンカー自身の分析

[1] プライベートバンカーとしての強みと顧客基盤

　プライベートバンキング業務をビジネスとして行う市場には、多数の競合他社が存在している。そこでの市場競争に勝ち抜くためには、お客様にとって**自社の強み**がどこにあり、それをどのように活用するかを考えなければならない。

　自社の相対的な強みを分析する観点は、①商品・サービスの品質、②顧客基盤、③収益性の3点であるが、中でも**顧客基盤が競争力の中心となる**。その際、お客様から獲得できる収益を長期的に評価すべきである。すなわち、顧客がもたらす生涯にわたるキャッシュ・フローの現在価値を、お客様がプライベートバンカーにもたらす生涯価値（ライフタイムバリュー＝LTV）として定義し、それを極大化することをプライベートバンカーの目標とするのである。

プライベートバンカーの「強み」
①　商品・サービスの品質
②　顧客基盤
③　収益性

　お客様の生涯価値を向上させるには、次の3点からその向上に寄与する取引がなされているかを検証する必要がある。

　第1に、**いかに長く顧客でいてもらうか**である。第2に、**お客様が他の見込み客を紹介してくれるか**である。富裕層の顧客紹介は、同じレベルの財産を持つ富裕層から受けることがほとんどであり、富裕層でない人から富裕層の見込み客が紹介されることはない。プライベートバンキングのビ

ジネスでは、**既存顧客による顧客紹介が最も確実で優良な新規顧客獲得の手法**なのである。積極的にご友人や知人を紹介いただけるような機会を作ることが重要である。第3に、**クロスセルとアップセル**である。これは、お客様がもたらす生涯勝ちに直接影響を与えるものであり、クロスセルとは、有価証券運用というプライベートバンキングのコア業務に加えて、相続税対策を目的とした生命保険のような商品を販売することをいう。一方、アップセルとは、お客様は比較的満足度の高いプライベートバンカーへの信頼を高めると、他のプライベートバンカーからそこに資金を集中させて、取引額を増加させる傾向があることをいう。このように、お客様がもたらしてくれる生涯価値は、**顧客維持率の向上**、**顧客紹介**そして**クロスセルやアップセル**の3つを達成することで増大することになる。

生涯価値の増大の手段
① 顧客維持率の向上
② 顧客紹介
③ クロスセルとアップセル

---

［2］ プライベートバンカーの営業力の強化方法

お客様からの他の顧客紹介、提携する専門家から様々な案件の紹介をもらうためには、**紹介を受けるための仕掛け作り**が必要である。その手法としては、3つある。

第1に、**ノウハウを文書化してアピールすること**である。これについては、自らが有するノウハウをWebサイト上で公開するとよいだろう。

第2に、**メディアへの効果的露出を演出すること**である。富裕層は、相続税対策という共通の課題と社会的に際立った存在という意味で目立つ存在であるため、外部業者の売り込みが多く、それゆえ、商品やサービスを売り込もうとする人間に対して厳しい選別眼と強い懐疑心を持っている。

したがって、売り込むよりも**顧客を引き寄せること**が重要である。ただし、顧客ターゲットを富裕層市場に絞るのであれば、大規模な広告宣伝を行うようなマス・マーケティングは必要なく、特定の顧客セグメントに絞り込んだ媒体に、自分のノウハウを提供して顧客開拓し、そこからの紹介の連鎖を起こすことができれば、十分であろう。1人当たりの売上高も相対的に大きいからである。

　第3に、**専門家からのお墨付きを得ること**である。特定の富裕層にアプローチする方法として、彼らが好んで読む雑誌に連載記事を寄稿したり、彼らが集まる勉強会に講師として招かれたりするとよい。特に、大手出版社からの書籍出版は効果的である。第三者的な立場にある大手出版社から認知を得ることで、お客様へ売り込む必要はなくなり、良い商品やサービスの提供者としてお客様のほうから選んでもらえるようになる。

　そして、顧客からプライベートバンカーが選好されるようになるには、**こちらから先に利益を提供して、相手に好きになってもらうこと**が必要である。例えば、お客様から直接依頼をされた仕事だけでなく、その周辺の課題についても情報提供するよう心掛けることである。また、きめ細かな情報提供を続け、短期的には見返りを一切期待しないで、お客様の利益への貢献を続けることである。この心掛けで接していくと、やがてプライベートバンカーへの信頼が高まり、個人的な相談を行ってくれるお客様になってくれるはずである。

　相手が一流の人物であればあるほど、**先行投資は大きく戻ってくると信じて続けること**が大事である。プライベートバンカーのお客様のほとんどは、高齢者であるため、残りの人生を考えて誰と時間を過ごすか考えて、付き合う人間を選択している。お客様から選好されるプライベートバンカーになることが必要となる。

【コラム】プライベートバンカーの相続・事業承継の提案書②

著者が実務で作成したお客様向け提案書を紹介する。

これは親族外(従業員)への事業承継である。親族内で後継者が見つからなかったため、従業員への承継を決定した。しかし、株価が高く、サラリーマンであった従業員には買取資金が無い。そこで、受け皿会社を作り、買い取る株式を担保として銀行から資金を借り入れる。受け皿会社は現金交付型合併を行い、現金対価で事業を譲り受ける。事業を売却した創業オーナーは、多額の現金を所有する会社を持つことになるが、法人による不動産投資など、今後の節税対策の余地は大きい。

MBOのスキーム

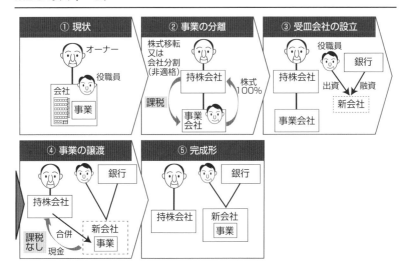

例題1-2　以下の各記述を読み、正しいか誤っているかを判定しなさい。

【問題】

1. 新規顧客の開拓は、飛込み営業を行うなど自ら積極的な営業活動に取り組むべきであり、既存のお客様が他の顧客を紹介してくれることを期待すべきではない。

2. 既存顧客から他の顧客を紹介してもらうために、大手出版社からの書籍出版を行うことができれば、良い商品やサービスの提供者としてお客様のほうから選んでもらえるようになる。

3. 顧客の利益をもたらすような無償の支援を行うとしても、その見返りとして次の仕事をご依頼いただくなど、顧客の生涯価値を高める手段として行うものであり、コストとベネフィットの関係を考慮しなければならない。

4. 税理士や弁護士など富裕層のプライベートバンキングに不可欠な士業と戦略的な提携関係を結ぶことは、顧客に提供するサービスの価値を高めることとなる。

【解答1-2】

1. 誤り。プライベートバンキングのビジネスでは、**既存顧客による顧客紹介が最も確実で優良な新規顧客獲得の手法である**。富裕層の顧客紹介は、同じレベルの財産を持つ富裕層から受けることがほとんどであり、富裕層でない人から富裕層を顧客として紹介されることはない。したがって、イベントや交流会の開催など、既存の顧客から紹介を受けられるような機会を積極的に作るべきである。

2. 正しい。**大手出版社からの書籍出版は効果的である**。第三者的な立場にある大手出版社から認知を得ることで、お客様へ売り込む必要はなくなり、良い商品やサービスの提供者としてお客様のほうから選んでもらえるようになる。

3. 誤り。プライベートバンカーとして、お客様との関係を継続させるためには、**短期的にはその見返りを一切期待しないで、お客様の利益への貢献を続けることが重要である**。これによって、プライベートバンカーへの信頼が高まり、個人的な相談を行ってくれるお客様となる。

4. 正しい。プライベートバンカーが提供できるサービスにも限界があり、士業の独占業務まで提供することはできない。顧客にもたらす付加価値を最大化しようとするならば、戦略的な提携関係にある士業ネットワークの力を活用することが不可欠である。**初回無料相談などのサービスを提供してくれる税理士や弁護士との提携関係**を築いておくべきである。

III ■ お客様との関係性構築と維持

[1] お客様をいかに見つけるか

　プライベートバンキング業務の出発点は、他の事業と同じくお客様を見つけること、すなわち、マーケティングである。他の事業であれば、インターネットや雑誌メディアの広告宣伝などマス・マーケティングが有効な場合があるだろう。しかし、プライベートバンキング業務では、広範囲の広告宣伝は全く通用しない。

　プライベートバンキング業務でお客様を見つける方法は、**顧客紹介、すなわち、既存のお客様から他のお客様を紹介してもらうこと**である。いま関係を持っている富裕層が、いま提供しているサービスに満足してくれた場合、新たな富裕層のお客様を紹介してくれるのである。これが唯一の方法だといっても過言ではない。お客様にとってみても紹介責任を伴い、信用問題にも発展しかねないだけに、プライベートバンカーの紹介には慎重になる。

　もちろん、紹介を期待できるお客様とそうでないお客様がいる。見込み客を紹介していただけるようなお客様とは長い時間のお付合いが必要となるため、プライベートバンカー自身と性格や価値観が合っていることが必要であろう。また、客観的にも幅広い交友関係を持ち人脈が豊富な人物であることは大前提となる。このようなお客様とは親密な関係性を築き、他の顧客紹介を期待する。これがプライベートバンカーの営業手法となる。

　それでは、既存のお客様から他のお客様を紹介してもらうためには、プライベートバンカーはどうすればよいのであろうか。

　企業オーナーのお客様であれば、**既存のお客様が運営する事業を支援す**

ることである。経営されている事業の売上拡大に具体的に寄与するために、**取引先を紹介するなどの営業支援を行う**。また、コスト削減に効果的な提案を行うこと、外部から採用することが難しい優秀な幹部人材を紹介することである。

　プライベートバンカーが無償でこのような支援を提供し、その結果お客様に喜ばれたときには、そのタイミングを逃すことなく、「社長のようなお客様をぜひご紹介いただけないでしょうか」とストレートに依頼することが効果的である。お客様としてもプライベートバンカーに見返りを提供しようと務めるはずであり、意識的に紹介できそうな友人や知人を探すことになろう。それによって、それまでの時間と手間を掛けてきたお客様への投資を回収するのである。

　また、ビジネス以外の側面からもお客様の期待を超えるサービスを提供することも効果的である。例えば、子供の就学、就職、結婚の支援、入会困難な会員制クラブへの招待などである。

　あと、**既存のお客様が所属している組織とネットワークの中にプライベートバンカーが自ら入り込むこと**は、顧客紹介の可能性を高めるものであり、効果的な営業手法である。ただし、富裕層は信用を重んじるため、恵まれた組織に所属したからといって新規開拓営業を行ってはならない。

プライベートバンカーのマーケティング手法
既存のお客様から他のお客様を紹介してもらうこと
　　　　　　↓（そのためには）
① 既存のお客様が運営する事業を支援すること
② 既存のお客様が所属している組織とネットワークに入り込むこと

---

［2］　お客様から契約を取るには

　運良くお客様を見つけることができ、そのお客様にプライベートバンキ

ング業務の提案を行ったとしても、すぐに契約が取れるというものではない。契約するかどうかの意思決定にはいくつかの**阻害要因**があるため、それらを取り除かない限り、契約は締結してもらえない。時間はかかるかもしれないが、お客様がどのような阻害要因に引っ掛かっているか適切に把握し、それらを1つひとつ丁寧に取り除いていく必要がある。

ウィルソン・ラーニング・ワールドワイド社によれば、売り込まれた場合に買手が感じるハードル（阻害要因）として次の4つがある。

第1に、**不信のハードル**である。そのプライベートバンカーは信頼できるかどうかという点であるが、顧客紹介であれば、早い段階から信頼してもらうことができる。

第2に、**不要のハードル**である。これは、プライベートバンカーが指摘するような課題は抱えていない、解決の必要はないと誤解してしまう拒絶反応である。これについては、お客様の悩みを1つひとつ丁寧にヒアリングし、理解を深めることができれば、時間をかけて解決することができる阻害要因である。一般的に、相続生前対策や事業承継対策についてその必要性はないと考えているお客様は多い。それらの対策に関係するお客様の課題や問題点、対策の必要性、解決したときの効果を丁寧に説明することによって、その必要性を理解してもらうことができる。

第3に、**不適のハードル**である。これは、明確化できた課題に対してプライベートバンカーが提案する解決策について、お客様が適切なものではないと考える拒絶反応である。これについては、プライベートバンカーの提案に対するセカンドオピニオンを取らせたり、お客様の周囲の相談相手や顧問税理士を説得したりすることで外堀を埋めるアプローチが有効である。

第4に、**不急のハードル**である。富裕層のお客様は忙しい。他に重要な課題をたくさん抱えており、プライベートバンカーから提案された課題は急ぎで対処する必要はないと躊躇する拒絶反応である。一般的に、相続生

前対策や事業承継対策について、対策の実行を急ぐ必要はないと考えているお客様は多い。それゆえ、対策の実行が手遅れとなるケースがとても多いのである。これについては、対策の必要性、タイミングの重要性、遅くなった場合の問題や解決したときの効果を丁寧に説明することによって、その実行を急ぐように促すことが有効である。

> **売り込まれた場合に買い手が感じるハードル（阻害要因）**
> ① 不信のハードル
> ② 不要のハードル
> ③ 不適のハードル
> ④ 不急のハードル

［3］ 既存のお客様の関係性を維持するには

プライベートバンカーの営業活動としては、**新規顧客の開拓よりもむしろ既存顧客の維持のほうが重要**である。なぜなら、新規顧客は既存のお客様からの紹介によって獲得することが基本だからである。

したがって、**既存顧客との関係性維持**はプライベートバンカーにとって極めて重要な仕事となる。

お客様との関係性は、会うこと、連絡を取ることによって維持されることになるが、どのようなコミュニケーションの手段をとるかは、その目的によって決定する。

例えば、運用報告や具体的なサービス提案には対面によるコミュニケーションが不可欠である。しかし、継続的な情報提供については、いちいち時間を取られることを煩わしいと感じられるおそれがあるため、**電子メールやダイレクトメールのほうがよい**。情報提供には、金融情報だけでなく、相続・事業承継のような金融以外の有用な情報の提供も喜ばれる。また、金融商品取引の実行など、記録を残しておく必要のあるものについては、電子メールによることがトラブル防止につながる。

お客様とお会いする頻度については、お客様の重要性に応じて時間配分を決めるべきである。可能であれば、CRMのデータベース等を活用し、営業活動の費用対効果の分析とPDCAによる顧客管理サイクルの継続を行いたい。例えば、重要なお客様には、ゴルフ、宴席などの機会を定期的に設けるなど、お会いする頻度を高め、その一方で重要でないお客様とお会いする頻度は最小限に抑えるということである。

【コラム】プライベートバンカーの相続・事業承継の提案書③

　著者が実務で作成したお客様向け提案書を紹介する。

　これも先ほどのコラムの事例と同様、親族外（従業員）への事業承継である。ただし、異なる点は、金融機関が出てこないことである。MBOを実行しようとしても、会社が赤字で財務内容が悪く、事業価値に乏しい場合は、金融機関は資金を貸してくれない。そこで、やむを得ず、引退するオーナー経営者が買取資金を貸すのである。正確には、譲渡代金を分割払い（未収金）としたうえで、会社のキャッシュ・フローから回収を図る。また、株式譲渡を実行する前に多額の退職金支給によって株価を下げている。これによって、金融機関に頼ることなくMBOを実行することができた。

従業員による株式買取りスキーム

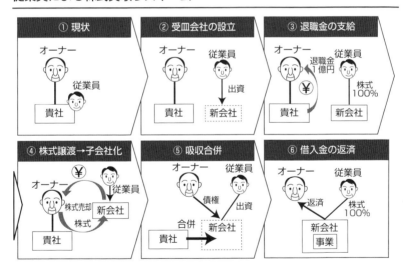

例題1-3　以下の各記述を読み、正しいか誤っているかを判定しなさい。

【問題】

1. プライベートバンキング業務の営業手法は、新規開拓と顧客紹介である。飛込み営業などで新規の見込客を見つけ出すこと、既存顧客から他の見込客の紹介を受けること、この両面から営業活動を継続しなければならない。

2. 幅広い交友関係を持ち人脈が豊富な人物を既存の顧客として持っているプライベートバンカーは、たとえ自分自身と性格や価値観が合っていなかったとしても、他の顧客紹介を受けるために、その顧客とは親密な関係性を築かなければならない。

3. 相続生前対策や事業承継対策を行っていない富裕層の顧客は多く、その問題解決はプライベートバンカーの価値あるサービスとなる。顧客の課題や問題点、対策の必要性、解決したときの効果を丁寧に説明し、その必要性を理解させることができれば、顧客は、相続・事業承継対策を今すぐ実行しなければならないと考えるようになる。

4. 顧客からの紹介によって名門ゴルフクラブに入会することができ、多数の富裕層との関係を持つことができた場合、その時点からはプライベートバンカーの自らの努力によって新規顧客開拓を行うべきであり、既存の顧客からの顧客紹介を待つだけではいけない。

【解答1-3】

1. 誤り。プライベートバンキング業務の営業手法は、**既存の顧客から他の顧客を紹介される顧客紹介**であり、これを重要視すべきだといっても過言ではない。いま提供しているサービスに満足してくれた富裕層の顧客から新たな顧客の紹介を期待することが、プライベートバンカーの営業手法となる。

2. 誤り。顧客紹介をいただけるような顧客とは長い時間のお付合いが必要となるため、**プライベートバンカー自身と性格や価値観が合っていること**が必要である。このような顧客との関係性を強化しようとしても、結果的に上手くいかないことが多く、長期的に良好な関係が続く可能性は低い。

3. 誤り。顧客が相続・事業承継対策の必要性を認識できたとしても、プライベートバンカーから提案された課題に緊急性はなく、**今すぐ解決する必要はないと考えるケースがある**（不急のハードル）。対策の必要性と同様、**その対策の緊急性**についても丁寧に説明し、その実行を急ぐように促すことが求められる。

4. 誤り。既存の顧客の紹介によって名門ゴルフクラブなど、富裕層が多数所属している会員組織とネットワークの中にプライベートバンカーが入り込むことができるケースが多いが、**他の富裕層はプライベートな場所において営業活動されることを嫌う**ため、営業の機会があったとしても、自ら新規開拓営業を行うべきではない。

5. 既存顧客から新たな顧客紹介を期待するのであれば、お客様のビジネスを支援することが効果的であるが、ビジネス以外の日常生活を支援してもあまり効果はない。

6. プライベートバンカーからの問題解決策の提案は、顧客本人だけでなく、その配偶者や顧問税理士にも理解してもらい、できるだけ多くの関係者の同意を得ることが好ましい。

7. プライベートバンカーが顧客に対して運用報告や具体的サービスの提案を行う場合、対面的なコミュニケーションが不可欠であるが、継続的な情報提供については、電子メールやダイレクトメールのほうがよい。

8. 顧客から面談の要請があっても、プライベートバンカーの仕事が多忙でスケジュール調整が困難であれば、余計なトラブルを回避するために、自らの予定を優先すべきである。

5. 誤り。ビジネス以外の側面からも顧客の期待を超えるサービスを提供することによっても、顧客から感謝してもらうことができ、その見返りとして**顧客紹介を期待することができる**。例えば、子供の就学、就職、結婚の支援、入会困難な会員制クラブへの招待などである。

6. 正しい。明確化できた課題に対してプライベートバンカーが提案する解決策について、顧客のほうは、それが唯一無二のものではない、あるいは、**本当に適切なものかどうかわからない**と考えるケースが多い（不適のハードル）。これについては、プライベートバンカーの提案に対するセカンドオピニオンを取らせたり、顧客の周囲の相談相手や顧問税理士を説得したりすることで、その信頼性を高める必要がある。つまり、**周囲の関係者の同意を得て、外堀を埋めるアプローチ**をとることによって阻害要因を排除するのである。

7. 正しい。顧客との関係性を維持することを目的とした継続的な情報提供については、多忙な顧客の時間を無駄にするおそれがあるため、**電子メールやダイレクトメールのほうが好ましい。**

8. 誤り。顧客から面談の要請があれば、**できる限り早く面談の時間を取る**のが原則である。ただし、顧客の重要性によって、その頻度やタイミングを変えることは必要である。

第2章

ウェルス・マネジメント

I ■ ウェルス・マネジメントとは何か

［1］ お客様の幸せと人生の目的

　プライベートバンカーは、お客様の幸せと人生の目的が何かを理解し、それらの実現をお手伝いできるようになりたい。お客様の関心事として挙げられるものとして、不可欠なものは、**経済**と**税制**である。これらは、お客様の個人財産に直接影響を与えるものだからである。また、次世代への円滑な財産承継、インフレによる収入の目減り回避、不動産投資の成功も重要な関心事である。さらに、豊かな老後の実現、健康の維持、子供の教育にも関心があるだろう。

　ウェルス・マネジメントとは、お客様の財産管理、次世代への財産承継、その家族のファミリー・ミッションの実現を、**資産運用**と**税務対策**の両面からサポートすることである。

　ここで**ファミリー・ミッションとは、特定の個人又はファミリーの行動方針であり、価値観や目標を表明したものである**。これを書面に記したものが**ファミリー・ミッション・ステートメント**である。

　ファミリー・ミッションを明確化しなければ、個人財産を維持することはできない。維持すべき財産は、①金融資産や不動産などの財的資本、②人的資本、③知的資本があるが、①財的資本の維持のみに注力するファミリーが多く、②人的資本と③知的資本が軽視され、その結果としてファミリーの財産を維持することができなくなるケースがある。

［2］ お客様のニーズへの対応

お客様のニーズは、①ファイナンシャル・プランニング、②リスク・マネジメント、③趣味に大別され、多岐にわたるため、プライベートバンカーとして提供すべきサービスの範囲は広い。

①ファイナンシャル・プランニングのニーズについては、有価証券投資、不動産投資、生命保険などのアドバイスを提供することである。これは従来型の金融サービスで問題ないであろう。しかし、②リスク・マネジメントについては、健康管理や家族の結婚、子供の教育、法律問題などのサポートとなるため、プライベートバンカーが単独で提供できるサービスではない。そして、③趣味については、エンターテインメント、レジャー、スポーツ、旅行、食事などであり、友達付合いと同じような関係となるが、お客様のこれらのニーズについても対応することがプライベートバンカーの役割といえる。

［3］ お客様のリスク許容度

お客様によってリスク許容度が異なるため、金融資産運用を提案するとしても、そのリスク許容度に応じて提案が異なってくる。

例えば、自分はビジネスで成功し、役員報酬も多く受け取っており、金融ポートフォリオもリスクをとって運用したいという企業オーナーであれば、高い収益性が期待できる金融商品を提案すべきである。それに対して、自分の経営している会社の事業リスクが大きい、役員報酬の増減が激しいという企業オーナーであれば、本業で高いリスクを負担しているため、国債や公社債などリスクの低い金融商品を提案すべきである。

企業オーナーに対するウェルス・マネジメントにおいては、**お客様のリスク許容度の測定について、経営されている本業のビジネスリスクも考慮**

する必要がある。 本業と金融資産投資のいずれもハイリスクな投資を行っている場合、リスク許容度を大きく超えてしまう可能性がある。また、本業の景気と金融商品の値動きの関連についても考慮しなければならない。例えば、会社が営む本業の市況と反対の値動きをする金融商品に投資することによって、リスクヘッジすることも必要となる。

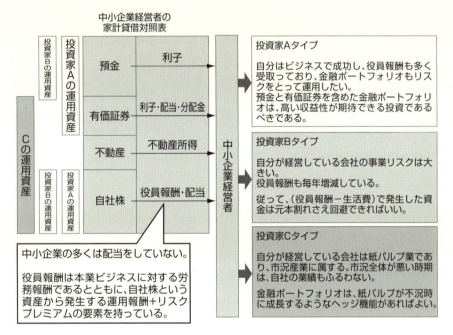

（出所：プライベートバンキング上巻）

[4] 人生の計画と個人キャッシュ・フロー

　人生の目標が明確になると、それを金銭的にどのようにカバーするのか、具体的なライフプランが問題となる。ストックの財産とフローの収入でライフプランを賄えないとすれば、金銭面での補強を検討しなければならない。例えば、退職時期を延長してフロー収入を長期化させること、生活費

を削減すること、投資リターンを稼ぐことが考えられる。

退職後のライフプランを立案することは、**リタイアメントプランニング**と呼ばれる。退職後の必要生活資金を見積もって、金銭面での不足があれば、退職前から計画的に準備しておかなければならない。

退職後のファイナンシャル・プランニングにおいて重要な要素は、**社会保険**（国民健康保険、被用者保険、後期高齢者医療）と**年金**（国民年金、被用者年金、企業年金・個人年金）であるため、プライベートバンカーはこれらの制度をしっかりと理解しておかなければならない。

【健康保険制度】

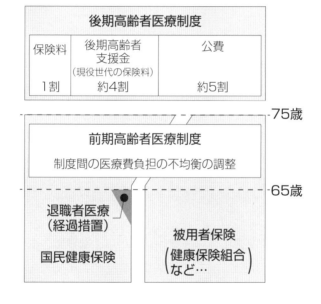

【年金制度】

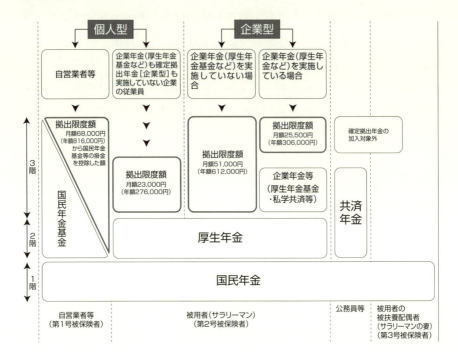

　ライフプランに基いて、フローの資金計画を立てることをファイナンシャル・プランニングと呼ぶことが多い。これはウェルス・マネジメントの1つの側面である。

　ライフプランを考えるとき、まず大切なのは、**緊急時の資金を準備すること**である。災害の発生、家族の病気など突発的に多額の支出が必要になることがある。こうした時に備える準備資金を真っ先に準備しておかなければならない。その上で、中長期の資金計画として、多額の資金を必要とする**①子供の教育資金**、**②住宅取得資金**、**③老後生活資金**を考えるのである。ただし、お客様によっては子供がいなかったり、賃貸マンションを好んだりするケースもあるだろう。しかし、どのようなお客様であっても老後は必ずやってくるため、老後生活資金は全てのお客様に共通の問題であ

る。しかも、公的年金の受給額の低下によって、老後生活資金がますます乏しくなる少子化経済である。住宅に資金を回しすぎて老後生活資金が不足するなどの失敗を犯さないよう、**お客様が将来迎える様々なイベントを予測し、それらに必要な資金計画を立てる必要がある。**

そこで、**個人キャッシュ・フロー表の作成**が必要となる。これは、結婚、出産、教育、住宅購入、退職等のお客様の家計に関して将来的に発生するイベント及び必要資金を時系列的に表したものである。これによって、家計の資金繰りを明らかにすることができる。

【個人キャッシュ・フロー表】

経過年数	現在	1年後	2年後	3年後	4年後	5年後	6年後	7年後	8年後	9年後	10年後
西暦	2012	2013	2014	2015	2016	2017	2018	2019	2020	2021	2022
太郎（本人）	45歳	46	47	48	49	50	51	52	53	54	55
花子（配偶者）	40歳	41	42	43	44	45	46	47	48	49	50
一郎（長男）	10歳	11	12	13	14	15	16	17	18	19	20
二郎（次男）	6歳	7	8	9	10	11	12	13	14	15	16
ライフ・イベント	車買換え 五輪観戦			一郎 中学入学	五輪観戦		一郎 高校入学	二郎 中学入学	車買換え 五輪観戦	一郎 大学入学	二郎 高校入学
役員報酬（手取り）	3,000	3,000	3,000	3,000	3,000	3,000	3,000	3,000	3,000	3,000	3,000
運用収入（税引後）	500	490	510	530	550	560	570	590	600	610	630
その他の収入（税引後）	0	0	0	0	0	0	0	0	1,000	0	0
収入合計	3,500	3,490	3,510	3,530	3,550	3,560	3,570	3,590	4,600	3,610	3,630
生活費	1,000	1,000	1,000	1,000	1,000	1,000	1,000	1,000	1,000	1,000	1,000
住宅費	800	800	800	800	800	800	800	800	800	800	800
教育費	400	420	440	560	480	500	620	640	560	680	700
保険料	100	100	100	100	100	100	100	100	100	100	100
その他の支出	100	100	100	100	100	100	100	100	100	100	100
臨時的な支出	1,500	0	0	0	500	0	0	0	1,500	0	0
支出合計	3,900	2,420	2,440	2,560	2,980	2,500	2,620	2,640	4,060	2,680	2,700
収支	▲400	1,070	1,070	970	570	1,060	950	950	540	930	930
貯蓄残高	29,600	30,670	31,740	32,710	33,280	34,340	35,290	36,240	36,780	37,710	38,640

（出所：プライベートバンキング上巻）

収入については、給与収入、年金収入、金融投資からの運用収入、不動産投資からの収入、自社株式からの配当金などが考えられるが、個人キャッシュ・フロー表においては、所得税・住民税及び社会保険料を控除した**可処分所得ベース**で記載する。支出については、生活費、住宅費（家賃、固

定資産税、住宅ローン金利など)、教育費、生命保険料、その他臨時的な支出まで記載する。

　個人キャッシュ・フロー表の末尾には、キャッシュ・フローの収支差額（＝収入合計－支出合計）を記載し、貯蓄差額に加算又は減算する。キャッシュ・フローが一時的にマイナスになったとしても、その年だけ銀行借入れを行う等の手当てが行われるのであれば問題はない。しかし、キャッシュ・フローのマイナスが継続するような場合は、収入増加又は支出減少のための対策を立案しなければならない。特に、貯蓄残高がマイナスの場合（借入金のほうが資産よりも大きい場合）は、家計の破綻につながるおそれがあるため、どれだけ大きな規模の資産家であっても改善させなければならない。

[5] 個人の貸借対照表の作成

　企業会計で貸借対照表を作成するのと同様、個人においても貸借対照表の作成が必要である。個人（家計）の貸借対照表を作成することにより、所得税申告だけからでは把握することができない財務上の問題点を把握することができるようになる。

【家計貸借対照表】　　　　　　　　　　　　　　　（単位：万円）

【資産】		【負債】	
現預金	8,415	借入金	4,500
株式	2,655	一次相続税	2,700
債券	825	二次相続税	1,700
投資信託	1,325	(負債合計)	8,900
生命保険	1,320		
不動産	21,780	【純資産】	29,235
自社株	1,815		
資産合計	38,135	負債・純資産合計	38,135

（出所：プライベートバンキング上巻）

　一次相続とは、夫婦のうち一方の死亡に伴う、残された配偶者と子供による相続をいう。二次相続とは、一次相続後、残された配偶者の死亡に伴う子供による相続をいう。一般的に相続税のシミュレーションを行う場合、

法定相続割合で遺産を分割したものと仮定する。

家計貸借対照表は、資産、負債、純資産から構成され、資産、負債は**時価ベースで評価**する。金融資産は市場価格で評価するとともに、自社株や不動産も毎年評価替えしなければならない。生命保険については、養老保険の満期返戻金、終身保険の死亡保険金によって評価する。

また、見えない債務である未払相続税額も計上することにより、相続対策に役立てることもできる。家計貸借対照表の最も重要な機能は、この未払相続税額の把握である。**ほとんどのお客様は、自分の相続時に発生する相続税額を把握しておらず、相続税対策の必要性を認識していない。**このため、相続開始後、相続人が申告・納税の際に予想外の高額の税負担に驚かされるケースが多い。「生前対策を行っておけば良かったのに・・・」と、相続人が後悔するのである。プライベートバンカーは、相続税試算の重要性を説明し、**早い段階から家計貸借対照表の作成をアドバイスしなければならない。**

プライベートバンカーは、家計貸借対照表を作成するとともに、次の観点から分析を行って、問題点を把握する。すなわち、個人のリスク許容度の範囲内で資産の分散が図られ、必要な流動性が確保されているか、相続の際に遺産分割が容易な資産構成であるか、負債が無理なく返済可能であり、相続税額は過大になっていないかである。

お客様に対するアドバイスは、次の3つの観点から行われる。第1に、**遺産分割の観点**である。すなわち、資産の大部分が不動産や自社株式の場合、複数の相続人に均等に分割することが困難であるため、遺産分割を巡る相続争いが生じる可能性が高い。そこで、不動産や自社株式の明細を分析し、各相続人に問題なく分割できるかどうかを検討する。特に、自社株式については、遺産分割ではなく後継者へ集中的に承継させることが基本であるため、後継者ではない相続人との遺産分割のバランスを取ることが難しい。

第2に、**納税資金の観点**である。未払相続税額と流動性ある資産（＝金融資産及び生命保険金）とを比較し、納税資金に不足がないかを確かめる。足りない場合は、終身保険などの生命保険契約に加入し、それを補わなければならない。

　第3に、**相続税対策の観点**である。未払相続税額は、家計貸借対照表作成後の相続対策を上手く行うことによって減少させることができる。そのためには、資産構成を組み換えなければならない。一番多いパターンは**金融資産から不動産への組換え**である。これによって財産評価が下がるため、未払相続税額は減少する。また、時価に比して相続税評価が高い地方都市の不動産を売却し、時価に比して相続税評価が低い首都圏の不動産を購入する方法も、未払相続税額を減少させる。そして、自社株式については、持株会社化などの組織再編によって評価額を引き下げ、未払相続税額を減少させることが可能である。さらに、銀行借入金によって不動産投資を行うことができれば、負債の増加分（取引価格ベース）よりも資産の増加分（相続税評価ベース）が小さな投資となるため、家計貸借対照表の純資産が減少し、結果として未払相続税額は減少することとなる。

[6] 生命保険の活用

　お客様が生きていく上で、リスクは避けて通ることができない。リスクには、人的リスク、物的リスク、損害補償リスク、費用・損失リスクなどがある。このようなリスクを保障するものが保険であるが、リスクの内容によって様々な保険のタイプが存在している。

　また、企業オーナー（会社経営者）は、会社経営に悪影響をもたらすリスクがあることを認識しておかなければならない。例えば、企業オーナー・会社経営者が死亡した場合に信用力低下や営業力低下に伴う業績・資金繰りが悪化するリスクである。また、非上場株式の相続に伴って、企業オー

ナーの相続人に多額の相続税が課され、多額の**自社株買い**や多額の**死亡退職金支給**を行うことによって、会社の資金繰りが悪化するリスクもある。

いずれにせよ、これらのリスクをカバーするものが保険であり、生命保険と損害保険に大別される。

生命保険には、死亡した場合に保険金が支払われる死亡保障機能、病気やケガによる入院費や治療費、あるいは要介護状態となったときの介護費用に対する医療・介護保障機能、子供の養育費、老後の生活費などに充てるための長期貯蓄機能、一定の年齢に達したときから年金を受け取ることのできる老後資金準備機能がある。

一方、**損害保険**の主たる機能は、火災、交通事故、生涯、賠償責任などに係る損害補償機能であるが、医療・介護補償機能、長期貯蓄機能や老後資金準備機能を併せ持った商品も販売されている。

生命保険は、**保険金**、**給付金**及び**年金**によって構成されている。保険金とは、被保険者の死亡、高度障害、満期などのときに保険会社から受取人に支払われるお金であり、死亡保険金と満期保険金に分けられる。

死亡保険金とは、被保険者の死亡時に支払われる保険金であるのに対して、満期保険金は、被保険者が保険期間満了時に生存しているときに支払われる保険金である。

給付金とは、災害、疾病関係の契約において、被保険者が入院をしたときに支払われる入院給付金などをいう。保険期間の途中で所定の時期に生存していた場合に支払われる生存給付金もある。

個人年金保険の年金は、保証期間付き終身年金と確定年金がある。保証期間付き終身年金とは、保証期間中は生死に関係なく年金を受け取ることができ、その後は被保険者が生存している限り終身にわたって受け取ることができる年金をいうのに対して、確定年金は年金支払開始後、予め定められた期間、生死にかかわらず受け取ることができる年金をいう。

保険契約を解約した場合、保険会社は保険契約者に対して解約返戻金を

支払う。その額は保険の種類や経過年数などによって異なるが、通常はそれまで支払った保険料の総額よりも小さくなる。

保険契約は、生命保険のベースとなる**主契約**と、これに付加して保障内容を充実させるための**特約**から構成されている。主契約は単独で契約することができるが、特約は単独で契約することができない。主契約に係る保険料と特約に係る保険料を自由に組み合わせることができるため、主契約が終身保険となる「定期保険特約付き終身保険」であっても、主契約が1％＋特約99％という著しく偏った「アカウント型」と呼ばれる商品なども販売されている。

通常、定期保険は、一定年数の保険期間（10年など）ごとに区切り、その保険期間が満了した時点で、次の保険期間に自動的に更新される取扱いがある。保険料は更新時の年齢・保険料率で再計算されるため、**更新後の保険料は更新前よりも高くなる**ため要注意である。

生命保険商品の種類は以下のように大別される。

(1) 定期保険

定期保険とは、死亡保障を目的とした**掛捨て**の保険で、保障を受けられる期間が定められたものである。つまり、保険期間の満了まで生存していた場合には、死亡保険金は支払われず、満期保険金はない。しかし、保険期間は一定で、その間に死亡した場合には死亡保険金を受け取ることができる。**安い保険料で大きな保障を受けられる**ことが大きな特徴である。

定期保険は、保険金額が保険期間中変わらない定額タイプが一般的であるが、保険料が一定で保険金額が減っていく「逓減定期保険」や、保険料が一定で保険金額が増えていく「逓増定期保険」もある。

【定期保険のイメージ】

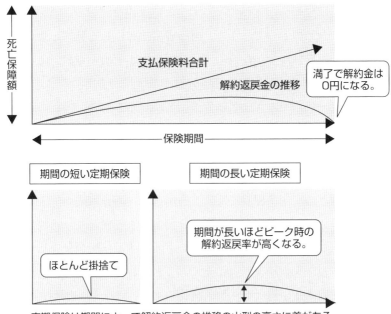

定期保険は期間によって解約返戻金の推移の山型の高さに差がある。
返戻率の高い時期でも、払い込んだ保険料の総額よりは下回る。

(2) 終身保険

　終身保険は保険期間が一生続き、何歳で亡くなっても保険金が支払われるという保険である。契約すれば必ず保険金が支払われることになるため、当然ながら掛捨ての定期保険と比べると**保険料は高くなる**。

　しかし、途中解約の際にある程度返戻率の高い解約返戻金を受け取ることができるため、保障が必要ではなくなったときには、一部を解約して返戻金を受け取って老後資金などに使うことができる。終身保険は、一生涯のうちに必ず発生する支出を事前に確保するという目的に適しており、例えば相続税や葬儀費用など、死亡時に必ず発生する支出に対する資金準備に最適な商品である。また、老後を迎えるまでは保障を確保し、その後、

年金や介護保障などに移行するとような利用も効果的である。

終身保険には将来的な支出に充当するという使途があるため、終身保険はまとまった金額のものではなく、**ある程度細分化して契約したほうがよい**。例えば、死亡保険金１億円の定期保険を１本契約するのであれば、死亡保険金1,000万円の定期保険を10本契約するほうがよいだろう（死亡保障1億円＝1,000万円×10契約）。保険料は若干割高になるものの、複数ある契約の一部を生存中に解約することによって、突発的な支出に充てることができるようになる。

終身保険は、被保険者がいつ死亡しても必ず死亡保険金が支払われるため、**相続対策として生命保険に加入する場合は、終身保険へ加入することが基本となる**。また、終身保険は、銀行預金などと異なり、相続発生時に名義変更手続が必要とされず、相続人の手元にすぐに現金が支払われる。

それゆえ、相続税の納税資金に充てることを目的として、**契約者と被保険者が親、受取人が子供**という個人契約に加入するケースが多い。被保険者に相続が発生したときに、相続人が死亡保険金を受け取り、相続税を支払うことができるからである。

また、**生命保険金の非課税枠**（500万円×法定相続人の数）によって相続税負担の軽減させることができるため、**一時払い終身保険**も人気がある。これは、利回りは低いものの、加入時に健康状態を問わないものや、加入年齢が90歳まで可能なものなのがあるため、高齢になってから相続対策を目的として加入するケースが多い。

【終身保険のイメージ】

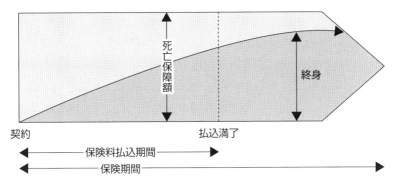

【終身保険と定期保険の比較例】

死亡保障の違いは

	定期保険	終身保険
仕組み	保険期間は「10年」「20年」「60歳まで」など一定。期間内に死亡した場合のみ保険金を受け取れる	保険期間は一生涯で、何歳で死亡しても保険金を受け取れる
特徴	・保険料は掛捨て ・保障内容が同じなら更新時に保険料が上がる ・満期保険金はなし	・保険料は定期より高い ・期間の経過とともに解約返戻金は増える

30歳男性が保険金1,000万円の保険に加入すると(イメージ)

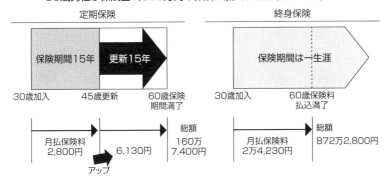

(3) 長期平準定期保険

　長期平準定期保険とは、定期保険の中でも特に長期の保険期間を設定するものをいう。保険期間100歳など保険期間が極端に長く、終身保険に近い死亡保障が得られる。保険期間の前半において、支払う保険料の中に前払保険料が含まれていることから、中途解約すると多額の解約返戻金が支払われることになる。毎回の保険料負担は大きくなるものの、解約返戻率が高くなるため、小さな掛捨て部分の保険料（＝保険料－解約返戻金）で大きな死亡保障を得ることができる。

　長期平準定期保険を**法人契約**する場合、その解約返戻金をオーナー経営者の**退職金の財源**に充てることを目的とする。退職金の財源には逓増定期保険の活用も考えられるが、逓増定期保険の解約返戻率は比較的早い段階で100％近くへ到達するのに対して、長期平準定期保険は、解約返戻率が100％近くに達する時期が遅くなるとともに、解約返戻率が高い期間が比較的長く続く点において異なる。それゆえ、長期平準定期保険は、オーナー経営者が若い時期から長期間かけて退職金の準備をしておこうと考える場合や、退職時期が確定していない場合において、保険金の解約時期を自由に決めることができる商品といえよう。

【長期平準定期保険のイメージ】

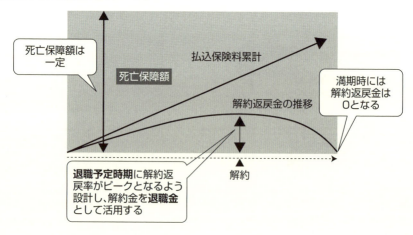

(4) 逓増定期保険

　逓増定期保険とは、保険期間満了までに保険金額が契約当初の金額から5倍まで増加する定期保険をいう。この商品は、死亡保障額が逓増していくにもかかわらず毎年の保険料は平準化されているため、保険期間の前半では保険料の中に多額の前払保険料が含まれることになる。それゆえ、満期返戻金が無いにもかかわらず、中途で解約したときの返戻金が大きく、また、**その返戻率が早い段階で100％近くに到達すること**が特徴となる。

　逓増定期保険の多くが支払った保険料の一部を損金算入することができるため、課税の繰延べを行いながら、万一の際の死亡退職金だけではなく、生存退職金の準備として活用する法人が多いようである。

【逓増定期保険のイメージ】

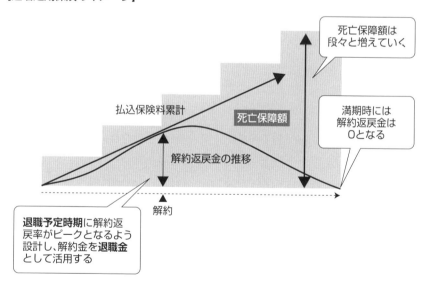

(5) 養老保険

　養老保険は、保険期間中に死亡した場合には死亡保険金が支払われ、満期のときには死亡保険金と同額の満期保険金が支払われる商品である。保

障と貯蓄の両方の機能を備えているため、緊急資金の確保もできると同時に、老後の生活保障も可能とする。

また、養老保険は**従業員の福利厚生プラン**としても多く活用されている保険である。課税の繰延べを行いながら従業員退職金の原資を用意することができる。

【養老保険のイメージ】

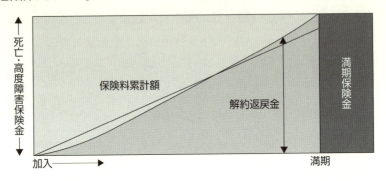

(6) がん保険

がん保険とは、がんと診断された場合に、その入院費用、手術費用、通院費用などを保障する保険である。がんと診断された場合の一時金の給付がある。

法人での契約の場合は、保険期間、保険料払込期間を終身と設定すれば、支払う保険料の全額を損金算入できる。それゆえ、従業員の福利厚生として加入しながら課税の繰延べにも活用することができる。

【がん保険のイメージ】

○保障内容(例)

診断給付金	ガンと診断された時	一時金200万円など
入院給付金	ガンで入院された時	1日につき15,000円など
手術給付金	ガンで手術を受けられた時	種類により60万円、30万円など
通院給付金	ガンで通院された時	1日につき10,000円など
死亡保険金	ガンで死亡された時	15万円など

※：保障内容や給付金名は保険会社によって異なる場合がある。
　　また、入院給付金や通院給付金の支払いには日数制限がある保険会社もある。

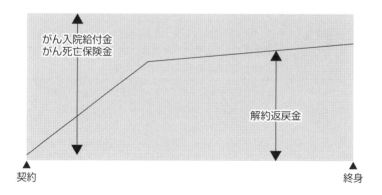

(7) その他の保険商品

特定疾病保障保険	三大生活習慣病（がん、急性心筋梗塞、脳卒中）で所定の状態になった場合、生きているうちに死亡保険金と同額の保険金を受け取ることができる保険商品である。
医療保険	病気やケガで入院したり、所定の手術を受けたりしたときに、給付金を受けることができる保険商品である。
介護保険	寝たきりや認知症によって要介護状態となり、その期間が一定期間継続した場合に、介護年金や一時金を受け取ることができる保険商品である。
変額保険	有価証券投資を中心とした特別勘定で払込保険料を運用し、その実績に応じて保険金額が変動する商品である。
個人年金保険	予め定めた年齢から年金を受け取ることができる商品である。生死にかかわらず一定期間年金を受け取ることができ、その後は生きている限り年金を受け取ることができる保証期間付き終身年金、予め定められた期間のみ年金を受け取ることできる確定年金がある。
変額個人年金保険	有価証券投資を中心とした特別勘定で払込保険料を運用し、その実績に応じて年金や解約返戻金が増減する商品である。運用実績に応じて年金額、死亡給付金額、解約返戻金額が変動し、保険商品によっては受取総額が払込保険料総額を下回ることもあるため、注意を要する。
外貨建て個人年金保険	円で支払う保険料を米ドルなどの外貨に換えて運用する個人年金保険である。据置き期間満了後に、積立金と運用益を年金ないし一時金で受け取ることができる。

【コラム】プライベートバンカーの相続・事業承継の提案書④

　著者が実務で作成したお客様向け提案書を紹介する。

　これは親族内事業承継のケースで、自社株評価を下げるための相続対策として持株会社を設立するものである。そのための会社法上の手段として、株式移転と会社分割を説明している。いずれも100％親会社を作り出す方法であるが、中小企業の場合、手続の簡便性から、株式移転を用いるケースのほうが多い。

持株会社の設立手続

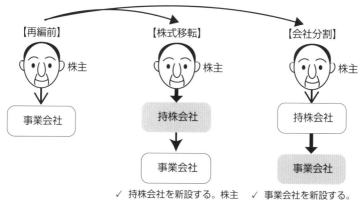

第2章 ウェルス・マネジメント

例題2-1 以下の各記述を読み、正しいか誤っているかを判定しなさい。

【問題】

1. 家計貸借対照表の資産及び負債は、時価で計上すべきである。

2. 次世代への財産承継を考えるため、家計貸借対照表には未払相続税額を計上するとよいが、その際の計算は一次相続だけでよい。

3. 事業リスクの高い会社を経営している企業オーナーは、ハイリスク・ハイリターンを好むため、新興市場株式や外国の劣後債などの金融商品を提案すべきである。

4. 国税庁が公表する類似業種比準株価、宅地に係る路線価は毎年改定されるが、その改定の都度、家計貸借対照表を作りなおさなければならない。

【解答2-1】

1. 正しい。家計貸借対照表は、現時点での個人財産を評価するものであるから、資産及び負債は**時価**で計上すべきである。

2. 誤り。家計貸借対照表を使って財産承継を考える場合、配偶者の税額軽減が適用できる夫婦間での相続に伴う相続税よりもむしろ子供への相続に伴う相続税のほうが重要である。したがって、一次相続に加えて**二次相続**において発生するであろう相続税額を計算し、負債として計上すべきである。

3. 誤り。事業リスクの高い会社を経営している企業オーナーは、会社経営（非上場株式の保有）に対して高いリスクを取って、高いリターン（役員報酬）を獲得しているため、金融資産投資からも同様にハイリスク・ハイリターンを求めるとすると、過剰なリスクを負担することになり、**リスク許容度**を超える可能性が高い。したがって、このような企業オーナーに対しては、安全な債券などローリスク・ローリターンの金融商品を提案すべきである。つまり、企業オーナーのリスク許容度の測定では、本業のビジネスリスクも考慮する必要がある。また、本業の景気と金融商品の値動きの関連についても考慮しなければならない。

4. 正しい。類似業種比準株価の改定は、類似業種比準価額の変更を通じて自社株式の評価額に変更もたらし、路線価の改定は、土地の評価額に変更をもたらす。したがって、これらの改定があれば、家計貸借対照表を作りなおさなければならない。

5. 家計貸借対照表において自社株式と不動産は、市場価格ではなく相続税評価額によって計上される。

6. 個人のキャッシュ・フロー表では、個人の収入の規模を正確に把握するため、所得税・住民税及び社会保険料を控除する前の金額で収入を記載することが一般的である。

7. 定期保険とは、一定の保険期間を定めて、その間に死亡・高度障害状態になった場合に保険金を受け取ることができる保険商品である。一定期間の死亡保障を目的とした商品であるため、割安な保険料で高額な死亡保険金を受け取ることができる。

8. 終身保険とは、死亡・高度障害状態の場合に保険金を受け取ることができるが、保険期間に定めはなく、一生涯契約が続く保険商品である。それゆえ、一生涯保険料を支払う契約もあり、保険料は割高となる。

5. 正しい。家計貸借対照表では未払相続税額（負債）の計算を行うため、資産サイドにある自社株式と不動産については、**未払相続税額と対応する評価方法**を適用する。

6. 誤り。個人キャッシュ・フロー表では、**所得税・住民税及び社会保険料を控除した可処分所得ベース**で記載する。個人財産として蓄積されていくのは、税金や社会保険料などを支払った後の**手取額**だからである。

7. 正しい。定期保険とは、一定期間の死亡保障を目的とした掛捨ての保険商品である。高額な死亡保険金を受け取ることができるが、保険期間が満了しても満期保険金は支払われない。長期平準定期保険や逓増定期保険など、保険期間中に解約返戻金が発生する商品もあるが、保険期間満了に近づくにつれて解約返戻金は減少し、最終的にはゼロ円となる。

8. 正しい。終身保険は、一生涯契約が続く保険商品であるが、保険料の払込みは、**一時金を払込むもの**（一時払い）と、**一定期間で満了するもの**と（有期払込み）、**一生涯払い込むもの**（終身払込み）がある。いずれも満期保険金はないが、一時払い以外のものは長期間払込みが継続すると積立部分が徐々に増えていくため、解約返戻金が増加していくことになる。終身保険には、保険料払込期間中の解約返戻金額を低く抑えることによって保険料を割安にした「低解約返戻金型」の終身保険も販売されている。終身保険の保険期間は一生涯続くため、必ず死亡保険金を受け取ることができる。そのため、同じ保険金額の定期保険と比べると当然ながら保険料は割高になる。

9. 養老保険とは、死亡・高度障害状態の場合に保険金を受け取ることができるが、保険期間の満期時に生存していた場合には、死亡保険金と同額の満期保険金を受け取ることができる保険商品である。貯蓄と同様の効果のある契約であるため、養老保険の解約返戻金は、払い込んだ保険料の累計額を下回ることはない。

9. 誤り。養老保険は、満期までの死亡保障が付されているため、単純な貯蓄よりも費用負担が重くなる。したがって、契約当初の数年間は払込保険料総額よりも解約返戻金のほうが少なくなる。また、満期保険金額についても払込保険料総額を下回ることはある。

II ■ 投資政策書の書き方

［1］ 投資政策書の作成目的

　投資政策書とは、投資目標を明確化するとともに資産配分方針を立案するものである。これを作成する目的は、投資の意思決定の判断プロセスを明らかにすることによって、アセット・アロケーションや投資対象・銘柄が投資目標に沿ったものであること、配分割合が妥当であることを明確化し、プライベートバンカーによる**投資助言の内容をお客様に理解していただくこと**にある。また、投資政策書は、投資の意思決定とその後の運用が明確な投資政策に基づいて行われたことを記録として残しておくための証拠となるものである。

　投資政策書において設定される投資の目標には、**①期待収益率**と**②リスク（標準偏差）**がある。そして、その目標に基いて資産配分（株式、債券など投資対象とする資産クラス、個別商品の選択など）を決定する。また、その後の運用にける管理手続、運用成績の評価方法を規定する。

　投資政策書を作成することには、様々な効果がある。まず、お客様とプライベートバンカーとの間で、投資政策がルール化されることにより、**感情に流されない規律に基づいた投資意思決定**を行うことができる。それによって、金融危機前後の相場の乱高下等の変動しがちな運用環境下においても、慎重な投資の意思決定を行うことができる。プライベートバンカーの立場からは、投資の意思決定が投資政策書に基づいて行われ、顧客の投資目的に沿った運用が行われ、目標を実現するために適切な助言が行われていることを立証する手段になるため、運用損失が生じた顧客から訴訟された場合において、それに対抗する材料となる。

　プライベートバンカーが投資政策書を作成するためには、**お客様との面**

談を通じて、個人情報を収集しなければならない。また、個人の生涯目標やそれに伴う投資目的の設定のために、お客様と徹底的にディスカッションを行い、相互理解を深める必要がある。

【投資政策書の作成に必要な個人情報】

プロフィール	本人・家族の名前、性別、生年月日・年齢、連絡先、勤務先及び役職
税務申告書	個人の所得税申告書 法人の法人税申告書（決算書等）
保有する資産及び負債の内訳	・金融資産 ・生命保険及び年金保険 ・不動産 ・自社株式 ・予定されている死亡退職金 ・書画や骨董品 ・銀行借入金
公的年金	・国民年金及び国民年金基金 ・厚生年金及び厚生年金基金
世帯の収入・支出	・給与所得 ・事業所得 ・不動産所得 ・配当所得、利子所得及び譲渡所得 ・所得税及び住民税 ・社会保険料 ・生活費 ・住居費 ・教育費
投資スタンス	・投資目的、目標運用利回り ・リスク許容度 ・投資適合性

（出所：プライベートバンキング上巻）

　資産運用の第一歩は、**お客様の人生設計図であるライフプランを考えること**である。つまり、自分や家族が、「これから人生をどのように過ごし

ていくか」という夢や目標を明確にすることから始まる。結婚や出産、住宅の購入、子供の成長に応じた教育や老後の生活など、それぞれのライフイベントとその時期を考える。そして、「そのライフイベントにはどれだけお金が必要になるか」、「いつまでにいくら用意すればよいか」などのマネープランを立てる。そうすれば、**資金が必要となる時期や目標に合わせて**、どんな金融商品を選べば良いかが見えてくるだろう。

【ライフイベントの例】

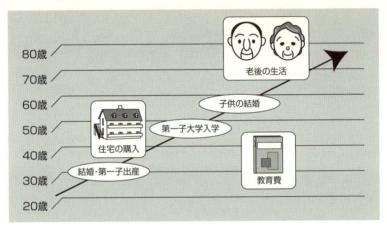

［2］ 目標運用利回りとリスク許容度の決定

目標運用利回りの設定は、投資政策書の作成における重要なプロセスである。お客様が生涯目標を達成するための資産が不足する場合、目標を達成するために必要な利回りを設定することが必要になる。

目標運用利回りを設定することができれば、**資産配分方針**を決めることができる。お客様が高い目標運用利回りを必要とする場合、そのリスク許容度を考慮し、リスクとリターンのトレードオフの観点からその可否を判断する必要がある。目標運用利回りを実現するためのポートフォリオが、お客様のリスク許容度の範囲内に収まらない場合、将来的にお客様との間

にトラブルが生じる可能性があるため、目標運用利回りを下げるようにお客様へ説得しなければならない。お客様の期待値との現実の資産運用とのギャップが大きいまま、不適切な投資政策書を作成してサービスを提供した場合、将来的に運用損失が生じたときに、訴訟を起こされる可能性もある。

目標運用利回りを設定するためには、ライフイベント表と個人キャッシュ・フロー表の作成が不可欠である。そこで、将来の収入と支出の予測を行い、金融資産投資によって、お客様が資金不足に陥ることがないように、目標運用利回りを慎重に設定する必要がある。

お客様の個人情報を分析する際、目標運用利回りに次いで重要なものが、**お客様のリスク許容度**である。リスク許容度とは、お客様が金融資産投資に伴って負担可能なリスクの大きさのことをいう。通常、**投資期間がリスク許容度を決定する最大の要因である**。また、お客様の過去の実績や現状のポートフォリオの資産配分の状況などもリスク許容度を決定する要因となる。

そして、投資期間を長期化すれば目標運用利回りの達成確率は高くなる。有価証券に**長期投資**すると、短期投資に比べ収益のフレ具合が小さくなり安定的収益を得られる。過去40年間について東京証券取引所1部上場銘柄全体の投資収益（年当たり）を投資期間別に見ても、1年投資の場合は最高72.1％、最低（－）24.8％であり、その開きは96.9％にも及んでいるが、30年保有すると最高12.8％、最低6.8％であり、その開きは僅か6.0％となる。

【投資期間別にみた株式投資の年平均収益率】

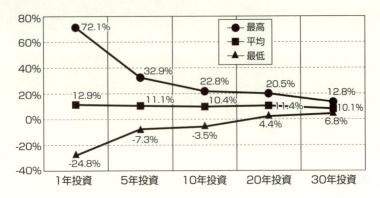

(注) 東京証券取引所第1部上場全銘柄の時価総額により加重平均収益率。
　　 対象期間は1966年購入～2005年購入の40年間。
[出所] 日本証券経済研究所「株式投資収益率」より作成。

　リスク許容度の測定においては、相場が下落した場合、**どの時点で損切りを行う**かを明確にしておかなければならない。これは、お客様はどの程度の投資損失が発生したときに、資産運用を中止しようと考えるのかということである。

　お客様のリスク許容度に影響を与える要因を整理すると以下のようになる。

運用期間	お客様の年齢やライフイベントによって運用期間が決まる。運用期間が長くなれば、リスク許容度が高くなる。
保有する資産の流動性	保有する資産の流動性が低い場合、将来の支出のための準備が必要となるため、リスク許容度は低くなる。
負債比率	借入金を使って投資を行う場合、損失によって家計が破綻する危険性があるため、リスク許容度は低くなる。
金融資産以外の所得	金融資産以外の所得が大きければ、リスク許容度は高くなる。同様に、生命保険によって家計がカバーされていれば、リスク許容度は高くなる。
投資に対する個人の考え方	リスクの選好度合いによってリスク許容度は異なる。安全性を好むお客様であれば、リスク許容度は低くなる。

例えば、40歳のお客様に老後生活資金として5,000万円あり、老後生活資金用に積み立てることができる金額が月20万円であるとしよう。このお客様が60歳までに積み立てる資金の合計額は、20万円×12カ月×20年＝4,800万円である。これらによって60歳のときに2億円の老後生活資金を作りたいとすると、期待リターンの組合せの例としては、5,000万円は税引後利回り5％、積立ては税引後利回り3.1％で複利運用されていけば、60歳のときに利息を足し合わせて2億円という目標を達成することが可能となる。ただし、5％という利回りで運用するためには、それに応じたリスクを取らなければならない。また、給与所得や保有資産の規模、住宅ローンなどの負債依存度、投資の経験などによって、お客様のリスク許容度も異なってくる。もし5％に見合うリスクが取れないのであれば、消費支出を10万円節約して毎月の積立額を30万円に増やした上で、全ての資金を3.2％で運用することができれば2億円の目標を達成することができる。

例題2-2　以下の各記述を読み、正しいか誤っているかを判定しなさい。

【問題】

1. 投資政策書とは、顧客が投資に係る意思決定の妥当性を評価するための書類である。

2. 投資政策書を作成しておけば、著しい投資損失を被った顧客から訴訟を起こされることはない。

3. プライベートバンカーは、顧客が保守型、安定型、標準型、成長型、積極型のどのモデルポートフォリオを希望するのかを把握し、キャピタル・ゲインやインカム・ゲインに関する選好を明確にしなければならない。

4. 運用期間が長くなれば、それだけ投資損失を被る可能性が高くなるため、リスク許容度を低く抑えなければならない。

【解答2-2】

1. 誤り。投資政策書とは、事後的に運用成績を評価するものではなく、**投資を実行する前に**、投資に関する意思決定を行うための根拠となるものである。投資政策書を作成する目的は、投資の意思決定がなされる過程を体系的かつ明確に記述することによって、投資の意思決定が、**顧客が達成しようとしている目標に沿ったものであるか**、を確認することにある。

2. 誤り。投資政策書を作成したとしても、著しい投資損失を被った顧客から訴訟を起こされるような事態を回避することはできない。しかし、投資政策書を作成しておくと、**顧客に対して適切な助言が行われたことを主張する根拠となる**ため、訴訟に対する法的な備えになる。

3. 正しい。顧客の考え方によって、キャピタル・ゲインやインカム・ゲインに関する選好も異なり、それに伴って、設定すべき**アセット・アロケーション**は異なる。プライベートバンカーは、保守型、安定型、標準型、成長型、積極型のいずれのポートフォリオが妥当であるのか、顧客の選好に従って判断しなければならない。

4. 誤り。金融市場の相場は上下に変動を繰り返すため、投資期間が長くなれば、短期的に損失が生じたとしても、それを回復し、長期的に利益を得ることができる可能性がある。したがって、**投資期間が長くなれば、リスク許容度は大きくなる**。投資期間はリスク許容度を決定する最大の要因だと言われている。

5. 顧客の投資目的やリスク許容度は時の経過に応じて変化する可能性があるため、定期的に面談を行い、必要に応じてアップデートを行う必要がある。

6. 顧客の目標運用利回りを実現するためのポートフォリオが、リスク許容度の範囲内に収まらない場合、プライベートバンカーは、顧客のリスク許容度を高めるように説得しなければならない。

7. 目標運用利回りを設定するためには、ライフイベント表と個人キャッシュ・フロー表の作成が不可欠である。

8. リスク許容度の高い顧客にしか、高い目標運用利回りを設定してはならない。

5. 正しい。顧客の投資目的やリスク許容度は、その時々の状況によって変化するため、**アセット・アロケーションや個別銘柄の選定も見直し**が必要となる。そのため、顧客と定期的な面談を行い、ポートフォリオの組換えの必要性を検討しなければならない。

6. 誤り。顧客の目標とする運用利回りが高すぎる場合、ハイリスク・ハイリターンの資産運用を行わなければならず、顧客のリスク許容度の超えてしまうこともあるだろう。その場合、高いリスクが顕在化してしまい、将来的に顧客との間でトラブルが生じる可能性がある。それゆえ、**目標運用利回りを下げるように顧客へ説得しなければならない**。顧客の期待する運用利回りと現実の運用利回りとのギャップが大きいまま、不適切なサービスを提供した場合、将来的に運用損失が生じ、顧客から訴訟を起こされる可能性もある。

7. 正しい。金融資産投資における適切な目標運用利回りを設定するためには、ライフイベント表と個人キャッシュ・フロー表の作成し、将来の収入と支出の予測を行い、たとえ投資損失が発生した場合であっても**資金不足に陥ることがないようにしなければならない**。

8. 正しい。目標運用利回りを高く設定すると、それに伴うリスクは大きくなる。リスク許容度が低い顧客が想定外の損失を被った場合、顧客とトラブルになる危険性がある。それゆえ、**リスク許容度の低い顧客に高い目標運用利回りを設定してはならない**。

III ■ 金融商品

[1] 株式への投資

　株式とは、株式会社への出資である。これは会社が存続する限り払戻しされない。したがって、株主が株式を換金しようとするときは、株式市場で売却することになる。例えば、上場株式を売却しようとする場合、原則として、**売買成立日から起算して4営業日目に決済**（受渡し）が行われる。

　株式投資は、将来性のある企業、価値ある商品・サービスを提供している企業に出資することによって利益を得ることを目的とするのであり、個人から見れば資産運用の1つの手段である。キャピタル・ゲイン（株価の値上りによる売却益）だけでなく、インカムゲイン（配当金）や株主優待なども利益となる。しかし、発行体の経営破たんや株価の値下りによって投資回収ができなくなるリスクを伴うため、投資対象となる会社の状況を常に把握しておかなければならない。

　株価を決める最大の要因は、発行体が稼ぐキャッシュである。つまり、キャッシュ・フローが増える会社の株価は上がり、キャッシュ・フローが減る会社の株価は下がるのである。

　投資家（現在の株主と将来の株主）は、株式の市場価格が自らの考える価値より低ければ株式を買い、高ければ株式を売って利益を得ようとする。株式の価値は、その株式が生み出す**将来キャッシュ・フローの現在価値の合計**として求められる。

　株式価値の伝統的な計算方法として、**配当割引モデル**がある。これは、将来得られる配当金の期待値を投資家の期待収益率で割り引いた現在価値であるとする考え方である。

$$P = \frac{D}{(1+r)} + \frac{D(1+g)}{(1+r)^2} + \frac{D(1+g)^2}{(1+r)^3} + \cdots$$

$$P = \frac{D}{(r-g)} \quad (ただし、r > g)$$

D：配当
r：期待収益率（資本コスト）
g：配当成長率
P：理論株価

　このモデルによると、期待収益率（資本コスト）が下落すれば、株価は上昇する。また、配当成長率が上昇すれば株価は上昇する。

　一方、配当ではなく株主に配当を支払うための原資となるキャッシュ・フローを使って株式価値を求めるものが**キャッシュ・フロー割引モデル**である。

$$P = \frac{CF_1}{(1+r)} + \frac{CF_2}{(1+r)^2} + \frac{CF_3}{(1+r)^3} + \frac{CF_4}{(1+r)^4} + \frac{CF_5}{(1+r)^5} + \cdots$$
$$= \sum_{i=1}^{\infty} \frac{CF_i}{(1+r)^i}$$
$$= \frac{CF}{r}$$

　これによれば、会社の収益力が高まり、キャッシュ・フローが増加すれば、株価は上昇する。また、投資家の期待収益率（資本コスト）が下がれば、株価は上昇することになる。

　将来キャッシュ・フローを現在価値に割り引くためには、この会社に固有の割引率を用いることになる。この割引率は、一般的に、**資本資産評価モデル（CAPM）**により算出される。このモデルは、リスク資産の均衡市場に関する理論であり、投資側の視点における期待運用収益率を求めることを意味する。

　企業は事業活動のための資金を、株式発行によって調達するとともに、借入や社債等の有利子負債により調達するが、この株式と負債に係るコスト（投資家にとっては期待収益率）が、企業にとっての**資本調達コスト**になる。

逆に企業へ資本提供する投資家から見れば、株式投資の運用利回りとは、株式から得られる配当と、投資期間における株式価格の上昇に伴うキャピタル・ゲインによる**利回り**を意味する。

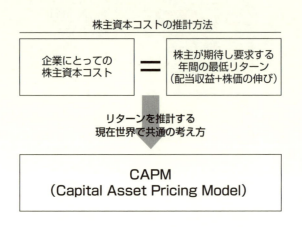

投資家の資金運用の視点及び企業の資金調達の視点から、株主資本コスト及び負債コストがどのように構成されているのかを示すと以下の図の用になる。

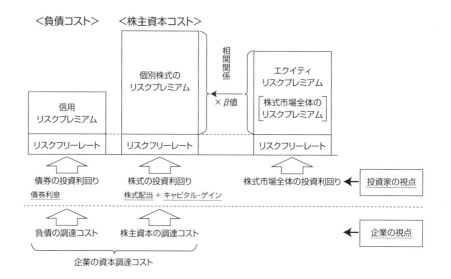

　このように、株式資本コストは、リスクフリーレートに個別株式のリスクプレミアムが上乗せされたものである。これに対し、負債コストは、リスクフリーレートに信用リスクプレミアムが上乗せされたものである。

　負債コストにおいて、信用リスクプレミアムは、その企業の財政状態の悪化にともなうデフォルトを起こすリスクが反映されることになる。また、会社の調達コストとしては、負債利子が税務上の損金として認識されることから負債コストに（1－実効税率）を乗じることによって**節税効果**を反映する。

　CAPMでは、市場が均衡している状態ではリスク負担した分に見合うリターンを得ることができると考える。また、完全市場における投資では、分散しきれないところまで分散投資すれば、その市場に連動するリスク（**システマティック・リスク**）のみを負担することになり、ある個別株式の期待収益率は、市場全体の期待収益率と**β値を通じて相関関係にある**ものとして形成されること示している。

CAPMに基づく**株主資本コスト**は、以下の算式にしたがい、リスクフリーレート、株式市場全体の期待運用収益率（マーケットリスクプレミアム）、個別株式のβ値の3つの値について、計算される。

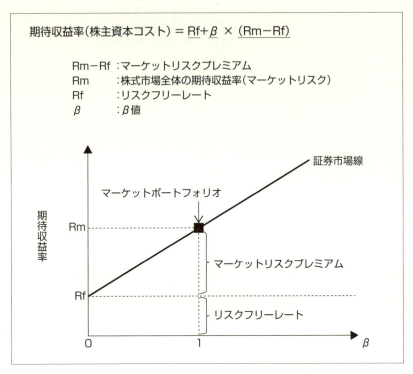

リスクフリーレートは、実務上、債務不履行の可能性が極めて少ないと考えられている評価時点の長期国債（10年国債）の利回りを採用することが一般的である。

株式市場全体の期待収益率はマーケットリスクと呼ばれ、株式市場から期待される長期間の株価利回りをいう。マーケットリスクは、株式市場全体のインデックス（TOPIX、日経平均等の株価指数等）の利回り（配当金とキャピタル・ゲインの合計を投資額で割った年間の投資利回り）によって示される。これは、将来期待される投資利回りの実現に対する不確実性の程度と定義

することもできよう。

このマーケットリスクとリスクフリーレートの差（Rm−Rf）が、**マーケットリスクプレミアム**（又はエクイティリスクプレミアム）と呼ばれ、この株式市場へ投資することによってリスクフリーレートに比べどれだけ高い投資利回りを期待するかを示すものとされる。

長期的には、株式投資からのリターンは国債などの無リスク資産を上回ることが想定されている。これは株式への投資は安全な無リスク資産への投資などに比較して、高いリスクを有しており、そこで期待されるリターンも高いと考えられるからである。このため、株式市場全体におけるリターンは、無リスク資産のリターンに比較して、それに上乗せされたリターンが期待されており、これがマーケットリスクプレミアムとなる。実務上、イボットソン・アソシエイツ・ジャパンという金融情報提供会社が販売している過去の統計データを使うことが一般的である。

日本の無リスク資産として代表的な国債の長期金利は、現在は大体2％であり、日本の株式市場へ投資家が期待しているリスクプレミアムは過去のデータ検証などから5％位だと考えるケースが多い。

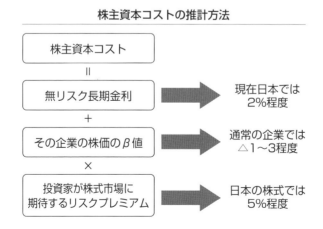

株主資本コストの推計方法

一方、企業の株価のβ値とは、その株価が市場平均であるインデックスに対してどの位の大きさの変動特性を持つかを表している。β値が1であれば、市場インデックスと同じ方向で同じ幅で株価が上下変動する。β値が2であれば、市場インデックスと同じ方向で2倍の幅で株価が上下変動することになる。市場と逆の動きをすることが多い株価はマイナスのβ値となることもあるだろう。景気変動にあまり左右されない企業の株価のβ値は1より小さいことも多く、一方で景気等に業績が大きく影響を受ける企業の株価のβ値は2を超えることもある。

株主資本コストの推計方法
【株価のβ（ベータ）値の意味】

「その企業の株価が、市場平均の
インデックスに対して
どのくらいの大きさの変動特性を持つか」

●株価β値が1
　⇒インデックスと同じ方向で同じ幅の変動傾向

●株価β値が2
　⇒インデックスと同じ方向で2倍の幅の変動傾向

β値は**市場感応度**ともいわれ、株式市場全体のインデックス（TOPIX、日経平均等の株価指数）の株式利回りの動きに対する個別企業の株式利回りの動きの相関関係を表す**リスクの尺度**でもある。β値は個別企業の株価のボラティリティを表すものであり、β値が大きいほど市場の動きに対してその個別株式の株価の変動幅が大きく、投資家にとってはリスクが高い会社であることを意味する。

β値は過去の個別株価及び株価指数データ等の株価を元に算出されるため、**ヒストリカル・ベータ**と呼ばれ、個別企業の株式利回りと株式市場全体の株式利回りの共分散を株式市場全体の分散で除すことにより算定される。β値を算出するためには、基礎となるデータの期間をどの程度にする

のか決める必要があるが、あまり短い期間とすると一時的な要因による変動を受けてしまう恐れがあるため、ある程度の**長い期間**が必要となる。

［2］ 投資信託への投資

「投資信託（ファンド）」とは、投資家から集めた資金を1つの大きな資金としてまとめ、運用の専門家が株式や債券などに投資・運用する商品であり、その運用成果が投資家それぞれの投資額に応じて分配される仕組みの金融商品である。集めた資金をどのような対象に投資するかは、投資信託ごとの運用方針に基づき専門家が決定する。投資信託は、商品によって投資する対象が様々であるため、そのリスクやリターンの大きさも様々である。

【投資信託のリスクとリターン】

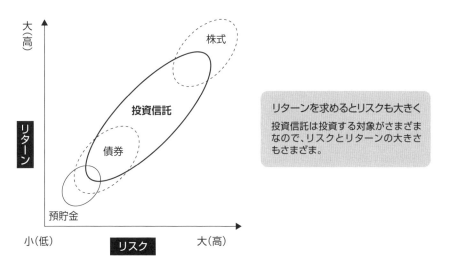

リターンを求めるとリスクも大きく
投資信託は投資する対象がさまざまなので、リスクとリターンの大きさもさまざま。

投資信託の運用成績は市場環境などによって変動する。したがって、投資信託での運用は**価格変動リスク**を伴い、元本は保証されていない。

投資信託は、投資信託運用会社で作られ、主に証券会社、銀行、郵便局

などの販売会社を通じて販売され、多くの投資家から資金を集める。投資家から集めた資金は１つにまとめられ、信託銀行に保管させる。運用会社は、集めた資金をどこにどうやって投資するのか考え、その投資の実行を、信託銀行に指図する。そして、信託銀行は運用会社の指図を受けて、株式や債券の売買を行う。

【投資信託の仕組み】

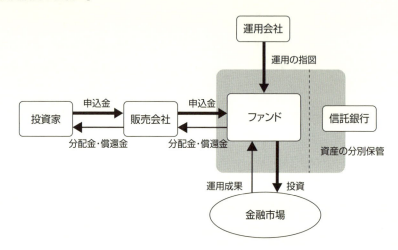

投資信託の一口当たりの取引価格のことを**基準価額**という。投資家が投資信託を購入・換金する際は、基準価額で取引が行われる（一口１円で運用が開始された投資信託は、１万口当たりの基準価額が公表される）。投資信託の資産のうち、投資家に帰属する額を**純資産総額**という。この純資産総額を投資信託の総口数で割ると、**一口当たりの基準価額**が算出される。

上場株式は、市場が開いている間、刻々と株価が変動し、その時々の株価で売買が可能である。これに対して、一般的な投資信託の基準価額は、投資信託が組み入れている株式や債券などの時価評価を基に算出され、１日に１つの価額として公表される。この基準価額において、投資信託の購入や換金が行われるのである。また、基準価額が公表されるのは、投資信

託の取引の申込みを締め切った後で、投資家は当日の基準価額が分からない状況で投資信託の取引を行わなければならない（ブラインド方式）。

投資信託を購入するには、販売会社から契約締結前交付書面と投資信託説明書（交付目論見書）の交付を必ず受けなければならない。また、保有期間は定期的に交付運用報告書が交付される。

投資信託を購入した投資家は、購入した時点での基準価額よりも換金時の基準価額が高ければ利益をあげることができる。また、投資信託が株式や債券で運用して得た収益が分配されれば、その分配金が投資家の利益となる。分配金は、投資信託の信託財産から支払われるため、分配金が支払われると、当然ながら、純資産総額及び基準価額は下落することとなる。

追加型株式投資信託の場合、収益分配金は、ここの投資家ごとの購入時の基準価額（個別元本）に応じて「**普通分配金**」と「**特別分配金**」に分けられるが、「特別分配金」は元本の払戻しであるため、投資家に所得税は課されない。近時人気のある「毎月分配型」と呼ばれるタイプの商品のほとんどは特別分配金（元本払戻金）であるため、分配される都度、個別元本が低下していくことになる。

投資信託の種類を分けると以下のようになる。

契約形態	契約型	運用会社と信託銀行が信託契約を結ぶことにより組成される投資信託
	会社型	投資を目的とする法人を設立することによって組成される投資信託、J-REIT（不動産投資法人）などが中心
購入できる時期	単位型	投資信託が立ち上がる期間（当初募集期間）にのみ購入できる投資信託
	追加型	原則的に、投資信託が運用されている期間中いつでも購入できる投資信託
募集範囲	公募	多数の投資家に取得させることを目的とした投資信託
	私募	機関投資家などのみに取得させることや、ごく少数の投資家に取得させることを目的とした投資信託
払戻し	オープンエンド型	運用期間中払戻しに応じる投資信託
	クローズドエンド型	運用期間中、払戻しに応じない投資信託
株式投資	株式投資信託	約款に株式に投資できる旨が記載されている投資信託
	公社債投資信託	約款に株式には投資しない旨が記載されている投資信託

　投資信託は、原則としていつでも換金の申込みが可能である。ただし、日々決算型（MMF・MRFなど）以外の投資信託の場合、換金の申込みをしてから実際に口座に現金が振り込まれるまで、**国内のもので4営業日、海外のものでは5営業日**かかる。その換金方法には、買取請求と解約請求の2種類である。投資信託によっては、一定期間換金できないクローズド期間を定めているものや、換金時に一定の信託財産留保額が徴収されるものがある。

　買取請求とは、途中換金したい投資信託を、証券会社などの販売会社に買い取ってもらう方法である。これに対して、**解約請求**とは、証券会社などの販売会社を通して、信託財産の一部の解約を請求する方法である。

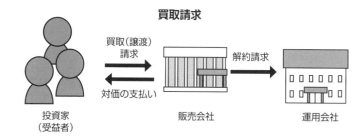

「**買取請求**」とは、途中換金したい投資信託を証券会社など販売会社に買い取ってもらう方法

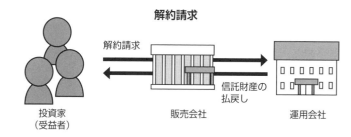

「**解約請求**」とは、証券会社など販売会社を通じて、信託財産の一部の解約を請求する方法

　投資信託に係る主な費用は、購入時に販売会社に支払う**購入時手数料**と、運用中に信託財産から間接的に負担する**信託報酬**である。

　個別のファンド選びに入る前に重要なことは、お客様の購入目的をはっきりさせ、その目的にあったタイプのファンドを提案することである。購入目的として想定されるのは、①老後に備えるなど長期的に資産を増やすこと、②現在の収入を補充するため安定した分配金を得ること、③余裕資金を運用することなであろう。これらの目的によって、次に述べるように保有期間の目処が決まり、それに適したファンドのタイプが決まってくる。**購入目的や資金性格をはっきりさせること**は資産運用の効率性を高めるために極めて重要なことである。

　①老後に備えるなど長期的に資産を増やすことを目的とするお客様の場

合、保有期間が10年〜20年など長期となり、途中で分配金を受け取る必要はないので、**株式型投資信託**が適当であろう。なぜなら、株式は、配当金は不確定で短期的には値下りもあるものの、長期的には企業収益の成長等による値上り益を期待できるため、長期総合収益が平均して預金・債券より大きくなるからである。アメリカの確定拠出年金（401k）に加入している人々の多くは、数十年単位で株式型投資信託に毎月積み立て投資を行っているとのことである。

②現在の収入を補充するため安定した分配金を得ることを目的とするお客様の場合、分配金が重要であるため、利子・配当など定期収入が多く見込める債券や高利回りの株式などで運用され、分配金額や分配回数が多く（毎月分配型など）、値動きが比較的安定しているタイプが適当であろう。

そして、③余裕資金を運用することを目的とするお客様の場合、いつ引き出すか分からない資金であるため、短期証券等で運用され、換金性・安全性に優れているタイプが適当であろう。

［3］ ETFへの投資

ETF（Exchange Traded Funds）とは、証券取引所に上場し、株価指数などに代表される指標への連動を目指す投資信託である。市場が開いている間は、上場株式と同じように売買を行うことができ、取引の仕方は上場株式と同様で、「指値注文」や「信用取引」を行うことができる。

代表的な商品として、**東証株価指数（TOPIX）に連動するETF**がある。これはTOPIXの値動きとほぼ同じ値動きをするように運用されるため、このETFを保有することで、TOPIX全体に投資を行っているのとほぼ同じ効果が得られる。

近年は、海外の株式や債券、金などのコモディティー、REIT等の指数に連動するものが上場されるようになり、ETFの対象範囲が広がってき

ている。

【ETFの種類】

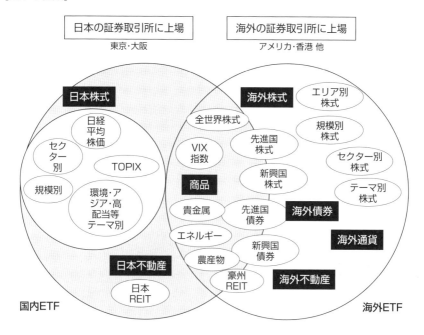

ETFも投資信託であるため、受益者に分配金が支払わる。また、**ETFは一般的な投資信託と比較して信託報酬がかなり低い**（年率1％未満）。これは、信託報酬のうち販売会社に支払う部分がないこと、インデックス運用なので、企業調査などのコストが少ないこと、現物商品の売買を行う必要がなく売買コストが小さいことによるものである。

【マネックス証券を利用した場合のETFと投資信託のコスト比較】

種類	購入時	保有時	売却時
国内ETF	委託手数料 (約0.1%)	信託報酬 (0.08～0.9%)	委託手数料 (約0.1%)
海外ETF	委託手数料 (1約定につき25.2ドル) 為替手数料 (1ドルにつき25銭)	信託報酬 (0.06～0.9%)	委託手数料 (1約定につき25.2ドル) 為替手数料 (1ドルにつき25銭)
一般の投資信託	申込手数料 (2～3%) ただしノーロードの場合は無料	信託報酬 (0.4～2%)	ファンドによっては財産留保額(0.1～0.5%)がかかる

　大手証券会社から見れば、一般的な投資信託と比較して獲得できる収益が小さいことから、ETFを積極的に販売しようとはしない。通常は、為替など厚い販売手数料を得ることができる外国株式の投資信託の販売を優先することになる。これに対して、投資家から見れば、**一般的な投資信託よりもETFのほうが期待収益率は高くなる**。なぜなら、信託報酬の支払いで年2％程度も差が開くからである。5年間投資すれば▲（マイナス）10％の利回り、10年で▲20％の利回りの差として影響してくる。プライベートバンカーとしては、自分が帰属する販売会社の収益を優先するか、**お客様の利益**を優先するか、悩ましいところであろう。

III 金融商品

【ETFの販売に伴う悩み】

運用期間が長くなるほどコストの管理が大事

短期間の運用	長期間の運用
大した金額とは思えない信託報酬だとしても…	毎年支払うコストが積り結果的に大きな負担となることも…

お客様の利益

プライベートバンカーとして、どちらの利益を優先すべきであろうか？

販売会社の利益

ファンド名	会社名	リターン(3年)	標準偏差(3年)	信託報酬等(税込)▲	純資産額(百万円)
Aファンド	野村	00%	000	00%	000
Bファンド	野村	00%	000	00%	000
Cファンド	野村	00%	000	00%	000
Dファンド	東京海上	00%	000	00%	000
Eファンド	東京海上	00%	000	00%	000
Fファンド	東京海上	00%	000	00%	000
Gファンド	アムンディ	00%	000	00%	000
Hファンド	東京海上	00%	000	00%	000

　この点については、サラリーマンとして販売会社のリテール営業を担当するプライベートバンカーは、当然に自社の利益獲得に貢献すべきであるため（お客様の利益は犠牲になっても仕方ない）、販売手数料や信託報酬の高い投資信託の販売に積極的に取り組むべきである。これに対して、日本証券アナリスト協会のプライベートバンカー資格に規定されているプライベートバンカーの定義によれば、「富裕層の顧客に対して、**顧客目線での資産の管理・運用**」を行うとされ、**お客様の利益を優先すべき**と規定されてい

る。しかし、日本の金融業界において、顧客の利益を優先するような営業スタイルを実現することは極めて難しいのが現状だと考えられる。

[4] 債券への投資

債券とは、国、地方公共団体、民間企業、外国政府などが、投資家から資金を借り入れる際に発行する借用証書である。債券の発行条件には、債券の発行体、額面金額、償還期限、表面利率などがある。

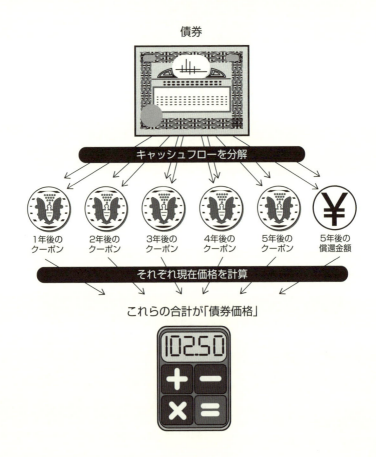

債券は、発行体が定めた償還期限までの期間中に一定の利子が支払われる。基本的に、固定金利が支払われ、償還期日において額面金額が返済される仕組みとなっている。投資家から見れば、**利回り固定の金融商品**である。

　満期以前の換金は、市場価格によって売却することによって行う。市場価格は日々変動するため、売却益を得ることもあれば、売却損を被ることもある。また、発行体が経営破綻すれば、額面金額の全部又は一部が返済されない。つまり、投資家から見れば、デフォルト・リスクが伴う金融商品である。

　債券に伴うリスクは以下のようなものである。

信用リスク	発行体の経営悪化によって元本の返済や利子の支払いが滞ったり、経営破たんによって回収不能になったりするリスクである。
価格変動リスク	金利上昇時に市場価格が下がり、金利下落時に市場価格が上がる。すなわち、債券の保有期間において市場価格が市場金利の変動に応じて変化するリスクである。
為替変動リスク	外貨建ての債券は、為替相場の変動によって円換算額が変動するリスクがある。
流動性リスク	保有する債券を売却しようとしても買い手が現れず、希望するタイミングや価格で売却できないリスクである。市場での取引量が少ない銘柄は流動性リスクが高くなる。

　債券の市場価格は、市場金利との関連で日々変動している。その価格変動により、債券の投資収益、つまり「**利回り**」も変化することになる。金利上昇の局面においては債券の市場価格は下がり、逆に金利が低下している局面においては債券の市場価格は上がる。したがって、金利上昇が見込まれるときは、長期の債券ほど、その購入を控えたほうがよいといえる。

発行時

適正と考えられる水準で発行されるため価格とのバランスが取れている。

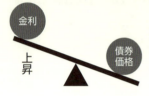

発行後に市場の金利が上がると？

発行時の金利より市場の金利が高くなるので、債券価格が下がる。

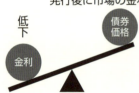

発行後に市場の金利が下がると？

発行時の金利より市場の金利が低くなるので、債券価格が上がる。

　債券の売買取引の方法には、証券取引所で行われる「取引所取引」と、取引所を通さないで証券会社と投資家が相対で取引を行う「店頭取引」の2つがある。**債券売買のほとんどは店頭取引で行われている**。その中でも国債の取引量が圧倒的に大きい。

　取引所取引の場合は、取引価格のほかに必要な費用として、売買委託手数料（及びそれに対する消費税）がかかる。店頭取引の場合は、取引の際に必要なコストが取引価格に含まれているため、別途の手数料はかからない。また、取引所取引、店頭取引ともに、債券の売買には**経過利子の受払い**が必要である。

【経過利子】

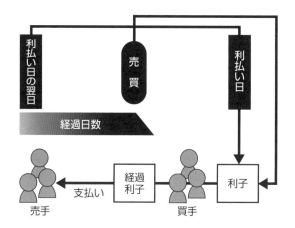

　企業が社債を発行する際、通常無担保で発行される社債を一般無担保社債若しくは優先社債（シニア債）というが、一般無担保社債と比べて、元本及び利息の支払い順位の低い社債を**劣後債**（ジュニア債）という。債務不履行のリスクが大きい分、利回りは相対的に高く設定されている。

　劣後債はその社債要項に劣後特約が付され、債券の名称に「劣後特約付」と付されることが一般的である。破産や会社更生手続の開始など劣後特約で定められた劣後事由が発生すると、一般無担保社債などの一般債務の支払いが劣後債よりも優先されることになる。企業が発行する劣後債は、その企業の清算時に、残余財産の弁済順位が優先される一般無担保社債と弁済順位が最も低い株式との中間的な位置づけにあるといえる。

　金融機関の発行する劣後債については、一定の制限のもと、自己資本比率規制の計算上、資本として計上できることから、金融機関の資本増強策として利用されることが多い。

　なお、**社債担保証券**（＝CBO、Collateralized Bond Obligation）は、様々な格付けの債券を集めてポートフォリオを作成し、その元利金を担保にして発行される資産担保証券である。これは、そのポートフォリオが生むキャッ

シュ・フローの支払いに優先順位を付けることにより、高格付けのシニア債、低格付けの劣後債、その中間のメザニン債に分けて発行することにより、投資家のニーズに合った金融商品の提供が可能となる。

【CBOの仕組み】

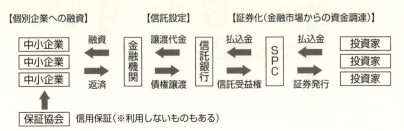

なお、劣後債、優先株式、優先出資証券などを**ハイブリッド証券**と呼ぶこともある。ハイブリッド証券は資本と負債の両方の特徴を持つ証券で、普通社債よりもリスクが大きい一方で、相対的に高い利回りを享受することができる商品である。このような商品は、リスク許容度の高い富裕層に適した商品だと言えるだろう。

[5] デリバティブと仕組債

　金融商品のリスクを低下させたり、リスクを覚悟して高い収益性を追及したりする取引が**デリバティブ**である。こうしたリスク管理や収益追及を企図したデリバティブの取引には、その元になる金融商品について、将来売買を行うことを予め約束する取引（**先物取引**）や将来売買する権利を予め売買する取引（**オプション取引**）などがあり、これらを組み合わせた多種多様な取引がある。

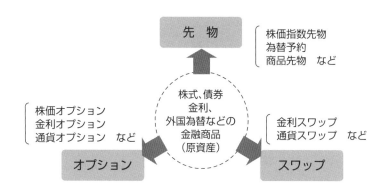

対象となる商品によって、債券価格と関係がある債券デリバティブ、金利水準と関係がある金利デリバティブ、為替相場と関係がある通貨デリバティブなどの**金融デリバティブ**から、気温や降雨量に関連付けた天候デリバティブのようなものも開発され、デリバティブの対象には様々なものがある。

先物取引やオプション取引などに代表されるデリバティブ取引は、お客様の様々なニーズに応えるべく、多様に考案され、リスクヘッジや効率的資産運用の手段として幅広く活用されている。

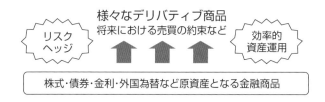

デリバティブの主な特徴としては、多様性と利便性である。

通常、株式などの金融商品への投資目的には、配当などのインカム・ゲインと値上りによるキャピタル・ゲインがある。これに対して、デリバティブ商品は、価格上昇に限らず、価格の下落によって利益が得られるものや、

価格が上がりも下がりもしないときに利益を得られるものがある。この多様な商品性のおかげで、市場動向に応じた様々な活用が可能となる。

　また、デリバティブ取引に必要な現金は、他の金融商品と比べて小さくなる。これは、取引当初に**証拠金**を払い込むだけで取引ができるなど、取引時に受渡しする現金は、原資産の金額よりも少額ですむためである。通常、株式や債券の売買には、現金や株式・債券そのものを持っていなければならないが、デリバティブ取引の場合、それらの必要はない。それにもかかわらず、実際に株式や債券などの実物の金融商品を売買したときと同じような効果を得ることができる。このような少ない投資金額で、大きな取引ができることを「**レバレッジ効果**」という。

　デリバティブの利用方法としては、ヘッジングとスペキュレーションの２つがある。

　株式や債券などの金融商品は、日々その価格が変動する。それゆえ、それらを将来売買しようとしても、価格が下落するリスクが伴う。すなわち、リスクとは将来の不確実性のことであり、この不確実性を排除する手段となるのがデリバティブである。これを**ヘッジング**という。

　デリバティブは、対象となる金融商品の現在及び将来の一時点の金利、価格と強い関連があるため、資産運用においてデリバティブをうまく併用すれば、これらのリスクを一定範囲に抑えること、つまりリスクヘッジが可能となる。

　一方、デリバティブは、スペキュレーション（投機）の手段としても利用されている。スペキュレーションとは、純粋にデリバティブ価格の値上り、値下りを見込んで取引を行い、短期間で利益を得ようとする取引のことである。少ない投資金額で取引が可能であるというデリバティブの利用効率の高さが、スペキュレーション取引を可能とさせるのである。

　デリバティブは、必ずしも原資産の価格変動と同一方向に価格変動するものばかりではない。原資産の価格が下落したときに利益が得られるもの、

あるいは、原資産の価格が大きく動かないときに利益が得られるようなタイプのデリバティブもあり、様々な投資戦略を可能としているのである。

一方、「**仕組債**」とは、一般的な債券にデリバティブを組み込んだ債券のことをいう。代表的な仕組債として、日経平均株価連動債、他社株転換可能債（EB債）、デュアル・カレンシー債、金利連動型債券などがある。

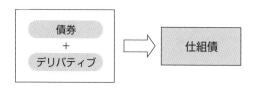

予め定められた参照指標（株価・金利・為替・商品価格など）に基づき利率が決定される仕組債については、参照指標の変動により、お客様が受け取る利息が減少する可能性がある。また、予め定められた参照指標に基づき償還金額が決定される仕組債については、参照指標の変動により、お客様が受け取る償還金に差損が生じる可能性がある。

なお、仕組債は、通常、償還まで保有することを前提とした債券となっており、やむを得ず中途売却する場合、売却価格が著しく低くなり、投資元本を割込む可能性が高い。

例題2-3 以下の各記述を読み、正しいか誤っているかを判定しなさい。

【問題】

ポートフォリオ理論に関して以下の問題に答えなさい。

1. ある有価証券の予想収益率が以下の場合、期待収益率と標準偏差はいくらか（小数点第3位四捨五入）。

	生起確率	予想収益率
好況時	0.3	25%
普通時	0.4	5%
不況時	0.3	▲10%

2. 収益率のばらつきが正規分布しているとすると、以下の（　）に入る数字を答えなさい。

正規分布曲線

平均値

±1σ（68.27%）
±2σ（95.45%）
±3σ（99.73%）

正規分布とは、このように左右対称の釣鐘型をしたグラフである。ここでの有価証券に投資した場合、その収益率は68.27％の確率で▲7.11％から（　％）の範囲内に収まると考えられる。

【解答2-3】

1. ポートフォリオ理論では、リターンを期待収益率（予想収益率の荷重平均値）、リスクを標準偏差で測定する。
   期待収益率＝25%×0.3＋5%×0.4＋▲10%×0.3＝6.5%
   分散＝（25%－6.5%$)^2$×0.3＋（5%－6.5%$)^2$×0.4
   　　＋（▲10%－6.5%$)^2$×0.3＝185.25
   標準偏差＝√分散＝√185.25＝13.61%

2. ポートフォリオ理論では、収益率の散らばりは**正規分布**になると考えるため、68.27%の確率で**期待収益率±標準偏差**に、95.45%の確率で**期待収益率±（2×標準偏差）**の範囲内に収まると考える。したがって、（　　）には20.11%が入る。
   6.5%－13.61%＝▲7.11%
   6.5%＋13.61%＝20.11%

3. 上場株式を売却する場合、原則として、売買成立日から起算して4日目に受渡しが行われる。したがって、金曜日に約定すれば、その受渡しは翌週の月曜日となる。

4. 株価の計算方法としての配当割引モデルは、将来得られる配当金の期待値を長期国債利回り（10年）で割り引いた現在価値で評価するものである。

5. 株式投資の運用利回りとは、配当と売却損益を合わせた利回りを意味する。

6. 仕組債は、通常、償還まで保有することを前提とした債券となっているため、投資期間を比較的短く設定するお客様に対して販売すべき商品ではない。

7. 投資信託の分配金に関する個別元本方式では、特別分配金は課税対象とされ、普通分配金は非課税とされる。

3. 誤り。上場株式を売却する場合、原則として、売買成立日から起算して**4営業日目**に受渡しが行われる。したがって、金曜日に約定すれば、その受渡しは翌週の水曜日となる。

4. 誤り。株式価値の伝統的な計算方法として**配当割引モデル**があるが、これは、将来得られる配当金の期待値を、その株式の**投資家の期待収益率**で割り引いた現在価値であるとする考え方である。したがって、期待収益率が上がれば株価は低く、期待収益率が下がれば株価は高く評価されることになる。

5. 正しい。投資家にとっての株式投資の運用利回りとは、発行体から定期的に分配される**配当金**と、株価の上昇又は下落に伴う**売却損益**を合わせた利回りを意味する。

6. 正しい。**仕組債は、通常、償還まで保有することを前提とした債券**となっており、やむを得ず中途売却する場合、売却価格が著しく低くなり、投資元本を割込む可能性が高い。それゆえ、短期間で売却すれば損失を被る可能性が高くなるため、投資期間を短く設定しているお客様に販売すべき商品ではない。

7. 誤り。投資信託の分配金に関する個別元本方式では、**普通分配金**は課税対象とされ、**特別分配金**が非課税とされる。これは、特別分配金が利益の分配ではなく、元本の払戻しだからである。

8. 株式投資に伴うシステマティック・リスクとは、分散しきれないところまで分散投資した場合に、各銘柄の価格変動が相殺されることによって排除することができるリスクのことを意味する。

9. β値が大きい企業ほどその個別株式の株価のボラティリティが大きく、投資家にとってはリスクが高い株式投資となる。

10. 債券は償還期日が到来すれば、発行体から額面金額の全部が返済されることになる。保有期間中に含み損が生じていたとしても、償還期日まで保有し続けることができれば額面金額まで価格が回復するため、債券は投資リスクの無い商品ということができる。

11. 金利下落の局面では、債券の市場価格は常に上がることになる。

8. 誤り。システマティック・リスクとは、分散しきれないところまで分散投資を行ったとしても、**避けることのできないリスク**のことを意味する。これは、**市場全体に共通するリスク**ともいえる。したがって、ある個別株式のリスクと市場全体のリスクの比率がβ値で測定されているとすれば、個別株式の期待収益率は、市場全体の期待収益率とβ値を通じて相関関係にあるといえる。

9. 正しい。β値は**市場感応度**ともいわれ、株式市場全体のインデックス（TOPIX、日経平均等の株価指数）の株式利回りの動きに対する個別企業の株式利回りの動きの相関関係を表す**リスクの尺度**でもある。また、β値は個別企業の株価のボラティリティを表すものであり、β値が大きいほど市場の動きに対してその**個別株式の株価の変動幅**が大きく、投資家にとってはリスクが高い会社であることを意味する。

10. 誤り。債券の発行体が経営破綻すれば、額面金額の全部又は一部が返済されない。つまり、債券投資には**デフォルト・リスク**が伴う。

11. 誤り。債券投資には、価格変動リスク以外にも**信用リスク**や**為替リスク**などが伴う。金利が低下している局面においては、他の条件が一定であるならば、債券の市場価格は上がることになる。しかし、信用リスクが悪化したり、為替レートが円高になったりすると、債券の市場価格が下がることも想定される。

12. 分散投資されている株式市場全体への投資に伴うリスクよりも、個別株式への投資に伴うリスクのほうが大きいため、個別株式のリスクプレミアムは、株式市場全体のマーケットリスクプレミアムよりも常に大きくなる。

13. 高格付けのシニア債、低格付けの劣後債、その中間のメザニン債に分けて発行される証券化商品は、投資家のニーズに合った商品選択を可能とするが、プライベートバンカーは顧客の安全性を最優先に考え、常にシニア債を販売しなければならない。

14. 上場投資信託（ETF）は、売買コストや運用管理コストなどの費用が低く抑えられるため、投資家にとって有利な金融商品である。

12. 誤り。株式市場全体のβ値は1と定義されるが、株式市場全体のマーケットリスクプレミアムより個別株式のリスクプレミアムの方か大きい場合もあれば、**小さい場合もある**。個別株式のリスクプレミアムのほうが大きい場合は、β値は1より大きな値を示し、逆に小さい場合は、β値は1より小さな値を示す。なお、β値がマイナスになれば、その個別株式の株価は市場と反対の値動きをすることを意味するが、β値がマイナスになる企業は現実には無いといっても過言ではない。

13. 誤り。信用リスクの高い**劣後債**は、資本と負債の両方の特徴を持ち、普通社債よりもリスクが大きい一方で、相対的に高い利回りを享受することができる商品である。このような商品は、**リスク許容度の高く、目標運用利回りの高い顧客**に適合するものである。したがって、顧客の特性に適合しているのであれば、プライベートバンカーが劣後債を販売することについて問題はない。

14. 正しい。上場投資信託（ETF）は、販売手数料や信託報酬が低く、運用コストが低く抑えられるため、**投資家の利益に資する商品**である。しかしながら、販売会社の立場からすれば、**売っても儲からない商品**であるため、積極的に販売されるケースは少ない。

Ⅳ ■ ファミリーミッション・ステートメント

［1］ ファミリーミッション・ステートメントの作成方法

　ファミリーミッション・ステートメントとは、特定の個人や夫婦、ファミリー又はその同族企業の**行動方針**で、**価値観**、**目標**を表明したものである。このファミリーミッション・ステートメントは、投資政策書や事業計画書よりも上位に位置づけられる文書である。

［2］ ファミリーガバナンス

　ファミリーガバナンスとは、家族や親族など一族間の意見の違いや利害関係を調整するための方法を示すものである。家族の意見を集約して、利害関係を調整すべき事項として以下のようなものがある。

> ▶後継者を含む次世代の構成員の教育及びキャリア
> ▶後継者を含む次世代の構成員の結婚相手
> ▶家業ビジネスについて、いかに継続的な成長を実現するか
> ▶後継者の選定と承継すべき財産
> ▶承継される財産の分け方
> ▶ビジネス以外の活動（慈善活動、宗教、家族旅行、趣味等）のために、どの程度の資金を使うか

　ファミリーガバナンスは、以下のように設計することになる。

> ▶ステップ1→ファミリーのビジョンと価値を共有する
> ▶ステップ2→ルールの明確化
> ▶ステップ3→家業ビジネスの事業戦略の構築
> ▶ステップ4→財産を所有する体制の決定
> ▶ステップ5→ファミリーガバナンスのシステム構築

【ファミリーガバナンスの基本構造】

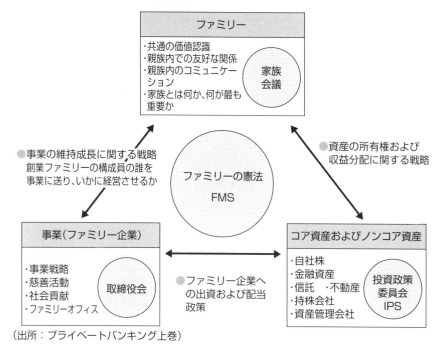

(出所:プライベートバンキング上巻)

[3] 財産承継に伴う問題

(1) 経営の承継

ファミリーが事業を営んでいる場合、その事業承継と財産承継を明確に区別して考えなければならない。事業承継は**経営の承継**であるが、財産承継は**自社株式の承継**である。

財産承継といっても、承継される財産によってその難易度は異なる。賃貸不動産の承継であれば、その管理は外部の管理会社に委託することが一般的であるが、非上場株式の承継では、その経営は簡単に外部委託することはできない。基本的に、株式を所有する企業オーナーが自ら経営を行うことによって、その事業の価値を維持することになるからである。不動産

経営と異なり、会社経営は、自社株式さえ承継できれば財産承継も完了するというわけではない。株式承継には必ず**経営承継**という問題が伴うからである。すなわち、**財産承継と経営承継の2つの側面をセットにして考える必要がある**。これがファミリービジネスの承継の課題である。

(2) 代償分割

　自社株式は、経営権確保のために後継者として任命された相続人に集中すべき財産であり、非後継者である相続人には保有させるべきではない。そこで、遺産分割の手法として**代償分割**を選択することが考えられる。すなわち、大部分の相続財産を占める自社株式のすべてを後継者である長男に相続させる代わりに、非後継者である次男と三男には長男から代償金を支払うという方法である。その際、長男が支払う代償金の原資として**生命保険の死亡保険金**を活用するのである。これによって、遺産分割に伴う争いや遺留分の侵害を回避することが可能となる。相続財産が自社株式でなく不動産の場合であっても同様である。

【代償交付金の財源としての生命保険】

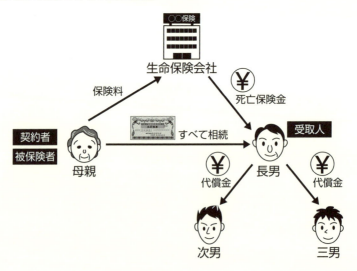

(3) 家計貸借対照表

　今日のような大増税・大相続時代において求められるものは、財産管理と承継を計画的に実行することである。プライベートバンカーはそのようなアドバイスをお客様に提供しなければならない。

　プライベートバンキングは、お客様の多様なニーズを分析し、個々のお客様の目標を達成するための方法を立案することから始まる。その具体的な手段として、金融資産運用、不動産管理、生命保険活用、税金対策を総合的に計画し実行する。また、管理する財産のモニタリングを継続することによって、計画と実績のギャップ分析を行いながら、長期にわたって目標達成を目指していく。

　その際、お客様の財産管理・承継の実行のために、情報システムを活用することが効果的であろう。情報システムを活用することができれば、各資産の時価評価が可能となり、タイムリーに財産構成全体を見渡すことが可能となる。また、納税資金対策のためにどれだけの生命保険に加入する必要があるのか、投資リスクとリターンを変化させるためにどのように資産構成を変えるべきなのか、シミュレーションできればよい。

【家計の財産管理の現状】

> 日本人は、自分の家族の
> 財産内容を知らない!
> 財産の時価がいくらか知らない!

> 家計の財産目録を作るのは
> 相続発生後、又は、遺産分割協議書を作成するときである。
> 家計の財産の内容がわからずに相続対策はできない!

◆特に不動産、自社株、生命保険

企業は、貸借対照表、損益計算書及びキャッシュ・フロー計算書を作成し、財政状態、経営成績及びキャッシュ・フローの状況を把握する。これは企業会計である。この点、お客様個人の家計について、このような財務報告は行われていない。しかし、財務報告が有効に機能するのは、法人のお客様だけでなく、個人のお客様においても同様である。

　わが国では、お客様個人やファミリー全体の財務内容を毎年把握し、親族内で開示しているようなケースはほとんど見られない。預貯金や金融商品は、複数の銀行や証券会社において分散して保有され、全体としての時価がどうなっているか、資産構成がどのような状況か、家計の財務内容を把握しているお客様はほとんどない。

　結果として、個人財産の全体像を知る瞬間は、遺産分割協議書の作成や、相続税申告書の作成を行う、「死んだとき」だけとなっている。死ぬまで何も見ていないのであれば、生前対策を立案することはできない。

　個人のお客様の財産承継対策を考える場合、個人資産及び負債の**貸借対照表（家計貸借対照表）**を作成することは不可欠である。これにより、所得計算だけで把握することができない、ストックベースでの財務上の問題点を明らかにすることができる。

【家計貸借対照表の例】

(単位：万円)

【資産】		【負債】	
現預金	8,415	借入金	4,500
国内株式・債券	2,655	未払一次相続税	2,700
海外株式・債券	825	未払二次相続税	1,700
投資信託	1,325	（負債合計）	8,900
生命保険	1,320		
不動産	21,780	【純資産】	29,235
自社株式	1,815		
資産合計	38,135	負債・純資産合計	38,135

このような家計貸借対照表には、実態を適切に反映するために資産の時価評価を行うべきであろう。もちろん、資産の時価評価において、金融資産、不動産、自社株式を定期的に評価替えすることは、相当の労力を要することであろう。しかし、それにプライベートバンカーがお手伝いすることによって、**未払相続税額**（負債）を認識することができ、お客様の財産承継対策の立案に役立てることができる。

　時価評価について、金融資産については取引所の相場で評価することに異論はないだろう（相続税評価とは若干異なるが無視し得る範囲である）。この点、不動産と自社株式については、時価の考え方として、換金価値と相続税評価のいずれかを選択することになる。換金価値を評価するのであれば、不動産については実勢価格（取引相場）で、自社株については公正価値（M&A株価）で評価することになるだろう。しかし、その評価は主観的な要素が入るため信頼性に乏しく、また、未払相続税額との関連付けることができない。そこで、不動産と自社株式は、**相続税評価**を行うべきであると考えられる。これによって、未払相続税額との対応関係が明確になる。

　ただし、不動産と自社株式を相続税評価するといっても、相続税評価額は定期的に値洗いする必要がある。すなわち、類似業種株価については「類似業種比準株価」が更新されるときに評価替えを行い、また、宅地に係る路線価については、年1回「路線価」が改定されるときに評価替えを行う必要がある。

　このように金融資産、不動産、自社株式を、タイムリーに時価評価し、家計貸借対照表によって個人財産全体を「見える」化することにより、最適な資産構成の向けての戦略立案、納税資金不足を解消するための方策を立案することが可能となるのである。

【家計貸借対照表による相続税の「見える」化】

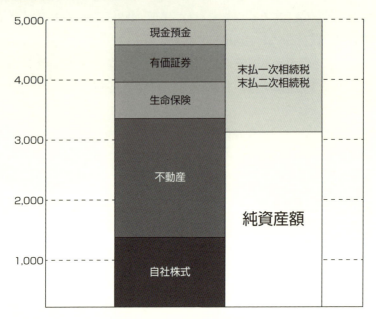

家計貸借対照表を作成することができたならば、以下の観点から検討を行う。

① 相続税を支払うに足る十分な流動性は確保されているか
② 借入金が無理なく返済可能であり、過大になっていないか
③ リスク許容度の範囲内で資産の分散が図られ、必要な流動性が確保されているか
④ 相続における遺産分割が容易になる資産構成であるか

相続税の納付は、相続発生後10カ月以内である。すなわち、相続が発生すれば、未払相続税額は10カ月以内に決済されなければならない。それゆえ、家計貸借対照表上、負債に計上される未払相続税額は、資産に計上される金融資産や生命保険などの流動資産よりも小さくなければならない。すなわち、流動比率は100％を超えている必要がある。

$$\text{流動比率} = \frac{\text{金融資産} + \text{生命保険} + \text{退職慰労金}}{\text{未払相続税} + \text{1年以内返済借入金}} > 100\%$$

　この点、流動比率が100％を超えていたとしても、遺産分割の結果として、個人ベースでの納税資金が不足する相続人がいないかどうか、事前に確認しておく必要がある。例えば、企業オーナーの相続において、長男に自社株と事業用不動産を承継し、長女が金融資産を承継する場合、たとえ資産全体では流動比率100％超であっても、長男の相続税を納付するに足る金融資産を確保できないようなケースが発生する。すなわち、財産承継のための遺産分割対策と納税資金対策は同時に立案しなければならないということである。このような場合、未払相続税額を明示しながら、その支払いが顕在化するまでに納税のための金融資産を承継させるか、財産評価を引き下げて未払相続税額を減少させる生前対策を行うべきなのである。

　また、様々な種類の資産を保有している資産家であれば、残すべき資産の優先順位を決める必要がある。企業オーナーの場合、事業承継の優先順位が高くなるため、自社株式が残すべき資産として重要になるだろう。地主であれば、先祖代々の土地を何があっても相続し続けなければならない一族もいるかもしれない。残すべき資産の優先順位が決まれば、納税の際、優先順位の低い資産を納税資金に充てることを考えることができる。残すべき資産が自社株式や不動産である場合、優先順位の低い金融資産や生命保険金を、相続税の納税資金に充当すればよいということである。

　さらに、未払相続税額の負担を軽減できるかどうか検討しなければならない。**わが国は、世界に類を見ないほど相続税負担が大きい国**であるため、資産家が三世代続けて資産家であり続けることは非常に難しいと言われている。それゆえ、家計貸借対照表を用いて財産承継の方法を立案する場合、資産よりもむしろ負債（未払相続税額）の管理、すなわち**相続税対策**が重要な問題となるのである。これが相続税のない諸外国の資産家の財産承継対

策と根本的に異なるテーマである。

　以上のように、資産承継対策を立案する場合、遺産分割対策、納税資金対策及び相続税対策を同時に検討しなければならない。

(4) 家族への所得分散

　賃貸不動産を個人で所有している場合、家賃収入が定期的に入ってくることによって将来の相続財産が増加し、相続税負担が大きくなることが問題となる。そこで、個人から法人へ賃貸不動産を移転し、法人で不動産経営を行うことが効果的である。その際、土地を移転するとすれば大きな税負担を伴うため、建物だけを法人に移転することによって、法人化に伴う税負担を抑える。

　法人化の目的は、家賃収入を法人の資産として蓄積すること、その資産を給与として家族に分配することである。つまり、法人を通じて不動産オーナー個人の所得を家族に分散させるのである。

【不動産所有法人】

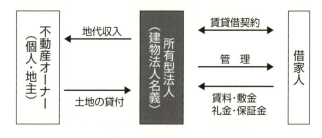

　不動産オーナーが建物を法人へ移転する方法は、法人への譲渡又は現物出資である。この不動産所有方式は、個人の所得税率が法人税率よりも高い状況であれば、この税率差を利用して税負担を軽減させることができる。

【法人化による相続対策イメージ】

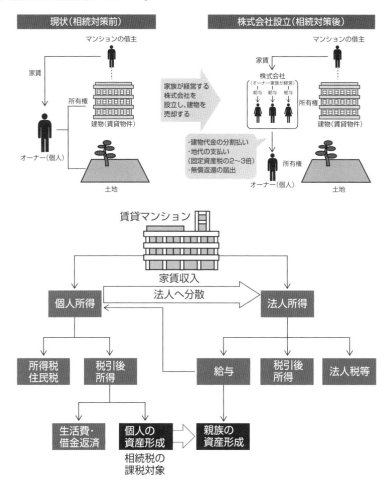

　建物を法人所有とすることによって、賃貸不動産という資産を「非上場株式」に転換し、不動産経営を事業的規模まで持って行くことができれば、類似業種比準価額を適用することによって相続税評価を引き下げることができる。これにより、親族に対する生前贈与が行いやすくなる。

　また、不動産所有法人から子供や孫に役員報酬を支払うことで、所得分

散を行い、全体として所得税負担を軽減させることができる。法人から家族に給与を支払うとすれば、給与所得控除の適用を受けることができるほか、分散された1人当たりの給与額が小さくなることによって累進税率が低下することになる。

このように、不動産所有法人を設立することにより、オーナー個人の相続財産の増加を防止すると同時に、法人の所得分散による所得税軽減効果を享受することができる。

(5) 次世代への承継を考えた金融資産運用

一世代のみの資産運用を考えるのであれば、次世代へ資産を残すことは考えず、死ぬまでに必要な資金を得るための運用方法をとることとなる。その場合、インカム・ゲインを個人の所得とすることを考え、分配重視型（一世代限りの取崩しを前提）の運用方法が望ましい。その際、ある程度のリスク許容度の引上げも可能となることから、ミドルリスク・ミドルリターンとすべきである。

これに対して、次世代への資産承継を考えるのであれば、次世代へ資産を残すことを考え、子供へ承継させる資産を確保するための運用方法をとることとなる。その際、残すべき資産と残す必要のない資産を区別し、残す必要のない資産を納税資金として準備することになる。この場合、自分の世代で使い切る資産だけでなく、子供の世代に残す資産まで獲得しなければならないから、ある程度の高いリスクを取って、高いリターンを目指さなければならない。

なお、残すべき資産と残す必要のない資産の峻別に際して、コア・サテライト戦略が有効である。コア・サテライト戦略とは、資産配分を行う際、運用資産をコア・アセットとサテライト・アセットの2つに分け、資産配分の中核となるコア・アセットでは安定的な成長を追求する一方、資産配分の非中核部分のサテライト・アセットでは、リスクを取って比較的高い

リターンを目指す戦略のことをいう。例えば、コア・アセットでETFのインデックス運用を行い、サテライト・アセットで金やデリバティブへの運用を行うという配分である。

例題2-4 以下の各記述を読み、正しいか誤っているかを判定しなさい。

【問題】

1. ファミリーミッション・ステートメントとは、ファミリー全体に共通する行動方針であり、必ず遵守すべきルール、規則を書面に記載したものである。

2. ファミリーガバナンスとは、家族や親族など一族間の意見の違いに起因して生じた問題を解決するための判断基準を明確に示すものである。

3. 投資政策書を作成するよりも先にファミリーミッション・ステートメントを作成しなければならない。

4. 事業承継は、株式承継と経営承継の両面を持っているが、ファミリーガバナンスが有効に機能しているファミリーの場合、後継者に自社株式を全て承継させることが当然であると考えられていることから、事業承継において株式承継で争いが起きることはない。

【解答2-4】

1. 誤り。ファミリーミッション・ステートメントとは、**個人の行動指針**であり、一族・ファミリー全体に共通するものとして作成されることもあるが、**特定の個人や夫婦**のものとして作成されることがある。そこには、ファミリーの目標やルールが表明されることになるが、必ず遵守すべき規則というほど厳格なものではなく、**価値観や考え方のガイドライン**にすぎない。

2. 誤り。ファミリーガバナンスとは、家族や親族など一族間の意見の違いや利害関係を調整するための**意思決定や遂行プロセスについての在り方及び方法**を示すものであり、意見の相違やトラブルを解決するための判断基準となるようなものではない。

3. 正しい。ファミリーミッション・ステートメントは、投資政策書や事業計画書よりも**上位に位置づけられる**文書であるから、ファミリーの方向性を定めようとする場合、ファミリーミッション・ステートメントを最初に作成することになる。

4. 誤り。多くの非上場企業では、その所有と経営は分離されておらず、事業承継は、株式承継と経営承継の両面を持っている。自社株式は相続財産を構成するため、複数の相続人がいて遺留分を侵害する状況に陥った場合、**後継者以外の相続人へも自社株式を分割せざるを得ない場合**がある。そのような場合、自社株式を後継者に集中させることはできず、相続争いが生じる可能性がある。

5. 相続の遺産分割協議において、自社株式を後継者に集中させるという分割案で合意できない場合、後継者以外の相続人に対して後継者が現金を支払う方法をとることができる。

6. 家計貸借対照表を作成することによって、個人財産の構成が明確化されるとともに、これまで見えなかった負債である未払相続税額が明らかになる。

7. 不動産を法人に移転した後は、個人の財産は「非上場株式」に変わることになる。法人による不動産経営を事業的規模まで持って行くことができれば、類似業種比準価額を適用することができ、相続財産の評価を引き下げることが可能である。

8. 家計貸借対照表の流動比率（＝未払相続税額／流動資産）が100％を超えていれば、相続税額よりも流動性のある資産（現金預金、保険金など）が多いということであるから、相続税の納税において問題ないと判断できる。

5. 正しい。自社株式は、経営権確保のために後継者として任命された相続人に集中すべき財産であり、非後継者である相続人には保有させるべきではない。そこで、自社株式を後継者に相続させる代わりに、**後継者ではない相続人**には**後継者から代償金を支払う**という方法が有効である。これを代償分割という。これが遺産分割協議における争いを解決する手段となる。

6. 正しい。プライベートバンカーが家計貸借対照表の作成を手伝う目的は、**未払相続税額**（負債）を認識することによって、顧客の財産管理及び財産承継対策の立案に役立てることにある。

7. 正しい。不動産を法人に移転した後は、個人の財産は「非上場株式」になり、不動産の評価から非上場株式の評価に変わることになる。非上場株式を類似業種比準価額で評価することができれば、純資産価額を下回る評価とすることも可能である。結果として、不動産を所有していた場合よりも非上場株式を所有する場合のほうが相続財産の評価が低くなるケースが多い。

8. 誤り。流動比率が100%を超えていたとしても、遺産分割の結果として、各相続人の流動比率を1人ずつ見ると、納税資金が不足するケースがある。例えば、企業オーナーの相続において、長男に自社株と事業用不動産を承継し、長女が金融資産を承継する場合、たとえ遺産全体では流動比率100%超であっても、長男1人に限って見れば、相続税を納付するに足る金融資産を確保できないようなケースが発生する。

9. ファミリーの所得を分散するためには、例えば、所有する不動産を法人所有に切り替える方法が効果的であるが、その目的は個人財産の蓄積を防ぎ、相続財産の増加を抑えることのみにある。

10. 賃貸不動産を法人に移転する場合、個人から法人への譲渡（売買）とすれば、個人に譲渡所得税が課されるが、現物出資とすれば譲渡所得税は課されない。したがって、不動産は法人へ現物出資すべきである。

11. 家計貸借対照表は、これまで蓄積してきた個人財産を総合的に表示することが目的であるから、各資産は取得原価で評価しなければならない。

12. コア・サテライト戦略を取って資産配分を行う場合、コア・アセットではハイリスク・ハイリターンの運用を行う一方、サテライト・アセットでは、ローリスク・ローリターンの運用を行うことが一般的である。

9. 誤り。不動産を法人所有とすることによって、個人財産の増加を抑制することは法人化の目的の1つであるが、不動産所有法人から子供や孫に役員報酬を支払うことで、所得分散を行い、全体として所得税負担を軽減させることも目的の1つである。

10. 誤り。個人から法人へ不動産を現物出資した場合であっても、譲渡価額（時価）が取得価額を上回っていた場合には、譲渡所得税が課される。

11. 誤り。家計貸借対照表には、実態を適切に反映するために資産の時価評価を行うべきである。しかし、資産の時価評価において、市場性のある有価証券は市場価格を使えばよいが、それ以外の不動産、自社株式は市場価格が無いため、相続税評価を使うべきである。

12. 誤り。コア・サテライト戦略とは、資産配分を行う際、運用資産をコア・アセットとサテライト・アセットの2つに分け、資産配分の中核となるコア・アセットでは安定的な成長を追求する一方、資産配分の非中核部分のサテライト・アセットでは、リスクを取って比較的高いリターンを目指す戦略のことをいう。コア・アセットでは安定的な成長を目指すべきであるから、ETFのインデックス運用などローリスク・ローリターンの運用を行う一方で、サテライト・アセットではオルタナティブ投資などハイリスク・ハイリターンの運用を行うことが望ましい。また、コア・アセットとサテライト・アセットの相関関係を低くしておけば、リスク分散効果も享受することができる。

V ■ 相続・事業承継

[1] 事業承継

　企業オーナーの相続及び相続対策は、「事業承継」と呼ばれる。事業承継は、創業者から承継される方向性によって以下の4つに大別される。
　第1は、**親族内の事業承継**である。これは、オーナーが心情的に望んでいる方向であり、事業用資産と個人資産が一体化している中小企業にとっては最も自然な方法である。ただし、後継者教育、後継者の支配権と納税資金の確保が課題となる。親族内承継の場合、自社株式は子供に対する相続又は生前贈与によって移転されることになる。
　第2に、**親族外の役員・従業員への事業承継**である。これは、後継候補者となった役員等が、企業オーナーから自社株式を取得し、財産と経営の両方を承継する方法であり、企業オーナーから役員・従業員への株式の売買が発生する。昨今、子供が企業経営に関心を持たないために、親族内での事業承継ができないケースが増えてきており、そのような場合、多くの企業オーナーは、親族外の役員・従業員に承継させることを考える。経営承継の観点からは、企業経営者としての意欲や能力の乏しい子供が承継する場合よりも、自社で働いた経験が豊富な役員や従業員のほうが、うまく企業経営を承継することができるという点で大きなメリットがある。しかし、サラリーマンであった役員・従業員が株価の高くなった自社株式を買い取るための資金調達に苦慮するケースが多い。また、オーナー個人が負担する借入金の債務保証の引継ぎも難しい課題となる。
　第3に、**所有と経営の分離**という方向性である。親族外の役員・従業員が承継する場合には、株式買取資金が問題となったが、これを解決できない場合、企業オーナーの子供が株式だけは承継するしかない。つまり、株

式は親族内で承継し、企業経営は役員・従業員に委ねる体制をとることである。この結果、所有と経営が分離させることとなる。しかし、所有と経営が分離する経営体制には構造的に様々な問題が伴うため、この方法の採用は避けたほうがよい。

　第4の方向性は、**第三者への売却（M&A）**である。すなわち、外部の第三者に自社株式を譲渡し、経営権も譲り渡すのである。この方法で問題となるのは、その企業の利益を生み出す事業価値（儲かる仕組み）が、**企業オーナー（＝経営者）の経営ノウハウ**にある場合である。これらの事業価値を、第三者に移転することは容易ではなく、移転せずに企業オーナーが引退するとすれば、事業価値は一気に毀損してしまう。また、自社の買収に関心を持ってくれる書いて見つけることができるかどうかも問題となる。同じ商品・サービスを扱っている同業者でなければ、M&Aによって株式を譲渡することはできても、すぐに経営体制を引き継ぐことは容易ではない。

【事業承継の難易度】

	親族内承継	役員・従業員への承継	所有と経営の分離	第三者への売却（M&A）
株式承継	○ 相続・贈与で承継可能	× 従業員の資金調達が困難	○ 相続・贈与で承継可能	△ 買い手の探索が困難
経営承継	△ 後継者教育が必要	○ 事業を理解した後継者が存在	○ 事業を理解した後継者が存在	× 経営に関与しなかった第三者への承継

[2] 財産承継対策

　財産承継対策には、3つの柱がある。それは、**①円満な遺産分割**、**②納税資金の確保**、**③相続税対策**である。基本的に、財産承継対策はこの①から③の順序で検討しなければならない。

　保有する資産のほとんどが分割困難な資産であった場合、遺産分割の問題が発生する。例えば、大きな自宅、大規模な賃貸不動産である。また、非上場株式もむやみに分割すると後継者を巡る支配権争いの問題が生じてしまう。

　この点、主要な資産を後継者など相続人の1人に集中して承継させることができれば問題ない。しかし、遺留分の侵害など、承継できなかった相続人が不満を持つだろう。そうは言っても、公平さを優先して不動産や自社株式を共有すれば、承継後、その財産の処分を巡って大きなトラブルに発展する危険性が高い。したがって、相続発生時の遺産分割で争いが起きないようにするため、生前に**遺言書**を作成して財産承継の方向性を確定させておくことが望ましい。遺言書には自筆証書遺言と公正証書遺言があるが、家庭裁判所の検認が不要であるという点で、**公正証書遺言のほうが好ましい**。

　また、相続財産の大半が評価の高い土地や非上場株式であれば、売却することが容易ではないため、相続税の納税資金の調達に困ってしまう事態も想定される。相続税を納付するに足る十分な現金を**生命保険**などで準備しておくことも必要であろう。

　これらの問題が解決できたならば、その次にやるべきことが相続税対策（節税）である。相続対策は、遺産分割、納税資金の生前対策を実行し、その次に相続税対策を検討するという順番である。

【財産承継対策の３本柱】

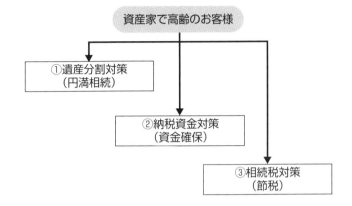

　相続税額は、相続財産の大きさによって決まることとなる。すなわち、相続財産が大きくなれば、相続税の負担が重くなっていく。

　そこで、まず先に考えるべきことは、相続税の対象となる財産を生前に移転してしまうこと、つまり、**生前贈与**である。しかし、暦年贈与の金額が大きくなれば贈与税率が上昇することから、生前に移転できる贈与財産の大きさにも限界がある。そこで、ある程度の大きな規模の資産家であれば、**財産評価の引下げ**も検討しなければならない。つまり、同じ価値の財産であっても相続税評価が異なるため、相続税評価が小さくなる財産に組み替えるということである。例えば、地主が所有する土地に賃貸マンションを建築して、財産評価を下げるという、土地の有効活用は有名な手法であろう。金融資産家がタワーマンションを購入することによっても財産評価が引き下げられる。

例題2-5　以下の各記述を読み、正しいか誤っているかを判定しなさい。

【問題】

1. 親族内で事業承継では、財産や株式を子供に移転することは内外の関係者から心情的に最も受け入れられやすく、後継者教育も容易であることから、子供が経営者としての適正に欠けていたとしても大きな問題は伴わない。

2. 従業員に事業承継を行うメリットは、自社の事業を熟知した従業員が経営をスムーズに引き継ぐことができること、株式承継に伴う資金調達が容易であること、利害関係者の合意が得られやすいことにある。

3. オーナー経営者の能力（リーダーシップ、技術力、顧客関係など）に事業価値のほとんどを依存する会社は、オーナーの引退とともに事業価値がゼロとなるから、M&Aで会社を売却することはできない。

【解答2-5】

1. 誤り。親族内で事業承継のメリットは、財産や株式を子供に移転することが内外の関係者から心情的に最も受け入れられやすいこと、経済的な価値のある自社株式を子供に所有させることができること、後継者教育に時間をかけることができることにある。しかし、**子供が経営者としての適正に欠けていた場合**、承継された後の会社経営に失敗し、事業価値を失ってしまうおそれがあることから、親族内承継以外の方法も検討すべきと考えられる。

2. 誤り。従業員に事業承継を行うメリットは、自社の事業を熟知した従業員が経営をスムーズに引き継ぐことができるため、他の従業員の継続雇用、得意先との取引関係を継続しやすいことにある。しかし、従業員には自社株式の買取資金や債務保証の引継能力に乏しいケースが多く、**株式承継に伴う資金調達は困難となる**。また、オーナー経営者以外の株主からの合意が得られるとは限らないため、株主間で支配権争いが生じるおそれがある。

3. 誤り。オーナー経営者がワンマン経営を行ってきた会社では、**オーナーの属人的な能力**、例えば、リーダーシップ、技術力、顧客関係などが会社の利益を生み出す事業価値源泉となっていることが多い。それゆえ、オーナー経営者への依存度が高い会社は、オーナーの引退とともに事業価値が失われるため、M&Aで会社を売却することは困難である。しかし、M&Aの前に**従業員主導の組織的な経営体制に転換したり、M&Aの後にオーナー経営者が一定期間の関与を続けたり**することによって、M&Aを実行することは可能である。

4. M＆Aで会社を売却すれば、オーナー経営者は企業経営から引退することになるため、買手による従業員の継続雇用を譲渡契約書で規定しても、その規定が必ず守られるわけではない。

5. 同族内の事業承継を行う場合、中小企業経営承継円滑化法に基づく自社株の贈与税の納税猶予制度を使うことは効果的である。

6. 非上場会社のオーナーがM＆Aを行うことは、相続税の節税の観点からも有効である。

7. 上場株式の相続税評価は、相続開始日の終値によるものとされている。

4. 正しい。M＆Aの譲渡契約書において**従業員の継続雇用**を誓約事項（コベナンツ＝買手の義務）として規定することが多いが、従業員の自主的な退職を止めることは不可能であることに加え、退職に伴う損害補償を現実的に請求することは困難であるため、従業員の継続雇用が必ず守られるわけではない。

5. 正しい。中小企業経営承継円滑化法に基づく納税猶予制度を選択すると、**発行済議決権株式の３分の２まで**の株式に係る贈与税額の納税が猶予され、最終的に免除されることになるため、事業承継の手法として効果的である。しかし、適用後５年間平均80％の従業員の雇用責任が発生すること、株式の譲渡が禁止されることになるから、将来的にM＆Aの可能性がある会社は慎重に検討すべきである（納税には多額の利子税が伴うため）。

6. 誤り。M&Aによって流動性の乏しい自社株式を流動性の高い現預金等の財産にすることができるため、相続時の納税資金の確保という観点からは有効であるが、現預金等の金融資産は自社株式よりも相続税評価が高くなるケースが多いため、**金融資産のまま保有すると相続税負担が大きくなる**可能性が高い。したがって、M&Aは相続税の節税の観点から有効であるとは言えない。

7. 誤り。**上場株式**は、次の**４つの株価**のうち、最も低い価格を選択することができる。①相続の開始日の終値、②相続開始月の終値の月平均額、③相続開始月の前月の終値の月平均額、④相続開始月の前々月の終値の月平均額。

8. 銀行の定期預金の相続税評価では、相続開始日における残高だけでなく、相続開始日において解約するとした場合に支払いを受けることができる既経過利子から源泉徴収されるべき税額を控除した金額を相続財産に加算しなければならない。

9. お客様が金融資産を5億円以上保有し、資産からの収入が3千万円以上あるような富裕層は、資産管理会社に金融資産を現物出資することによって、相続税の節税を図ることができる場合がある。

10. 相続時精算課税制度を適用したとしても、相続時精算課税の変更届出書を税務署へ提出することによって、暦年贈与に切り替えることができる。

8. 正しい。銀行の定期預金の相続税評価では、銀行に対して、相続開始日における**残高証明書**の発行を依頼する。その際、相続開始日において解約するとした場合に支払いを受けることができる**既経過利子**の金額も計算してもらうことができる。

9. 正しい。個人で多額の金融資産を保有する富裕層には、資産管理会社に金融資産を**現物出資**し、法人によって間接的に投資することによって、相続税の節税を図ることができる場合がある。これは、個人で保有する財産評価が、金融資産から資産管理会社の**非上場株式の評価**に変わるため、金融資産のように個人での相続税評価が高くなる資産を法人化することによって、財産評価を引き下げることができる。また、子供への給与支払いによる**所得分散**、適正経費の計上等により、毎年のキャッシュ・フローの改善にもつながることもあるため、多額の金融資産を個人で保有する富裕層の相続対策として、**資産管理会社の設立**が有効である。

10. 誤り。相続時精算課税制度によって贈与を受けた受贈者は、譲り受けた翌年の贈与税の申告期限までに、贈与税の申告書と**相続時精算課税選択届出書**を税務署に提出する必要がある。相続時精算課税制度を一度選択すると、贈与者の相続時まで継続して適用され、**途中で暦年贈与に切り替えることができない**。これによって、贈与税の110万円基礎控除を利用することができなくなるため、慎重に選択を行う必要がある。

11. 公正証書遺言が作成されていた場合、相続開始時に家庭裁判所において検認の手続を取らなければならない。

11. 誤り。公正証書遺言は、遺言の作成自体に専門家である公証人が関与しており、方式不備等で遺言が無効になることは通常あり得ない。また、作成後、遺言書の原本は公証人によって保管されるので紛失・改ざんのおそれがなく、本人の意思であることは公証人により確認されているため、家庭裁判所の**検認の手続を取る必要はない**。

第3章

不動産

I ■ 不動産の３つの側面

［１］　不動産の利用と純投資

　不動産は、自ら利用（住む、事業で使う）、保有することにより満足を得ることができる。つまり、自ら居住の用あるいは事業の用に供することができる。自宅を所有物件にするか賃貸物件にするかの判断は難しく、必ずしも自宅を取得する必要のない世帯が増えている。住宅ローンを組んで所有するか、一生賃料を払い続けて賃借するか、どちらがよいのかは金利条件や相場水準等により比較衡量しなければならない。

　また、不動産は、**賃貸収益**や**価格上昇の利益**から満足を得ることができる。つまり、投資用資産として資産運用の１つの選択肢となる。この点、不動産の価値変動は株価ほど大きくなく、得られる年間収益は債券より高めとなる。したがって、不動産は他の金融資産と比較して**ミドルリスク・ミドルリターンの特性がある**ということができる。ただし、個々の不動産ごとに価格変動や年間収益を見るとそのボラティリティは意外と高く、また、不動産は個別性が強く、流動性リスクも高いことに注意しなければならない。このような投資対象としての特性を享受するためには、**分散投資が必要となる**。立地や用途、築年等によりリスク・リターン特性が違うため、不動産ポートフォリオを組成するのである。なお、不動産は**インフレに強い資産**との認識が一般的である。

【リスク・リターン特性】

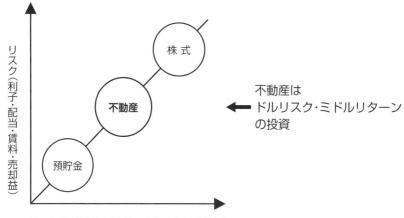

【不動産投資の仕組み】

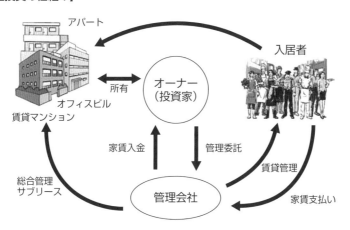

［2］ 相続対策に有効な不動産

　土地の有効活用や不動産投資は、不動産業者から提案される典型的な**相続対策**の手法である。その目的は、自己所有又は新たに取得した土地に賃貸マンション（又は賃貸アパート、賃貸オフィスビル）を建築して、地主のお客様の**財産評価を引き下げる**ことにある。

　相続税評価において、土地は、**路線価**方式（又は倍率方式）で評価される。路線価は、実勢価格の**概ね8割**の水準である。そして、更地の土地に賃貸マンションを建てると、その敷地の評価は、自用地から**貸家建付地**へと変わり、更地の**概ね8割**（1－借地権割合×借家権割合）の水準まで下がることになる。例えば、1億円で買った土地の評価は、63百万円程度（≒1億円×0.8×(1－0.7×0.3)）まで引き下げられることになるのである。

青空駐車場：自用地の評価
賃貸アパート：自用地の価額×（1－借地権割合×借家権割合×賃貸割合）

　一方、マンション建物は、**固定資産税評価額×1.0**として評価される。建物の固定資産税評価額は実際の建築費用の概ね4割から6割である。そして、賃貸マンションの場合には、さらに借家権割合（30％）が控除されるため、評価は大きく引き下げられる。例えば、1億円で建築したマンション建物の評価は35百万円程度（≒1億円×0.5×(1－0.3)）まで引き下げられることになる。このように、賃貸アパート又はマンションを建てることによって、土地と建物の両方の**財産評価を引き下げる**ことができる。

I 不動産の3つの側面　137

【評価引下げのイメージ】

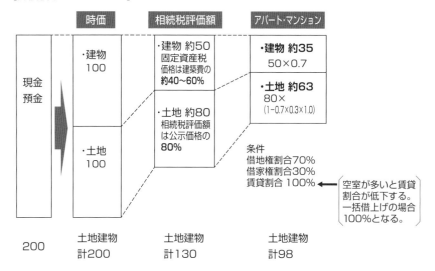

　建物の固定資産税評価額は、3年毎に行われる評価替えの都度低下していくため、建築してから年数が経つほど評価減効果は大きくなる。

　不動産取得のための資金を借入金で調達を行っても同様の**財産評価引下げ**の効果がある。例えば、土地オーナーが持つ路線価1億5,000万円（300㎡）の青空駐車場に、1億円の賃貸マンションを全額借入金によって建築するような相続対策を想定してみよう。

　まず、土地であるが、貸家建付地となるため、借地権割合70％に借家権割合30％を乗じた21％が減額され、1億1,850万円まで評価が引き下げられる。ここに**小規模宅地等の評価減の特例**を適用することができれば、200㎡まで50％の評価減されるため、ここから3,950万円（＝1億1,850百万円÷300㎡×200㎡×50％）減額される。したがって、土地は7,900万円と評価される。

　一方、建物の相続税評価は固定資産税評価額によるが、建築費用の概ね50％、すなわち約5,000万円となる。借家権割合30％を減額すると、建物

は3,500万円と評価される。

最後に、借入金1億円を考慮すると、この計算例における賃貸マンションの評価は、1,400万円（＝7,900万円＋3,500万円－1億円）となる。更地で保有していた場合には1億5,000万円の評価であったが、相続対策を行った結果、一気に10分の1まで引き下げられることとなる。

【評価引下げのイメージ②】

・現況駐車場として利用
更地評価：1億5千万円
借地権割合：70%
借家権割合：30%

路線価500千円
300㎡

上記駐車場に1億円の賃貸マンションを全額ローンで建てた場合

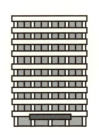

・土地　1.5億円×（1－30%×70%）＝1億1,850万円
　　　　1億1,850万円　－（※1）3,950万円＝**7,900万円**

・建物　（※2）【建築費の50%とした】　5,000万円×（1－30%）
　　　　　　　　　　　　　　　　　　　　　　　　＝**3,500万円**

・借入金　　　　　　　　　　　　　　　　　　　　　▲**1億円**

新築当初の評価額
土地 7,900万円＋建物 3,500万円－借入金1億円
計 1,400万円

※1　小規模宅地等の評価減の特例：200㎡を限度に貸付事業継続で▲50%適用
※2　固定資産税評価額が相続税評価となり、木造や軽量鉄骨造は建築費の概ね40%から50%
　　　鉄筋コンクリートや重量鉄骨は概ね50%～60%程度が目安である。

【コラム】プライベートバンカーの相続・事業承継の提案書⑤

著者が実務で作成したお客様向け提案書を紹介する。

これは親族内の事業承継であるが、創業100年を超える老舗企業であり、ファミリー・ビジネスとして未来永劫続けたいというオーナー家一族の夢を叶えるために採用した一般社団法人の活用事例である。

持株会社を設立し、自社株評価を下げる方法は一般的である。類似業種比準価額の適用、不動産投資などによれば、ある程度の評価引下げは可能である。しかし、株価はゼロまで下げることは難しく、世代間で株式承継が行われるたびに重い税負担が伴う。そこで、一般社団法人に株式を所有させることによって、相続税の課されない財産としたのである。譲渡代金については暦年贈与によって子供へ移す。これによって、株価上昇と相続税を気にせずに経営することができる状態となったのである。

一般社団法人への株式承継

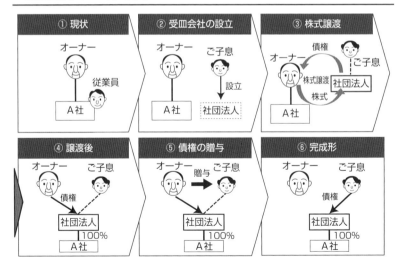

例題3-1 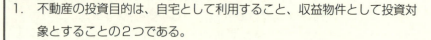以下の各記述を読み、正しいか誤っているかを判定しなさい。

【問題】

1. 不動産の投資目的は、自宅として利用すること、収益物件として投資対象とすることの2つである。

2. 借入金で資金調達して賃貸アパートを建てると、地主が所有する土地の相続財産の評価を引き下げることができるが、これは小規模宅地等の評価減の特例（貸付事業用宅地）が適用されて、財産評価が50％減額されるからである。

【解答3-1】

1. 誤り。実需のための取得、投資のための取得に加えて、**相続時の財産評価の引下げ**を行うための取得がある。

2. 誤り。小規模宅地等の評価減の特例を適用することができれば、土地の評価が減額されることは正しいが、それに加えて、**貸家建付地**として（借地権×借家権）に相当する金額の減額されることも基本的な要因である。

Ⅱ ■ 不動産取引と不動産投資

[1] 不動産の売買手続

　不動産の売買には、法律や税金、登記など様々な分野が関係するため、慎重に意思決定を行う必要があり、事前に様々な情報を入手しておかなければならない。

(1) 不動産の売却

　不動産を売りたい場合、**売却価格をいくらにするか**という問題がある。不動産には個性があり、例えば、同じ棟のマンションでも階数や向きなどによって価格が異なるのが通常である。概して売主側は強気となり、取引相場よりも高いの値付けをしがちである。しかし、買主側もそのときに売りに出ている他の物件と比較したり、過去の成約事例などを参考にしたりして購入価格を検討するため、売却価格が取引相場よりも高すぎると、買主側から敬遠されてしまう。

　また、売却スケジュールも問題となる。不動産の物件情報を入手した買主が不動産を確認して価格交渉及び契約へと進むが、契約で完了というわけではなく、買主が銀行ローンを組む場合は銀行に融資申込みの手続を行い、売買代金の決済と引渡し、所有権移転登記と続いていくことになる。その結果、売却プロセスに入ってから、契約が成立して引渡しが完了するまでには、一般的に**数カ月間を要する**。それゆえ、売却代金を他の支払いに充てる計画があるような場合、売却スケジュールが問題となる。

　さらに、**税金等の諸経費**をどう見積るかが問題となる。不動産の売却には、仲介手数料・引越費用・測量代・契約書の印紙代などの経費の支払い

が伴う。それゆえ、このような諸経費を事前に確かめておくと同時に、売却によって利益が発生する場合は、それに伴う税額についても計算しておかなければならない。また、銀行借入金が残っている場合は、その残額についても把握しておき、不動産に抵当権などが設定されている場合、買主にその不動産を引き渡すまでに、借入金を返済して抵当権を抹消しなければならない。

なお、区画整理が行われた土地や不動産会社が分譲した土地などは、境界が明確なので問題はないが、それ以外の土地は**境界が不明確なもの**があり、売却に先がけて土地家屋調査士に依頼して**地積測量図**を作っておいたほうがよい。特に道路との境界の確定は時間と費用がかかるため、それらも見込んで資金計画や売却スケジュールを立てたほうがよいだろう。

中古物件を売却するとき、売主が自ら買主を探すことも可能であるが、通常は不動産仲介業者に依頼して買主を探してもらうことになる。不動産仲介業者が行う買主探しには以下のような方法がある。

不動産業者が行う情報公開手段	特　性
情報誌掲載	書店等に並ぶ情報誌の他に、不動産会社が独自で製作発行して店頭に並べているところもある。
指定流通機構（レインズ）登録	不動産業者間のコンピューター情報ネットワーク。パソコンで物件情報を検索することができる。
不動産業者間のチラシ配布	チラシを製作して、不動産業者間に配布する。
新聞折込チラシ配布	新聞に折込の広告を入れる。
投函チラシ配布	各戸のポストへチラシを投函する。近隣への住替えを考えている人には効果的にPRができる。
インターネット広告	パソコンの一般家庭への普及により、インターネットで購入物件を探す人も増えており、近年効果的な広告媒体となっている。
店頭掲示	不動産会社が自らの店頭へ掲示する。
提携企業紹介	不動産会社が提携している企業へ情報を公開し社員の紹介を募る。

(2) 不動産の購入

　不動産を購入する際、最初に、**予算**を決めなければならない。その内訳として、すべて自己資金で賄うのか、銀行借入金によって資金調達するのか、父母や祖父母など親族などからの資金援助が見込めるかなどについても確認しておくことが必要である。

　特に、銀行借入金については現在の財務状況、所得水準でいくらまで融資が受けられるのか、大まかな数字を捉えておかなければならない。また、融資が受けられたとしても、その返済が月々どれくらいになるのか、予め計算しておくことが必要である。

　また、不動産の購入には、本体価格のほかに付随する費用が必要となる。購入形態や条件によって異なるものの、主な付随費用としては、仲介手数料、登記費用、契約印紙代、固定資産税等の清算金、不動産取得税、融資保証料、火災保険料、修繕積立金などがある。これらの付随費用も資金計画に入れておかなければならない。**購入価格の7％程度の費用が発生する**と考えておきたい。不動産仲介業者の手数料を加えると**概ね10％**の費用である。

　どの**エリア**で物件を探すかも重要である。物件探しを続けていくうちに、希望のエリアと希望予算では、満足いく物件を見つけることができない場合は、郊外や地方に希望エリアを拡大するなど、活動の途中で範囲の変更が必要となることもあるだろう。それに加えて、どのくらいの広さ・間取り・価格の物件を探すかについても、予め決めておく必要がある。

　不動産はその現況だけでなく、法律による制限や権利関係についても十分に調査しておきたい。周辺の売り物件と比べて格安だということで購入したところ、思わぬ法令上、権利上の落とし穴があって、希望していた建物が建築できない等のトラブルが生じることがある。このような事態を防ぐために、不動産を購入する際には、事前に**現地調査**しておく必要がある。

　不動産の購入にあたっては、現地へ行き対象不動産の状況を確認するほ

か、周辺の環境、境界等いくつかのチェックしておくべきポイントがある。周辺の環境、交通、利便施設、嫌悪施設の有無、地形、方位、日照、眺望などである。周囲に広い空地がある場合は、そこに高層の建物が建築されて眺望が害される可能性があるため、その利用計画についても事前に確認しておくことが必要である。

　面積については、土地を公簿で売買する場合は、実測面積と差異があっても売買代金の清算は行われないため、**実測面積が公簿面積と大きく違っていないか**事前に確認することが必要である。マンションの場合、分譲会社が作成するパンフレットでは各住戸の専有部分の床面積は**壁芯**（壁の中心線で測った面積）で記載されているのに対して、不動産登記簿では**内法**（壁の内側で測った面積）で記載されており、面積の計算と測定方法が異なるため注意が必要である。

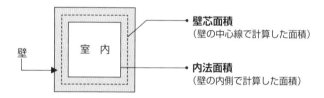

　また、土地を購入する場合、**隣地との境界を正確に確認すること**は不可欠であろう。地積測量図の入手の際は、実測図があっても、隣地所有者の立会いに関する署名捺印がないと、境界の合意があったか不明確であるため、必ず**署名捺印の入った地積測量図**を入手しなければならない。また、そのような地積測量図がない場合は、売主の責任と負担で立会い済みの測量図を作成してもらい、境界には境界石やプレートを入れてもらうように依頼すべきである。また、樹木、電線、塀等が越境していないか、逆に越境されていないかについても確認する必要がある。

　マンションを購入する場合、その管理規約や使用細則を事前に確かめておく必要がある。事務所使用が認められているか否か、ペットの飼育は可

能なのか、その詳細は、リフォームにあたって防音上の規制は、管理人は常駐なのか日勤なのか等、マンション特有のチェックポイントがある。また、修繕積立金の積立て状況や、**大規模修繕計画の有無や内容**についても併せて確認しておいたほうがよい。

(3) 宅地建物取引業者との媒介契約

　希望物件を広く探索、契約諸条件の調整、契約書の作成・締結、引渡しと確実な権利移動など複雑な不動産売買の手続を行うには、報酬の支払いは生じても専門業者に依頼した方が安心である。しかし、すべての不動産仲介業者が信頼できるとは限らない。信頼できる不動産仲介業者であるかどうかを事前に確かめる必要があるだろう。

　不動産仲介業を営むためには国土交通大臣か都道府県知事の免許が必要である。その免許は、事務所ごとに番号や有効期間などを記載した「宅地建物取引業者票」を掲示することが義務づけられている。また、各都道府県の不動産業課などには、「宅地建物取引業者名簿」が備え付けてあるため、これを閲覧することで、その不動産仲介業者が過去に法律に違反したことがないか確認することができる。

　不動産仲介業者に仲介（＝媒介）業務を依頼するにあたっては、依頼条件などを記載した媒介契約を締結することになる。媒介契約には、「**専属専任媒介契約**」「**専任媒介契約**」「**一般媒介契約**」の3種類があり、依頼者がどの契約にするか選択することができる。それゆえ、依頼する側としてそれぞれの違いを知っておかなければならない。

【レインズを使った不動産仲介の流れ】

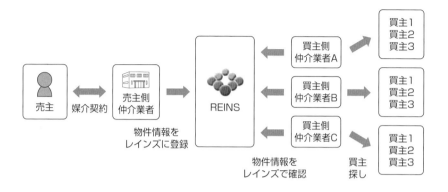

　「専属専任媒介契約」とは、依頼者は1社の不動産仲介業者にしか媒介を依頼できず、自分で取引の相手方（買主や売主）を探すことが禁止されている契約である。専属専任媒介契約の有効期間は3カ月を超えることはできない。不動産仲介業者は、依頼された売り情報、買い情報を指定流通機構（REINS、「東日本レインズ」「中部レインズ」「近畿レインズ」「西日本レインズ」の4つがある）へ契約後5日以内に登録して情報を一般に公開し、広く相手方を探す活動をしなければならない。また、1週間に1回以上の業務処理状況の報告が義務づけられている。

　「専任媒介契約」とは、依頼者は1社の不動産仲介業者にしか媒介を依頼できないが、自分で取引の相手方を探すことは認められる契約である。専任媒介契約の有効期間は3カ月を超えることはできない。また、不動産仲介業者は、依頼された売り情報、買い情報を指定流通機構へ契約後7日以内に登録しなければならず、2週間に1回以上の業務処理状況の報告が義務づけられている。

　「一般媒介契約」とは、依頼者が複数の不動産仲介業者に媒介を依頼することができ、自分で取引の相手方を探すことも認められる契約である。

(4) 不動産仲介業者の仲介取引

不動産仲介業者の仲介（媒介）サービスには、「両手」と「片手」の取引がある。**両手取引**（又は「両直」）は、1つの不動産会社が、売主と買主のお客様両方を担当して、双方から仲介手数料をもらう行為をいう。これに対して、片手取引は、売主若しくは買主の片方だけを担当して、担当するお客様から仲介手数料をもらう行為をいう。したがって、不動産仲介業者は、両手取引を行うと、片手取引の2倍の仲介手数料を獲得することとなる。

【両手取引の仲介手数料】

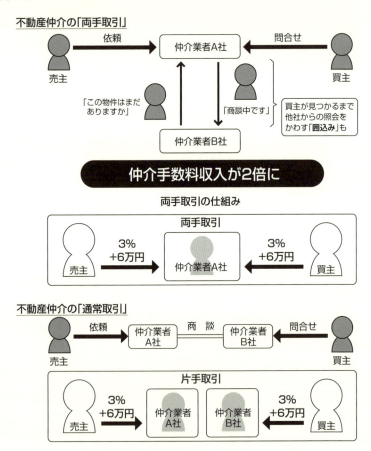

両手取引では、売主・買主双方の代理人として同じ不動産仲介業者が活動することとなり、片手取引では、売主・買主それぞれに別の不動産仲介業者が片側の代理人として活動することなる。この点、国土交通省は、片手取引を推奨している。なぜなら、両手取引には、**利益相反問題**という大きな欠点があるからである。

　もちろん、利益相反に伴う欠点の犠牲となるのは不動産仲介業者ではなく買主や売主のお客様である。そもそも、不動産仲介業者の営業目的は、収益獲得（仲介手数料の獲得）にある。すなわち、仲介取引が成約して仲介手数料を得ることが営業目的となるので、価格などの取引条件はどうあれ、成約しやすい取引を取り扱いたいと考える。

　本来、依頼者のために働くべき立場の仲介業者が、取引相手方からも依頼を受けているわけであるから、依頼者の利益は最大化されない。

　問題となるのは、お客様（売主）が物件を売却する際、先に売主を担当する不動産仲介業者の別のお客様（買主①）が低い価格を提示し、次に他の不動産仲介業者のお客様（買主②）が高い価格を提示した場合である。売主側の不動産仲介業者は、**自分の直接のお客様（買主①）と契約させて、両手取引を行いたい**と考える。その結果、本来ならば売主のお客様にすべての情報を提供しなければならないはずであるが、他の不動産会社が連れてきたお客様（買主②）の提示価格を売主に伝えない。これが、不動産仲介業者の「**抱え込み**」と呼ばれる手法である。他社に買主候補がいても「商談中」として物件の販売を中止し、自社に買主候補が現れるまで放置し、両手取引を目指すのである。このような抱え込みは、売主であるお客様の利益を害することになる。つまり、不動産仲介業者の利益のために、売主のお客様の利益が犠牲となる。

　もし、プライベートバンカーが、自らのお客様の不動産売買取引をアドバイスする場合、仲介を依頼した不動産仲介業者がその情報を抱え込み、両手取引に持ち込もうとしていないか、注意したほうがよいだろう。

(5) 売買に必要な経費

不動産仲介業者を介して不動産の取引をした場合、所定の仲介手数料をその不動産仲介業者に支払わなければならない。仲介手数料については国土交通省告示によりその上限額が定められ、媒介契約書に媒介の報酬額が定められる。仲介手数料は、通常は売買契約成立時にその半額を、残代金支払い時に残りの半額を支払う方法が多くとられている。

【仲介手数料】

取引額	報酬額（税抜）
取引額200万円以下の金額	取引額の5%以内
取引額200万円を超え400万円以下の金額	取引額の4%以内
取引額400万円を超える金額	取引額の3%以内

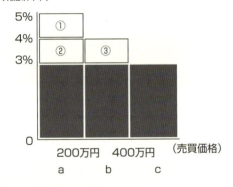

仲介手数料の上限額（税抜）イメージ

※①、②、③の合計が6万円、
　■色が物件価格の3%

<計算例> 3,000万円でマンションの売却が成立した場合の仲介手数料（消費税込）

3,000万円 × 3.24% ＋ 6万4,800円 ＝ 103万6,800円

したがって、不動産業者に仲介を依頼し、3,000万円で売却が成立した場合の仲介手数料の上限額（消費税込）は103万6,800円となる。

また、土地を売却・購入する場合、その取引の対象となる土地の範囲を確定するために土地家屋調査士に依頼して**測量**を行うことが必要となる場合も多い。測量によって隣地や道路との境界が明確になり、対象地の位置や面積が確定する。この点、民法では、「売買契約に関する費用は、当事者双方平分してこれを負担する」と定められているが、不動産取引の慣例では、測量費用は売却対象物件を明確にするという観点から、売主側が負担するように特約で定めるケースが多い。

【測量図】

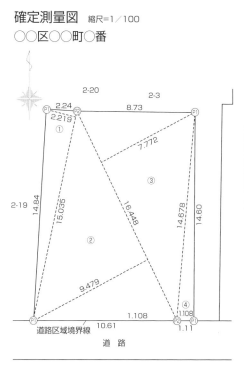

[2] 不動産の売買契約

(1) 重要事項説明書

　不動産業者は、不動産取引が行われる場合、その取引の当事者に対して、その取引の対象物件に関する**重要事項**を、契約締結までに説明しなければならない。また、重要事項説明は不動産に関する専門知識を有する**宅地建物取引士**が行わなければならず、重要事項説明書には宅地建物取引士が記名押印することが義務づけられている。重要事項説明の内容は、国土交通省のガイドラインに基づき、以下の事項を説明することとされている。

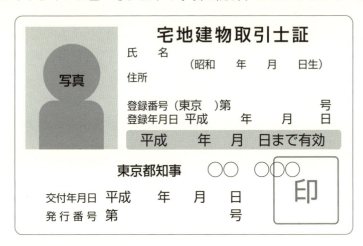

【説明すべき重要事項】

(1) 登記されている内容
(2) 都市計画法等の法令に基づく制限
(3) 私道負担の有無
(4) 水道、電気、ガス等の供給、排水施設の整備状況
(5) 物件が未完成の場合は、完了時における形状、構造等

(6) マンション等の場合は敷地に関する権利
(7) 売買代金、賃料以外に授受される金銭の額及び目的
(8) 契約解除の方法
(9) 損害賠償の予定又は違約金
(10) 手付金の保全措置
(11) 支払代金、預り金の保全措置の有無
(12) 売買代金の調達方法及び賃貸借が成立しないときの措置
(13) 分割払いの場合は、現金販売価格、引渡しまでに支払う金銭・時期等
(14) 宅地造成等規制法による造成宅地防災区域の指定の有無
(15) 瑕疵担保責任
(16) 石綿使用の調査結果の記録の有無、耐震診断結果の記録の有無

契約に締結する際、これらの重要事項の説明を受け、その内容を十分に理解しておくことが大切である。

不動産売買契約書には、売買価格、売買代金の支払方法、物件の引渡し、危険負担や瑕疵担保責任など、不動産取引において定めておくべき事項が記載されている。締結前に、それまで相手方と打合せしてきた事項が正しく契約書に記載されているか、契約書の内容を十分確認することが必要である。特に、次の事項は注意を要する。

対象物件の範囲	登記簿、建物図面、測量図などと、実際に現地の状況などをあわせて確認して、売買の対象となる土地・建物を明確に特定する。土地については、登記簿、測量図に基づく記録と実際の利用範囲に違いはないか、建物についても登記簿、建物図面どおりの建物であるかについて確認する。また、付帯物についても庭木、庭石、エアコン、じゅうたん、照明器具、物置等を売買対象に含めるのか否かも、確定しておく。また、マンションの駐車場や、近隣で契約している駐車場の使用する権利を引き継ぐことができるのかについても、確認しておいたほうがよい。
公簿取引・実測取引	**「公簿取引」とは、登記簿や測量図などの記録をもとに価格を決定して行う取引**であり、実際の面積がその記録と異なっていても価格の清算を行わない。マンションや、大手不動産会社の分譲地などでは、公簿上の面積と実際の面積が通常一致するため、公簿取引が行われるケースが多い。

	「実測取引」とは、土地家屋調査士等に依頼して実際に測量を行いその面積で価格を決定して行う取引である。契約締結時に、実測面積が確定しなければ概算面積とそれに基づく売買価格で売買契約を締結するが、その後、引渡しまでの間に、土地家屋調査士に依頼して隣地、道路等との境界を確定し、実測面積を算出することによって売買代金の修正を行う。
代金の支払い方法	売買代金の総額、手付金、内入金、残代金の額及びその支払時期についても、明確に取り決めておく。決められた時期にその金額の支払いができないと、違約金の問題が生じることになる。また、建物に消費税が課税されることもあるため、消費税を含んだ金額なのかも確認しておく。 **手付金は、売買契約の際に、買主から売主へ支払われる金銭**である。民法では、手付金は解約手付として推定され、相手方が契約履行に着手するまでは、買主は交付した手付金を放棄して、売主は手付金の「倍額」を返還して、契約を解除することができる。手付放棄による解除の場合は、損害賠償の請求はできない。
所有権の移転時期	物件の所有権がいつ移転するか、明確に定め、契約書に記載しておく。税金面では、所有権の移転日をもって取得の日とすることができ、その日から所有期間の計算が始まることになる。
引渡し及び登記の時期	不動産の買主は、その物件の引渡しを受け、かつ、買主名義への所有権移転登記が完了してはじめて、その不動産を確実に取得したことになる。このため、これらの時期についても契約で定めておかなければならない。その不動産に売主の抵当権が設定されている場合、その抵当権の抹消についても取り決めておくことが必要である。
特約付売買契約	特約条項によっては一度締結した契約が後になって解除されることも起こり得るため、特約付契約を締結する場合は注意が必要である。 実務でよく見られる特約条項は、「停止条件」である。不動産売買契約に停止条件が盛り込まれている場合は、その条件が成就しない限り売買契約の効力は発生しない。 例えば、建物建築条件付の土地を購入する契約は、その土地の購入者が建物発注者となり、建物建築の請負契約が締結されたときに、その効力が発生するというものである。

	また、解除条件付契約が締結されるケースも多い。これは、一定の事実が生じた場合に契約の効力が消滅する契約のことをである。つまり、解除条件が成就しない場合、売買契約が無効となる。代表的なものは、「ローン特約」と「買換え特約」である。**「ローン特約」とは、買主が支払うべき売買代金について、銀行からの融資の不成立が確定したときは、その売買契約の効力が失われるというもの**である。一方、「買換え特約」とは、買主が別の不動産の売却代金をその不動産の購入代金に充当する場合、売却の不成立が確定したときは、その売買契約の効力が失われるというものである。解除条件付特約条項のある売買契約書は、その契約が締結されても、解除条件が成就すると契約日にさかのぼって効力が失われることとなる。
危険負担	例えば、戸建住宅の売買契約を締結し、その引渡しの前に建物が近隣の火事の影響で焼失してしまった場合、売主は契約どおり買主に建物の引渡しをすることができなくなる。このような危険をどちらが負担するかというのが危険負担の問題である。民法では、買主が売買代金全額を支払い、建物が焼失した敷地を引き取るよう規定している。しかし、これでは、取引の公平性から問題があるため、**一般的に、特約で危険負担は売主が負い**、修復可能で売主の負担で修復できるときは契約を継続し、修復不可能の場合や修復に多大な費用を要する場合は契約を解除するように定められる。
瑕疵担保責任	売買した不動産に、取引時に発見できなかった隠れた瑕疵があった場合に、売主はそのような隠れた瑕疵があったことを知らなかった場合でも、その責任を負わなければならない。瑕疵には、土地や建物そのものの欠陥以外にも、都市計画道路に決定されていて建物を建築することができないというような法律的な欠陥も含まれる。このような瑕疵の存在を知らなかった買主は、**売主に損害賠償を請求することができる**。また、これが原因で契約の目的を達することができないときは、契約を解除することができる。この点、民法では、買主がこれらの権利を行使することができるのは、**瑕疵を知ったときから1年以内**と規定する。しかし、瑕疵担保責任は、特約によって、売主の責任を免除したり、内容を変更したりすることができる。 ただし、住宅の品質確保の促進等に関する法律に基づく**新築住宅**の請負及び売買契約に関する瑕疵担保制度では、住宅を**新築**する請負契約及び**新築**住宅の売買契約において、請負人・売主は、住宅の構造耐力上主要な部分（柱、梁、床、屋根等）については、**引渡しの時から10年間の瑕疵担保責任**を負うことが義務づけられている。

その他、いくつか注意すべき不動産契約として、以下のものがある

まず、代理人と契約を締結するケースである。代理人と契約する場合は、その代理人に代理権が確実に与えられているか、その行為が代理権の範囲を超えていないかを確認することが必要である。この際、本人からの「委任状」を確認する。その委任状には、実印の押印と印鑑証明書の添付を求めるとともに、直接本人に委任の事実を照会すべであろう。

また、相続物件の売却も悩ましいケースである。相続が発生した場合は、相続人全員で遺産分割協議を行うが、それが成立すると遺産分割協議書を作成する。相続物件の場合は、遺産分割協議が成立して自己の所有となった不動産を売却するのが一般的であるが、**遺産分割協議が成立する前の状態であっても、相続人全員を売主として売却することも可能**である。

さらに、売主が認知症になってしまい、成年後見人等が行う不動産取引は極めて煩雑である。成年後見人、保佐人、補助人が、本人に代わり、本人の居住用不動産について、売却、賃貸、賃貸借の解除又は抵当権の設定その他の処分を行う場合には、家庭裁判所の許可を得なければならない。

[3]　不動産の登記

(1)　不動産登記とは何か

日本では、不動産の取引を安全かつ円滑に行うために、不動産の客観的な状態および権利の変動について登記記録を作成して、一般に公示する**不動産登記制度**をとっている。不動産取引を行う場合も、最終的にその不動産が自分の名前で登記されることによって取引が完了する。

【不動産の登記記録】

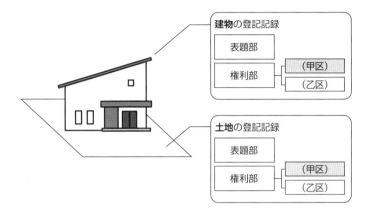

　登記簿とは登記記録が記載されている帳簿のことをいう。現在、登記所はコンピューター化されているため、登記記録は磁気ディスク等をもって整えられ保管されている。それ以外の閉鎖された登記記録については、土地、建物の別でバインダー式のファイルなどで保管されている。登記記録は、**表題部**と**権利部**（甲区・乙区）とで構成される。

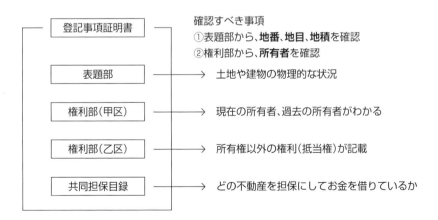

【登記事項証明書記載例】

権利部（甲区）	（所有権に関する事項）		
順位番号	登記の目的	受付年月日・受付番号	権利者その他の事項
1	土地区画整理法の換地処分による所有権移転登記	昭和56年5月5日 第6600号	所有者　名古屋市北区小金一丁目○番○号 　　田　中　太　郎 順位3番の登記を移記
			昭和63年法務省令第37号附則第2条第2項の規定により移記 平成2年2月2日
2	所有権移転	平成18年3月16日 第8888号	原因　平成17年8月1日**相続** 共有者 　春日井市小泉寺○○番地○ 　**持分3分の1** 　鈴木　花子 　名古屋市中区西田五町目○番○号 　**持分3分の2** 　田中　一郎
3	共有者全員持分全部移転	平成19年4月6日 第9999号	原因　平成19年4月6日**売買** 所有者 　名古屋市東区赤井三丁目○番○号 　加藤　和夫

　この登記記録によれば、1番で登記されていた田中太郎が亡くなって、鈴木花子と田中一郎が相続している。鈴木花子と田中一郎から、加藤和夫がこの不動産を購入し、現在の登記名義人は**加藤和夫**であることがわかる。つまり、鈴木花子と田中一郎は、現時点での名義人ではない。

　「**表題部**」とは、表示に関する登記が記載される部分をいう。土地の表示に関しては、所在、地番、地目、地積等が登記記録として記載されている。建物の表示に関しては、所在、地番、家屋番号、種類、構造、床面積等が記載されている。

　「**権利部**」とは、権利に関する登記が記載される部分をいう。権利部は甲区と乙区とに分かれ、**甲区には所有権に関する事項が記載されている**。

所有権の保存、移転及びこれらの仮登記並びに差押等の所有権の処分の制限等の事項が甲区に記載される。**乙区には、所有権以外の権利に関する事項が記載される。**

不動産に関する登記には、以下の種類がある。

①表題登記（建物）	建物の新築により新たに不動産が誕生した場合に、その建物の概要（所在、家屋番号、種類、構造、床面積等）を登記簿に記載する登記である。表題登記は登記簿の表題部に記載される。
②合筆登記、分筆登記（土地）	土地は筆を1つの単位としており、「1筆」とは一定の線で区切られた土地の最小単位である。筆は外観上の土地の区画とは必ずしも一致しない。**合筆登記**とは、隣接した2筆以上の土地を1筆に合わせる登記をいう。**分筆登記**とは、1筆の土地に新たに線を入れて2筆以上の土地に分ける登記をいう。
③所有権保存登記（建物）	所有権保存登記とは、これまで所有権が設定されていない不動産（新築建物など）に**初めて所有権の設定**する場合に行われる登記である。所有権保存登記は、登記簿の権利部（甲区）に記録される。
④所有権移転登記（土地・建物）	所有権の登記がされている土地・建物について、売買や相続などで新たにその所有権を取得した場合に行われる登記が所有権移転登記である。所有権移転登記は登記簿の権利部（甲区）に記載される。
⑤**共有登記**（土地・建物）	1個の不動産を複数の人で所有することを「共有」といい、1個の不動産の所有権を複数の名義で登記することを共有登記という。共有登記の場合、それぞれの人の有する所有権の割合は、「**持分**」で登記簿に表示される。
⑥抵当権設定登記（土地・建物）	抵当権とは、資金の借入れの担保として不動産を差し入れた場合に、その不動産に対して行う登記であり、これによって借入者が返済できなかった場合、抵当権の設定がある不動産から優先して返済を受けることができるようになる。抵当権設定登記は、登記簿の権利部（乙区）に記載される。
⑦仮登記（土地・建物）	条件がまだ整っていないために本登記をすることができない場合に行う登記が、仮登記である。仮登記は、本登記ができるまでの間、順位を確保しておくためのものである。

【参考：地番と住居表示】

地番	1筆の土地ごとに登記所が付す番号である。 不動産登記規則第98条《地番》及び不動産登記事務取扱手続準則第67条《地番の定め方》は、地番を定めるに当たっては市、区、町、村、字又はこれに準ずる地域をもって**「地番区域」**を定め、この地番区域ごとに土地の位置が分かりやすいものとなるように定めるものとしている。 土地を**分筆**した場合は、分筆前の地番に**支号（枝番）を付して各筆の地番を定める**こととし、これに対し、土地を合筆した場合には、合筆前の首位の地番をもってその地番とする。 国有地である土地は、登記されないため地番が付されない。
住居表示	昭和37年に施行された「住居表示に関する法律」に基づく表示である。住居表示が実施された地域では、**住居表示と地番は異なる。** その方法には、街区方式と道路方式がある。 **街区方式**とは、道路、鉄道などの恒久的な施設又は河川などによって区画された地域に付けられる符号（街区符号）と、その地域内の建物に付けられる番号（住居番号）を用いて表示する方法。我が国のほとんどの地方自治体で採用されている方式である。 一方、**道路方式**とは、道路の名称と、道路に接する（又は道路に通ずる通路を有する）建物に付けられる番号を用いて表示する方法で、欧米で一般的に採用されているものである。

(2) 登記事項証明書の入手

　登記記録を入手するためには、法務局（登記所）で書面による交付を依頼することになるが、登記事項証明書は、大きく**全部事項証明書**と**現在事項証明書**とに分けられる。現在事項証明書は、現在有効な事項しか表示されない。このため履歴を含めた情報を確認したい場合は全部事項証明書を請求しなければならない。

　証明書の交付を受けようとする場合、土地であれば「地番」を、建物であれば「家屋番号」を申請書に記入する。土地の地番が分からない場合は、登記所に備えられている**公図**から調べる必要がある。住居表示と公図との対照表により公図の番号を特定し、その公図を閲覧して、その土地の位置から**地番**を調べる。家屋番号は、原則として**敷地の地番**に従って付されて

いるため、その地番上の建物で特定することができるが、一筆に土地に複数の建物が存在する場合などは、その地番上のすべての建物を調査する必要がある。また、建物がすでに取り壊されているのに登記上の手続（滅失登記）を行っていないために、登記上の記録だけが残っている場合もあるため注意を要する。

また、登記を申請する場合、出頭又は郵送の方法があるが、申請書のほかにも添付すべき書類が求められる。これらの提出書類は、下表のように決められている。

【表示に関する登記の添付書類】

（司法書士の代理による場合は、これに**委任状**が必要となる）

	登記の目的	添付書類
1	土地の表示 　未登記の土地について初めて登記する場合	1. 登記原因証明情報 2. 地積測量図（1/250） 3. 土地所在図（1/500） 4. 住民票（法人の場合は法人の登記抄本。以下同じ） 5. 所有権証明書
2	地目の変更 　畑を宅地に変更した場合	1. 登記原因証明情報 2. 許可書
3	地積の更正 　登記簿上の地積を訂正する場合	1. 登記原因証明情報 2. 地積測量図（1/250） 3. 官民の境界確定証明書 4. 隣地所有者の承諾書 5. 隣地所有者の印鑑証明書
4	土地の分筆 　1筆の土地を数筆に分筆する場合	1. 登記原因証明情報 2. 地積測量図（1/250） 3. 官民の境界確定証明書 4. 隣地所有者の承諾書
5	土地の合筆 　数筆の土地を1筆に合筆する場合	1. 登記原因証明情報 2. 登記済証（又は登記識別情報） 3. 印鑑証明書

	登記の目的	添付書類
6	建物の表示 　新築の場合	1. 登記原因証明情報 2. 建物図面（1/500） 3. 各階平面図（1/250） 4. 住民票 5. 所有権証明書
7	区分建物の表示 　1棟の区分建物を新築した場合	1. 登記原因証明情報 2. 建物図面 3. 各階平面図 4. 住民票 5. 所有権証明書 6. 規約を証する書面
8	建物の所在地番の更正 　建物の所在地番を訂正する場合	1. 登記原因証明情報 2. 建物図面（1/500）
9	建物の床面積の変更 　増築又は一部取壊しの場合	1. 登記原因証明情報 2. 建物図面（1/500） 3. 各階平面図（1/250） 4. 所有権証明書
10	建物の滅失 　建物の全部が取壊し又は焼失若しくは流失した場合	1. 登記原因証明情報 2. 建物滅失証明書（工事人又は所轄官庁） 3. 印鑑証明書

（注）**所有者証明書**とは、申請人の所有権を証する書面のことで次のような書面がある。①建築確認通知書②検査済書③工事人の引渡証明書④工事代金領収書⑤新築、増築建物に固定資産税が課税されている場合には評価証明書
※官公庁以外の者が作成するものは作成者の**印鑑証明書**（法人の場合は、さらに資格証明書）の添付が必要である。

【権利に関する登記の添付書類】

（司法書士の代理による場合は、これに**委任状**が必要となる）

	登記の目的	添付書類
1	所有権保存	1. 登記原因証明情報（区分建物の場合、この他に譲渡承諾書） 2. 住民票（法人の場合は資格証明書：以下同じ） 3. 固定資産税評価証明書（登記申請年度内発行のもの。以下同じ）

	登記の目的	添付書類
2	所有権移転 　売買による場合	(売主) 1. 登記原因証明情報 2. 登記済証(又は登記識別情報) 3. 資格証明書(法人の場合のみ)　｝発行3カ月以内のもの。 4. 印鑑証明書　　　　　　　　　　以下同じ 5. 固定資産税評価証明書 (買主) 1. 住民票
3	所有権の登記名義人の表示変更 　住所が変更した場合	1. 登記原因証明情報 2. 変更証明書（住民票等）
4	抵当権又は根抵当権の設定	(債権者) 1. 登記原因証明情報 2. 資格証明書（法人の場合） (債務者又は担保提供者) 1. 登記済証(又は登記識別情報) 2. 印鑑証明書
5	抵当権又は根抵当権の抹消	(債権者) 1. 登記原因証明情報 2. 資格証明書(法人の場合のみ) (債務者又は担保提供者) 1. 登記原因証明情報
6	条件付所有権移転の仮登記 　農地法5条の許可を条件とする場合	(売主) 1. 登記原因証明情報 2. 印鑑証明書 3. 資格証明書（法人の場合） 4. 固定資産税評価証明書

(3) 区分所有建物に係る権利

　分譲マンションや共同ビルなどのように、1棟の建物の中に複数の住宅、事務所、店舗等があるときは、それぞれの住宅等を1個の建物として登記することができる。ただし、この建物を新築した者は、その建物内のすべての住戸等について表題登記を一括して行わなければならない。分譲マンションにおいては、通常そのマンションを分譲した不動産会社がこの手続

を行う。

　そして、建物自体は1棟でありながら、そのなかに構造上区分された複数の住戸が存在し、それぞれ独立して住居、店舗、事務所などの用途に利用される部分を有している建物のことを「**区分所有建物**」といい、この中の各独立住戸の所有権を「**区分所有権**」という。区分所有権については、「建物の区分所有等に関する法律」に規定され、専有部分を所有するための建物の敷地（土地）に対する権利を「**敷地利用権**」、そのうち登記されたものを「**敷地権**」という。この**敷地利用権は、原則として専有部分と分離して処分することはできない**とされている。また、抵当権等の権利を、土地又は建物の一方のみを対象として設定することもできない。

　敷地権の表示のある区分所有建物について、所有権の移転や抵当権の設定があった場合、その登記は、**「建物」の登記記録によって権利関係が公示され**、土地の登記記録には記録されない。

　敷地権登記がされている場合、建物の登記簿の表題部に敷地権の所在地番、種類、割合等が記載されるため、土地登記簿に権利の変更が記載されなくても、土地について共有持分の所有権移転登記がなされたものと同じ効力を有することとされる。

(4)　登記識別情報

　不動産を取得したとき、登記手続の完了とともに登記所から交付される書類として「登記済証」（権利証）があった。不動産を売却するときには、その不動産の正当な売主であることを確認するために、登記済証を登記所へ提出しなければならない。しかし、インターネットを利用して不動産登記申請を行うオンライン申請では、登記済証は交付されず、その代わりとなる本人確認機能として、「**登記識別情報**」（12桁の英数字の組合せによる記号）が提供される。

(5) 登記費用

　登記にあたっては、**登録免許税**を納める必要がある。また、登記申請書類を作成して申請等を行う司法書士へ支払う報酬も必要となる。もちろん、自分で登記手続を行えば登録免許税のみで費用は納まるが、不備や誤りを防ぎ安全な権利移動等を行うためには、司法書士に依頼すべきであろう。ただし、司法書士の報酬は自由化されているため、事前に報酬額を確認しておくほうがよい。

【登録免許税】

課税範囲	課税標準	税率
①所有権保存の登記	不動産の価額[*1]	$\frac{4}{1,000}$ （住宅用家屋について $\frac{1.5}{1,000}$ 等の軽減あり）
②所有権移転の登記		
イ.相続、又は法人の合併による移転	不動産の価額	$\frac{4}{1,000}$
ロ.遺贈、贈与その他無償名義による移転	〃	$\frac{20}{1,000}$
ハ.共有物の分割による移転	〃	$\frac{4}{1,000}$
ニ.その他の原因による移転	〃	$\frac{20}{1,000}$[*2] （住宅用家屋について $\frac{3}{1,000}$ 等の軽減あり）
③地上権、永小作権、貸借権、採石権の設定、転貸、移転の登記		
イ.相続、又は転貸	不動産の価額	$\frac{10}{1,000}$
ロ.相続又は法人の合併による移転	〃	$\frac{2}{1,000}$
ハ.共有にかかる権利の分割による移転	〃	$\frac{2}{1,000}$
ニ.その他の原因による移転	〃	$\frac{10}{1,000}$
④地役権設定の登記	承役地の不動産の個数	1個につき1,500円
⑤抵当権若しくは質権の設定登記、先取特権の保存登記	債権金額又は極度金額	$\frac{4}{1,000}$ （住宅取得資金の貸付等に係る場合 $\frac{1}{1,000}$ の軽減あり）
⑥先取特権、質権又は抵当権の移転の登記		
イ.相続又は法人の合併による移転	債権金額又は極度金額	$\frac{1}{1,000}$
ロ.その他の原因による移転	〃	$\frac{2}{1,000}$
⑥-2 論根抵当権の一部譲渡による移転の登記	一部譲渡後の共有者の数で極度金額を除して計算した金額	$\frac{2}{1,000}$
⑥-3 論抵当権の順位の変更の登記	抵当権の件数	1個につき1,000円
⑦信託の登記		
イ.所有権の信託	不動産の価額	$\frac{4}{1,000}$[*2]
ロ.所有権以外の権利の信託	〃	$\frac{2}{1,000}$
⑧相続財産の分離の登記		
イ.所有権の分離	不動産の価額	$\frac{4}{1,000}$
ロ.所有権以外の権利の分離	〃	$\frac{2}{1,000}$
⑨仮登記		
イ.所有権の移転又は所有権の移転請求権の保全	不動産の価額	$\frac{10}{1,000}$[*3]
ロ.その他	不動産の個数	1個につき1,000円
本登記の課税標準が不動産の価額であるもの	不動産の価額	本登記の税率の $\frac{1}{2}$
⑩表示の変更又は更正の登記		
イ.土地の分筆又は建物の分割、区分による表示の変更の登記	分筆、分割、区分、合併後の不動産の個数	1個につき1,000円
ロ.土地又は建物の合併による表示の変更の登記	〃	1個につき1,000円
⑪附記登記、回復登記、登記の更正若しくは変更の登記	不動産の個数	1個につき1,000円
⑫登記の抹消	不動産の個数	1個につき1,000円
（同一の申請書により20個を超える不動産の登記の抹消）	〃	1個につき20,000円

*1：固定資産課税台帳に登録された価格。
住宅用家屋についての軽減を受けるためには、市区町村長から交付を受けた「住宅用家屋証明書」を添付することが必要。
*2：土地に関する次の登記に対する登記免許税は、**軽減措置**が設けられている。
売買による所有権の移転登記 $\frac{15}{1,000}$、所有権の信託登記 $\frac{3}{1,000}$
*3：相続、法人の合併、共有物の分割については2/1,000

［4］ 不動産投資の考え方

（1） 不動産市場の動向

　国土交通省から発表された2015年の**公示地価**によると、全国平均では住宅地が7年連続の下落となったが、下落幅は昨年より縮小して同マイナス0.4％であった。商業地は7年ぶりに横ばいに転じている。地域別にみると、三大都市圏は住宅地・商業地ともに上昇しているが、地方圏は下落が続いている。

【住宅地の公示地価の変動】

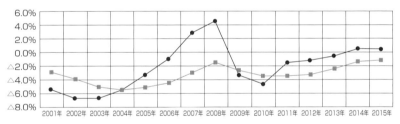

【商業地の公示地価の変動】

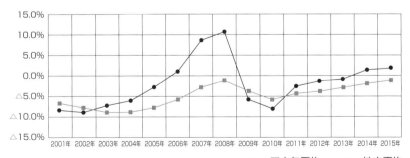

不動産投資の特徴は、第1に、運用利回りがマイナスの年度があることである。大規模修繕を実施する年度には、収益を上回る費用が発生するし、予想外の空室によって収益ゼロが続いてしまう年度も出てくる。

第2に、投資元本以上のロスが発生する可能性もあることである。不動産の所有者責任のために事故による損害賠償損失を負担したり、土壌汚染などの浄化費用が発生したりすることで、想定外の大きな支出が発生することがある。

第3に、オーナーや管理会社の経営手法によって運用成績が異なることである。大規模修繕の実施時期、入居者募集や選定方法の判断、賃料設定・売却方法と時期の判断など、オーナーや管理会社の判断によってキャッシュ・フローが変動する。

第4に、流動性リスクが比較的大きいことである。不動産は個性の強い資産であるため、売りたいタイミングにおいて適正な時価で売却できるかどうかわからず、売り急ぎや買い急ぎによって投資成績が変動する。

また、**不動産のリスク・リターン特性**は、第1に、運用利回りは安定的であるものの、個々の物件によってばらつきが大きいことである。2015年現在、地価が上昇中の東京都の投資不動産の運用利回りは3～5％であるが、地価が下落中の地方都市では5～10％となっており地域的な差異はあるものの、それら利回りが大きく変動することはない。

第2に、資産の評価額の変動以上に実際の取引価格が変動することである。公示価格・路線価や不動産鑑定士による理論価格はあまり大きく変動することはないが、実際の取引価格は、仲介業者の売却方法、買主側の状況、競合の有無などによって大きく変動する。

第3に、**ミドルリスク・ミドルリターンの投資**ということである。すなわち、個々の不動産では短期的みるとボラティリティが高いが、投資成果を獲得するためには、中長期の視点で複数の不動産に分散投資することが必要である。

なお、不動産投資でも、期待利回りとリスクには相反する関係があると

考えてよい。例えば、投資物件の用途別に期待利回りとリスクの関係を示すと以下のようになる。つまり、一般的に、賃貸マンションは、期待利回りは小さいがリスクも小さい。それが、オフィスビルや商業店舗になると、ハイリスク・ハイリターンの傾向が強くなる。

なお、不動産価格は長期的には**経済成長**、短期的には**売買需給**の影響を強く受ける。また、不動産の売買市場と売買市場との間には一定の関連性はあるが、完全に相関するわけではない。

【不動産の投資リスクとリターン】

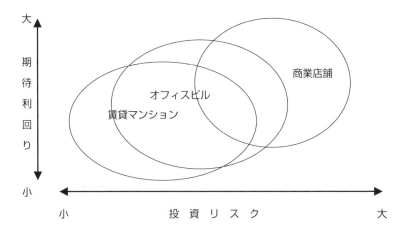

【住居系:賃貸マンション、業務系:オフィスビル、商業系:商業店舗】

価格変動	賃料水準
優 ↑ 価格変動小（業務系）／住居系／商業系 ↓ 劣 価格変動大	優 ↑ 賃料水準高（業務系）／住居系／商業系 ↓ 劣 賃料水準低
入居率の安定度	管理の手間
優 ↑ 安定性高（業務系）／住居系／商業系 ↓ 劣 安定性低	優 ↑ 労力小（業務系）／住居系／商業系 ↓ 劣 労力大

(出所:プライベートバンキング上巻)

　各用途ともに期待利回りに大きな幅があるが、権利形態、エリア、建物グレードなど、個別物件の特性によって求められる期待利回りも大きく異なる。したがって、不動産投資を検討する際は、どの程度の**期待利回り**を求めるか、すなわち、どの程度の**リスク**を許容できるかによって、投資対象を選定することが必要である。当然ではあるが、リスクが低い物件に対しては、投資を希望する人が多く、取得するまでに競争が生じ、結果として価格は上昇する（利回りは低下する）。したがって、**リスクが低ければ、期待利回りも低くならざるを得ない**ということになる。

なお、不動産には価格変動リスクや流動性リスク以外にも、自然災害や火災など実物資産としてのリスクを伴うことになる。

このような特性があるため、不動産投資の**キャッシュ・フロー分析**を行って、期待利回りとリスクを定量的に評価しておくことは不可欠なのである。

【不動産投資のキャッシュ・フロー表】

物件概要

名称	サンプル物件	土地面積	100.00㎡
所在地	東京都○○区	建物面積	220.00㎡
その他	テキスト　投資案件例B	賃貸可能面積	154.00㎡

設定条件

物件購入価格	¥100,000,000	ローン総額	¥80,000,000	税率（所得税・住民税）	33.00%
満室時賃料	¥10,000,000	ローン金利	3.0%	譲渡所得税率	20.00%
表面利回り	10.00%	返済期間	30年	保有期間	18年
購入諸費用	¥7,000,000	返済方式	元利均等返済		
購入総費用	¥107,000,000	自己資金（投下資本）	¥27,000,000		

運営からのキャッシュフロー予想

購入後年数	1	2	3	4	5
総潜在収入	¥10,000,000	¥10,000,000	¥10,000,000	¥10,000,000	¥10,000,000
実効総収入	¥9,500,000	¥9,500,000	¥9,500,000	¥9,500,000	¥9,500,000
運用費用	¥1,500,000	¥1,500,000	¥1,500,000	¥1,500,000	¥1,500,000
純営業収益	¥8,000,000	¥8,000,000	¥8,000,000	¥8,000,000	¥8,000,000
元利返済額	¥4,047,398	¥4,047,398	¥4,047,398	¥4,047,398	¥4,047,398
税引前キャッシュフロー	¥3,952,602	¥3,952,602	¥3,952,602	¥3,952,602	¥3,952,602
純営業収益	¥8,000,000	¥8,000,000	¥8,000,000	¥8,000,000	¥8,000,000
ローン利息	¥2,377,158	¥2,326,356	¥2,274,009	¥2,220,070	¥2,164,490
減価償却費	¥5,012,000	¥3,482,612	¥2,499,215	¥1,866,891	¥1,460,307
課税所得	¥610,000	¥2,191,000	¥3,226,000	¥3,913,000	¥4,375,000
納税額	¥201,300	¥723,000	¥1,064,500	¥1,291,200	¥1,443,700
税引後キャッシュフロー	¥3,751,302	¥3,229,602	¥2,888,102	¥2,661,402	¥2,508,902
税引前キャッシュフロー累計	¥3,952,602	¥7,905,204	¥11,857,806	¥15,810,408	¥19,763,010
税引後キャッシュフロー累計	¥3,751,302	¥6,980,904	¥9,869,006	¥12,530,408	¥15,039,310
借入償還余裕率	1.98	1.98	1.98	1.98	1.98
損益分岐入居率	55.47%	55.47%	55.47%	55.47%	55.47%

運営からのキャッシュフロー予想

購入後年数	6	7	8	9	10
総潜在収入	¥10,000,000	¥10,000,000	¥10,000,000	¥10,000,000	¥10,000,000
実効総収入	¥9,500,000	¥9,500,000	¥9,500,000	¥9,500,000	¥9,500,000
運用費用	¥1,500,000	¥1,500,000	¥1,500,000	¥1,500,000	¥1,500,000
純営業収益	¥8,000,000	¥8,000,000	¥8,000,000	¥8,000,000	¥8,000,000
元利返済額	¥4,047,398	¥4,047,398	¥4,047,398	¥4,047,398	¥4,047,398
税引前キャッシュフロー	¥3,952,602	¥3,952,602	¥3,952,602	¥3,952,602	¥3,952,602
純営業収益	¥8,000,000	¥8,000,000	¥8,000,000	¥8,000,000	¥8,000,000
ローン利息	¥2,107,220	¥2,048,207	¥1,987,400	¥1,924,743	¥1,860,180
減価償却費	¥1,387,487	¥1,387,487	¥728,000	¥728,000	¥728,000
課税所得	¥4,505,000	¥4,564,000	¥5,284,000	¥5,347,000	¥5,411,000
納税額	¥1,486,600	¥1,506,100	¥1,743,700	¥1,764,500	¥1,785,600
税引後キャッシュフロー	¥2,466,002	¥2,446,502	¥2,208,902	¥2,188,102	¥2,167,002
税引前キャッシュフロー累計	¥23,715,612	¥27,668,214	¥31,620,816	¥35,573,418	¥39,526,020
税引後キャッシュフロー累計	¥17,505,312	¥19,951,814	¥22,160,716	¥24,349,218	¥26,516,220
借入償還余裕率	1.98	1.98	1.98	1.98	1.98
損益分岐入居率	55.47%	55.47%	55.47%	55.47%	55.47%

購入後年数	11	12	13	14	15
総潜在収入	¥10,000,000	¥10,000,000	¥10,000,000	¥10,000,000	¥10,000,000
実効総収入	¥9,500,000	¥9,500,000	¥9,500,000	¥9,500,000	¥9,500,000
運用費用	¥1,500,000	¥1,500,000	¥1,500,000	¥1,500,000	¥1,500,000
純営業収益	¥8,000,000	¥8,000,000	¥8,000,000	¥8,000,000	¥8,000,000
元利返済額	¥4,047,398	¥4,047,398	¥4,047,398	¥4,047,398	¥4,047,398
税引前キャッシュフロー	¥3,952,602	¥3,952,602	¥3,952,602	¥3,952,602	¥3,952,602
純営業収益	¥8,000,000	¥8,000,000	¥8,000,000	¥8,000,000	¥8,000,000
ローン利息	¥1,793,654	¥1,725,104	¥1,654,469	¥1,581,686	¥1,506,689
減価償却費	¥728,000	¥728,000	¥728,000	¥728,000	¥728,000
課税所得	¥5,478,000	¥5,546,000	¥5,617,000	¥5,690,000	¥5,765,000
納税額	¥1,807,700	¥1,830,100	¥1,853,600	¥1,877,700	¥1,902,400
税引後キャッシュフロー	¥2,144,902	¥2,122,502	¥2,099,002	¥2,074,902	¥2,050,202
税引前キャッシュフロー累計	¥43,478,622	¥47,431,224	¥51,383,826	¥55,336,428	¥59,289,030
税引後キャッシュフロー累計	¥28,660,722	¥30,783,224	¥32,882,226	¥34,957,128	¥37,007,330
借入償還余裕率	1.98	1.98	1.98	1.98	1.98
損益分岐入居率	55.47%	55.47%	55.47%	55.47%	55.47%

購入後年数	16	17	18
総潜在収入	¥10,000,000	¥10,000,000	¥10,000,000
実効総収入	¥9,500,000	¥9,500,000	¥9,500,000
運用費用	¥1,500,000	¥1,500,000	¥1,500,000
純営業収益	¥8,000,000	¥8,000,000	¥8,000,000
元利返済額	¥4,047,398	¥4,047,398	¥4,047,398
税引前キャッシュフロー	¥3,952,602	¥3,952,602	¥3,952,602
純営業収益	¥8,000,000	¥8,000,000	¥8,000,000
ローン利息	¥1,429,411	¥1,349,783	¥1,267,732
減価償却費	¥728,000	¥728,000	¥728,000
課税所得	¥5,842,000	¥5,922,000	¥6,004,000
納税額	¥1,927,800	¥1,954,200	¥1,981,300
税引後キャッシュフロー	¥2,024,802	¥1,998,402	¥1,971,302
税引前キャッシュフロー累計	¥63,241,632	¥67,194,234	¥71,146,836
税引後キャッシュフロー累計	¥39,032,132	¥41,030,534	¥43,001,836
借入償還余裕率	1.98	1.98	1.98
損益分岐入居率	55.47%	55.47%	55.47%

例題3-2　以下の各記述を読み、正しいか誤っているかを判定しなさい。

【問題】

1. マンションが売買される場合、分譲会社が作成するパンフレットでは各住戸の専有部分の床面積は内法面積で記載されているのに対して、不動産登記簿では壁芯面積で記載されている。

2. 土地の売買において使用される面積については、土地を公簿で売買する場合は、実測面積と差異があっても売買代金の清算は行われない。

3. 不動産業者の仲介（媒介）契約で、専任媒介契約を締結した場合、依頼者は、不動産業者1社しか媒介を依頼することができず、自分で取引の相手方を探すこともできない。

4. 専任媒介契約を締結した不動産業者は、依頼された売り情報、買い情報を指定流通機構へ登録してもよいが、3カ月以内に取引相手方が見つかる見込みがあれば、指定流通機構へ登録しないことも認められている。

5. 1億円の不動産取引が成約した場合、不動産業者の仲介手数料（消費税抜き）の上限は300万円である。

【解答3-2】

1. 誤り。マンションの専有部分の床面積は、分譲会社が作成するパンフレットでは**壁芯面積**（壁の中心線で測った面積）で記載されているのに対して、不動産登記簿では**内法面積**（壁の内側で測った面積）で記載されており、不動産登記簿の面積のほうが小さい。

2. 正しい。面積については、土地を公簿で売買する場合は、実測面積と差異があっても売買代金の清算は行われないため、実測面積が公簿面積と大きく違っていないか事前に確認することが必要である。土地家屋測量調査士に依頼して実測面積を測定してもらうことも検討すべきであろう。

3. 誤り。「専任媒介契約」とは、依頼者は１社の不動産業者にしか媒介を依頼できないが、自分で取引の相手方を探すことは認められる契約である。**自分で取引の相手方を探すことができない**のは、「**専属専任媒介契約**」である。

4. 誤り。**専任媒介契約**を締結した不動産業者は、依頼された売り情報、買い情報を指定流通機構（**REINS**、「東日本レインズ」「中部レインズ」「近畿レインズ」「西日本レインズ」の４つがある。）へ**契約後７日以内に登録**することが義務づけられている。また、２週間に１回以上、依頼主へ業務処理状況の報告が義務づけられている。

5. 誤り。１億円の不動産取引が成約した場合、不動産業者の仲介手数料（消費税抜）の上限は以下のように計算される。
　　１億円×３％＋６万円＝306万円

6. 取引の対象となる土地の範囲を確定するために土地家屋調査士が測量を行う場合、民法において「売買契約に関する費用は、当事者双方平分してこれを負担する」と規定されているため、測量費用は買主と売主は常に2分の1ずつ負担しなければならない。

7. 宅地建物取引士が同席し、重要事項説明書に記名押印するのであれば、重要事項説明を宅地建物取引士ではない職員が行うことも可能である。

8. 土地の売買において、実測取引とする場合、予め定めた1㎡当たりの単価に実測で得られた面積の全体を掛けて売買金額を算出する方法と、登記簿面積や過去の測量面積などをもとに仮の売買総額を定めておき、実測面積との差異に対して売買金額を加算又は減算する方法がある。

9. 売買契約の際に手付金が支払われた場合、相手方が契約履行に着手するまでは、買主はその手付金を放棄し、売主は手付金をそのまま返還することによって、契約を解除することができる。

6. 誤り。土地家屋調査士の**測量費用**について、不動産取引の慣行では、**売主側が全額を負担する**ように不動産売買契約の特約で定めるケースが多い。

7. 誤り。重要事項説明は、不動産に関する専門知識を有する宅地建物取引士が行わなければならず、重要事項説明書には宅地建物取引士が**記名押印**することが義務づけられている。

8. 正しい。売買契約締結後に土地の**実測**を行い、それによって得られた面積を基に売買金額を確定させる契約方式を「実測取引」、「実測売買」という。土地の売買において、実測取引とする場合、予め定めた1㎡当たりの単価に実測で得られた面積の全体を掛けて売買金額を算出する方法と、登記簿面積や過去の測量面積などをもとに仮の売買総額を定めておき、実測面積との差異に対して売買金額を加算又は減算する方法がある。ただし、登記簿面積などに対して一定の面積以上の差異が生じたときのみ（例：5㎡以上の差異が生じたとき等）に売買代金を精算することを条件とするケースが多い。

9. 誤り。手付金は、売買契約の際に、買主から売主へ支払われる金銭である。相手方が契約履行に着手するまでは、買主は交付した手付金を放棄して契約を解除することができる。これに対して、売主が解除しようとする場合、原則として、**手付金**の「**倍額**」を返還しなければならない。

10. ローン特約が停止条件として規定されている不動産売買契約が締結された場合、買主が支払うべき売買代金について、銀行からの融資の不成立が確定したときは、売主側から契約の解除を求めることができる。

11. 新築住宅を買った後、住宅の柱と屋根に瑕疵が発見された場合、引渡しから10年間であれば、売主に対して無償で修理を依頼することができる。

12. 相続が発生した直後、遺産分割協議を成立していない段階においても、相続人の代表者が売主として相続財産である不動産を売却することができる。

13. 不動産登記の「権利部」の甲区には所有権に関する事項が記載され、乙区には所有権以外の権利に関する事項が記載されている。

10. 誤り。ローン特約が停止条件として規定されている不動産売買契約が締結された場合、買主が支払うべき売買代金について、銀行からの融資の不成立が確定したときは、**その売買契約の効力が失われる**。したがって、売主側から解除を求めなくとも、その売買契約は**契約日に遡って無効**となる。

11. 正しい。住宅の品質確保の促進等に関する法律に基づく新築住宅の請負及び売買契約に関する瑕疵担保制度では、住宅を新築する請負契約及び新築住宅の売買契約において、請負人・売主は、**住宅の構造耐力上主要な部分**（柱、梁、床、屋根等）については、引渡しの時から10年間の瑕疵担保責任を負うことが義務づけられている。

12. 誤り。不動産が相続財産であった場合は、遺産分割協議が成立する前に売却しようとするならば、**相続人全員が売主となって**売却しなければならない。

13. 正しい。「**権利部**」とは、権利に関する登記が記載される部分をいう。権利部の**甲区**には**所有権**に関する事項が記載されている。所有権の保存、移転及びこれらの仮登記並びに差押等の所有権の処分の制限等の事項が甲区に記載される。**乙区**には、**所有権以外の権利**に関する事項が記載される。

14. 不動産の売買によって所有権移転登記を行うためには、売主の登記原因証明情報と登記済証（又は登記識別情報）が必要であるが、固定資産税評価証明書は必要とされていない。

15. 分譲マンションの1戸を持っている個人は、その建物の区分所有権だけを自らの資産管理会社である法人へ譲渡することができる。

16. 信託契約により不動産を信託財産に入れた場合、登記手続上は、信託を原因として所有者から受託者への所有権移転登記手続が必要である。したがって、信託の受託者は不動産取得税の課税対象となる。

17. 不動産投資は、フロー所得の変動が不可避であり、所有期間において赤字が発生する年度もあるが、最終的に投資元本以上の損失が発生することはない。

14. 誤り。不動産の売買によって所有権移転登記を申請するためには、売主の登記原因証明情報と登記済証（又は登記識別情報）だけでなく、発行３カ月以内の**印鑑証明書**、法人の場合は**資格証明書**、並びに**固定資産税評価証明書**の添付が必要である。

15. 誤り。建物の区分所有権を所有している場合、その**敷地利用権**は、原則として**専有部分と分離して処分することはできない**。また、抵当権等の権利を、土地又は建物の一方のみを対象として設定することもできない。

16. 誤り。信託契約により不動産を信託財産に入れた場合、登記簿に当該不動産の管理処分権限を持つ者として、「**受託者**」の名前が記載される。登記手続上は、信託を原因として所有者から受託者への所有権移転登記手続となるが、これは形式的な所有権移転であり、実質的に財産権は受益者に移転したものとして取り扱う。したがって、**自益信託**（委託者＝受益者）となるような場合には、実質的な財産の移転は生じていないため、**不動産取得税の課税対象にはならない**（贈与税の課税対象にもならない）。

17. 誤り。事故による損害賠償損失を負担したり、土壌汚染などの浄化費用が発生したりすることによって、不動産投資から**投資元本以上のロス**が発生する可能性もある。

18. 入居者募集の方法、賃料設定の妥当性、物件の売却方法などによって、不動産オーナーの投資利回りが変動するため、管理会社や仲介業者の選定は重要である。

19. 不動産投資はミドルリスク・ミドルリターンの特性を持つから、優良な物件に集中投資を行うとともに、短期的な利回り変動に応じて迅速に売買を行うべきである。

20. 不動産の用途別に期待利回りとリスクを比較したとき、賃貸マンションよりもオフィスビル・商業店舗のほうが、ハイリスク・ハイリターンであるといえる。

18. 正しい。大規模修繕の実施時期、入居者募集や選定方法の判断、賃料設定・売却方法と時期の判断など、オーナーや管理会社、仲介会社の判断によってキャッシュ・フローが変動することから、管理会社や仲介業者の選定は不動産投資において重要なポイントとなる。

19. 誤り。不動産投資はミドルリスク・ミドルリターンという特性を持つ。それゆえ、短期的なボラティリティが高さを理解したうえで**中長期な運用**を行い、複数の不動産に**分散投資**することが必要である。

20. 正しい。価格変動、賃料変動（利回り）、入居率などの観点から比較すると、居住用の賃貸マンションよりも、オフィスビル・商業店舗のほうが期待利回りは高いが、その分だけ大きなリスクを伴うことになる。そのためリスク許容度に応じて投資対象を決定しなければならない。

Ⅲ ■ 不動産の関連税制

[1] 不動産の取得に係る税金

(1) 不動産取得税

不動産取得税は不動産を取得した場合に、その不動産の所在地の都道府県が課す税金である。例えば、土地や家屋を購入、家屋を建築して不動産を取得したときには、登記の有無にかかわらず課税される。ただし、**相続**により取得した場合、法人が**合併**で取得した場合には課税されない。

不動産取得税の課税標準は、**固定資産税評価額**である。新築の場合、都道府県知事が決定する。また、**宅地の課税標準は固定資産税評価額の２分の１となる**（平成30年３月31日までの特例）。税率は以下のとおりである。

取得日	土地	家屋（住宅）	家屋（非住宅）
平成20年４月１日から 平成30年３月31日まで	3/100	3/100	4/100

床面積が次の要件を満たす新築住宅は、「**特例適用住宅**」として、建物の課税標準である固定資産税評価額から**1,200万円が控除**される。

	下限		上限
	一戸建の住宅	一戸建以外の住宅	
貸家以外	50㎡以上	50㎡以上	240㎡以下
貸家	50㎡以上	40㎡以上	240㎡以下

また、次の要件をすべて満たす中古住宅は、「耐震基準適合既存住宅」として、課税標準である固定資産税評価額から一定額が控除される。

要　件	
ア　居住要件 ※**取得時**における家屋の現況が**住宅**であることが必要です。	個人が**自己の居住用**に取得した住宅であること (なお、取得前に住宅以外であった家屋を住宅にリフォームする場合は、取得する前に住宅とするリフォームが完了している必要がある)
イ　床面積要件	**50㎡以上240㎡以下** (床面積要件の判定については『新築住宅の取得』と同様です。)
ウ　耐震基準要件	昭和57年1月1日以後に新築されたもの	条件に該当しない住宅で建築士等が行う耐震診断によって新耐震基準に適合していることの証明がされたもの(なお、証明に係る調査が住宅の取得日前2年以内に終了していることが必要である)

(控除額)

新築された日	控除額
昭和29年7月1日〜昭和38年12月31日	100万円
昭和39年1月1日〜昭和47年12月31日	150万円
昭和48年1月1日〜昭和50年12月31日	230万円
昭和51年1月1日〜昭和56年6月30日	350万円
昭和56年7月1日〜昭和60年6月30日	420万円
昭和60年7月1日〜平成元年3月31日	450万円
平成元年4月1日〜平成9年3月31日	1,000万円
平成9年4月1日以後	1,200万円

　さらに、以下の要件を満たす**住宅用土地**を取得した場合、(ア)45,000円又は(イ)土地の1㎡当たりの固定資産税評価額×$\frac{1}{2}$　(平成30年3月31日まで)×建物の床面積の2倍(200㎡が限度)×　税率3％のいずれか大きい金額が不動産取得税から減額される。

区　分	要　件
住宅の新築より**先**に土地を取得した場合	土地を取得後3年以内にその土地の上に住宅が新築されていること（ただし、土地の取得者が住宅の新築までその土地を引き続き所有している場合、又は土地の取得者からその土地を取得した方が住宅を新築した場合に限る）。
住宅の新築より**後**に土地を取得した場合	(ア)住宅を新築した方が、新築後1年以内にその敷地を取得していること。 (イ)新築未使用の住宅とその敷地を、新築後1年以内（同時取得を含む）に同じ方が取得していること。

（2）登録免許税

不動産に関する**登記を行う場合**には登録免許税が課される。ただし、表示（表題部）の登記には課税されない。

> **（表示登記）**
> 　建物の新築工事が完了して、建物が完成すると、建物の所在地番、構造、床面積などを特定する登記を最初に申請する。この登記を「建物の表示登記」という。通常は、表示登記に必要な資料の作成を土地家屋調査士に依頼する。
> **（所有権保存登記）**
> 　登記簿の甲区（所有権に関する登記）に初めてなされる所有権の登記であり、所有者の住所・氏名、新築の日付等が記載される。
> **（所有権移転登記）**
> 　不動産を**売買したとき**に所有権を売主から買主へ移転するが、その登記のことを所有権移転登記という。所有権移転の登記をすることで、買主は第三者に対して所有権を主張できる要件を備えることになる。
> **（抵当権設定登記）**
> 　抵当権とは、例えば住宅ローンの担保として提供された不動産に設定される権利であり、目的物（不動産）の所有者や使用者はそのままにしておいて、住宅ローンが返済されない場合に担保不動産から優先して弁済を受ける権利のことである。この権利を明らかにするために行うのが抵当権設定登記である。その場合、金融機関を抵当権者、住宅ローンの借入者を抵当権設定者という。

所有権保存登記や所有権移転登記の課税標準は、取引価格ではなく、**固**

定資産税評価額である。ただし、抵当権設定登記の課税標準は**債権金額**である。

【登録免許税の税率】

		土地・建物		住宅用建物の軽減 （平成29年3月31日まで）			認定長期優良住宅 （平成28年3月31日まで）	認定低炭素住宅 （平成28年3月31日まで）
		課税基準	税率	軽減税率		適用条件	軽減税率	軽減税率
				新築建物	中古建物			
建物の表示登記		−	−	−	−	−	−	−
所有権保存登記		法務局の認定価格	$\frac{4}{1000}$	$\frac{1.5}{1000}$	−	新築住宅の保存登記の特例 ① 自己居住用の住宅 ② 新築又は取得後1年以内に登記されたもの ③ 床面積（登記簿面積）50㎡以上	$\frac{1}{1000}$	$\frac{1}{1000}$
所有権移転登記	売買 土地	固定資産税評価額	平成29年3月31日まで $\frac{15}{1000}$ 平成29年4月1日以降は $\frac{20}{1000}$	−	−	中古住宅の移転登記の特例 ① 自己居住用の住宅 ② 取得後1年以内に登記されたもの ③ マンション等耐火建築物は25年以内、木造等耐火建築物以外は20年以内に建築されたもの。この年数を超えている場合には、その住宅が新耐震基準に適合していることについて証明されたものや、既存住宅売買瑕疵保険に加入している一定のものであること。 ④ 床面積（登記簿面積）50㎡以上	−	−
	売買 建物		$\frac{20}{1000}$	$\frac{3}{1000}$	$\frac{3}{1000}$		共同住宅 $\frac{1}{1000}$ 戸建住宅 $\frac{2}{1000}$	$\frac{1}{1000}$
	相続		$\frac{4}{1000}$	−	−		−	−
	遺贈・贈与		$\frac{20}{1000}$	−	−		−	−
抵当権の設定登記		債権金額	$\frac{4}{1000}$	$\frac{1}{1000}$	$\frac{1}{1000}$	抵当権の設定登記の特例 上記の条件を満たす住宅への抵当権設定	−	−

(3) 消費税

土地の譲渡は非課税である。一方、建物の譲渡は、宅地建物取引業者が売主である場合等、事業として取引されている場合には課税される。

土地	購入・売却	土地代		非課税
		仲介手数料		課税
建物	購入			課税（一部、非課税）
	建築			課税
	売却	個人のマイホーム		非課税
		法人・個人事業主		課税

(4) 印紙税

不動産を売買する際に締結する**売買契約書**や、住宅ローンなどを借り入れる際に締結する**金銭消費貸借契約書**などは、印紙税の課税文書に該当し、それぞれの契約を締結するにあたり印紙税法で定められた所定の印紙を契約書に貼らなければならない。ただし、印紙税の納付は所定の額の収入印紙を文書に貼付することにより納める方法だけでなく、新築マンションの購入の際に多く見られるように、機械による印字によって納める方法がある。

記載された金額		印紙税額
	1万円未満	非課税
1万円以上	10万円以下	200円
10万円超	50万円以下	200円
50万円超	100万円以下	500円
100万円超	500万円以下	1,000円
500万円超	1,000万円以下	5,000円
1,000万円超	5,000万円以下	1万円
5,000万円超	1億円以下	3万円
1億円超	5億円以下	6万円
5億円超	10億円以下	16万円
10億円超	50億円以下	32万円
50億円超		48万円
契約金額の記載のないもの		200円

《機械による印字の例》

第一号

第二号

(5) 固定資産税・都市計画税

固定資産税は、**土地、家屋、事業用の償却資産**に対して課されるものである。都市計画税は、**市街化区域に所在する土地及び家屋**に対して課されるものである(市街化調整区域では、都市計画税は課税されない)。

いずれも毎年1月1日時点の所有者が納税義務者となり、所在地の市区町村から課税される。平成18年度、21年度、24年度・・・と、3年毎(3の倍数)に改訂される。ちなみに、土地の所在地には、「地番」と「住居表

示」があるが、固定資産税通知書は、登記上の「**地番**」で表示され、住居表示とは一致していない。

　固定資産税・都市計画税の課税標準は、**固定資産税評価額**であり、標準税率（実際は各市町村が定める）は、固定資産税が1.4％、都市計画税が0.3％である。ただし、**住宅用地に利用されている土地**に係る固定資産税・都市計画税は、大幅に軽減されている。

	固定資産税	都市計画税
住宅用地	小規模住宅用地（200㎡以下の部分） 　課税標準 × 1／6 一般住宅用地（200㎡超の部分） 　課税標準 × 1／3	小規模住宅用地（200㎡以下の部分） 　課税標準 × 1／3 一般住宅用地（200㎡超の部分） 　課税標準 × 2／3
新築住宅の建物	平成28年3月31日までに新築された建物は120㎡（課税床面積）までの部分について、一般の住宅（上記以外）は新築後3年間、3階建以上の耐火構造・準耐火構造住宅は新築後5年間にわたって固定資産税が1／2（場合の特例）となる。	なし

[課税明細書のチェックポイント]

土地

土地の所在	登記地目	登記地積	価格		固定前年度課税標準等		都計前年度課税標準等		小規模地積		負担水準	
	現況地目	現況地積	固定本則課税標準額	都市本則課税標準額(相当)額	固定本則課税標準額	固定資産税(相当)額	都計本則課税標準額	都市計画税(相当)額	一般住宅地積	非住宅地積	固定	都計
東京都中央区日本橋室町1-8-3	宅地	150.00	45,000,000		4,500,000		9,000,000				60	60
	宅地	150.00	7,500,000		4,875,000		9,750,000		150.00			
	非課税地目	非課税地積	15,000,000			68,250		14,625				

固定小規模課税標	都計小規模課税標	小規模軽減額(都)		摘要
固定一般住宅課税標	都計一般住宅課税標	減額税額(固・都)		
固定非住宅課税標	都計非住宅課税標	減免税額(固・都)		
4,875,000	9,750,000		14,625	都計計画軽減
				小規模住宅用地

①固定資産税の計算方法

固定資産税=課税標準額(4,875,000)×1.4%−軽減額= 68,250 全国一律で、1.4%が標準税率。

固定本則課税標準額=45,000,000×1/6=7,500,000 (住宅用地で現況地積が200㎡以下の場合、1/6…小規模住宅用地)

課税標準額=前年度課税標準額(4,500,000)+本則課税標準(7,500,000)×負担調整措置(5%) = 4,875,000

負担調整措置:地方税法等で規定。負担水準60%(前年度課税標準額4,500,000÷本則課税標準額7,500,000×100)の場合、課税標準額は上記の式。

軽減額:新築住宅、新築の認定長期優良住宅等が対応。ここでは、ゼロ。

②都市計画税の計算方法

都市計画税=課税標準額(9,750,000)×0.3%−軽減額(14,625) = 14,625 標準税率はなく、0.3%が最大。

都市本則課税標準額=45,000,000×1/3=15,000,000 (住宅用地で現況地積が200㎡以下の場合、1/3…小規模住宅用地)

課税標準額=前年度課税標準額(9,000,000)+本則課税標準額(15,000,000)×負担調整措置(5%) = 9,750,000

負担調整措置:負担水準60%(前年度課税標準額9,000,000÷本則課税標準額15,000,000×100)の場合、課税標準額は上記の式。

軽減額:小規模住宅用地について、都市計画税額の1/2の額が軽減される。9,750,000×0.3%×1/2= 14,625

[2] 不動産の譲渡に係る税金

(1) 土地・建物の譲渡所得の計算

不動産を売却したことによって生じた所得を**譲渡所得**といい、他の所得と**分離**して所得税及び住民税が課税される。

土地建物を譲渡した場合、所有期間が**5年超の長期譲渡所得**と所有期間が**5年以下の短期譲渡所得**に分けられる。この際の所有期間は譲渡した年の1月1日現在において、所有期間が5年以下か、5年を超えるかにより判断する。この区分によって、以下の図表のように税率が変わることになる。

期間	短期 5年以下	長期 5年超	長期 10年超(**軽減税率の特例**)
居住用	39.63% (所得税30.63% 住民税9%)	20.315% (所得税15.315% 住民税5%)	①課税譲渡所得6,000万円以下の部分**14.21%** (所得税10.21%・住民税4%) ②課税譲渡所得6,000万円超の部分20.315% (所得税15.315%・住民税5%)
非居住用	39.63% (所得税30.63% 住民税9%)	20.315% (所得税15.315% 住民税5%)	

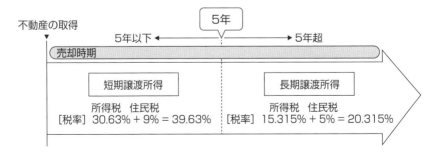

譲渡所得の計算は、以下のとおりである。

売却価額(譲渡価額) － (取得費 ＋ 譲渡費用 (必要経費)) ＝ 譲渡益 又は 譲渡損

譲渡益 － 特別控除(額) ＝ 課税譲渡所得

課税譲渡所得に税率を掛けると税額が計算できる。

課税譲渡所得 × 税率(長期 or 短期) ＝ 税額

取得費とは、譲渡した土地や建物を購入したときの購入代金、購入時の仲介手数料（売却時の仲介手数料は譲渡費用となる）、登録免許税や不動産取得税のことをいう。建物の場合は、減価償却累計額を控除した金額となる。ただし、**譲渡収入金額の5％**を取得費とすることもできる（概算取得費）。

(2) 居住用財産の譲渡に係る3,000万円特別控除の特例

マイホーム（居住用財産）を売ったときは、**所有期間の長短に関係なく譲渡所得から最高3,000万円まで控除**することができる。これを、居住用財産を譲渡した場合の3,000万円の特別控除の特例という。

建物と土地を所有者が異なる場合、生計を一にする親族が同時に売却する場合であれば、まず建物所有者の譲渡益から3,000万円の特別控除を適用し、控除しきれない分は、土地所有者はその残額について譲渡益から控除することができる。

(適用要件)

マイホームの適用要件	① 現在主として住んでいる自宅を売却すること ② 居住の用に供さなくなった日から3年を経過する日の属する年の年末までに売却すること ③ 家屋を取り壊した場合は、上記②の範囲内で、家屋を取り壊した日から1年以内にその敷地の売却に関する契約が締結されていること（取壊し後、敷地を賃貸その他の用に供した場合には不可）

	④ 転勤等で単身赴任の場合、配偶者等が居住している家屋を売却すること（ただし、2つの家屋を所有する場合は、主たる居住用家屋のみ）
その他の適用要件	① 共有の居住用財産を譲渡した場合、共有者の持分の範囲内において各人毎に適用することができる。 ② 住宅ローン控除、特定居住用財産の買換特例との重複適用はできない ③ 譲渡する相手が、譲渡者の配偶者や親・子など直系血族、生計を一にする親族、同族会社等でないこと ④ 3年に1度しか適用することができない。
期間の要件	所有期間及び居住期間に関する要件はない。

＜具体例＞

（土地が単独、建物共有のケース）

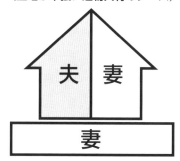

夫は、建物の自分の持分の譲渡益に対して3,000万円特別控除を適用できる。一方、妻は建物の自分の持分と土地の譲渡益に対して3,000万円特別控除を適用できる。

（建物が単独、土地共有のケース）

夫は建物と土地の自分の持分の譲渡益に対して3,000万円特別控除を適用できる。一方、妻は土地の自分の持分の譲渡益に対して、夫が適用した3,000万円特別控除の残額のみ適用できる。

（土地が単独、建物も単独のケース）

夫の建物の譲渡益に対して3,000万円特別控除が適用できる。一方、妻は土地の譲渡益に、夫が適用した3,000万円特別控除の**残額**のみ適用できる。

（土地、建物いずれも**共有**のケース）

夫、妻ともに自分の持分に応じた譲渡益に対して、それぞれ3,000万円特別控除が適用できる。したがって、夫婦合わせて特別控除の合計額の上限は6,000万円となる。

(3) 居住用財産の譲渡に係る軽減税率の特例

　自分が住んでいたマイホーム（居住用財産）を売って、一定の要件に当てはまるときは、長期譲渡所得の税額を通常の場合よりも低い**軽減税率**で計算することができる。ここでの譲渡所得は**3,000万円特別控除**を適用した後の金額である。その際、譲渡所得が6,000万円超の部分の税率は20.315％であるが、**6,000万円以下の部分の税率は14.21％となる**。

（軽減税率）

課税譲渡所得が6,000万円以下	
所得税	10.21％
住民税	4％
合計	14.21％

課税譲渡所得が6,000万円超		
	6,000万円以下の部分	6,000万円超の部分
所得税	10.21％	15.315％
住民税	4％	5％
合計	14.21％	20.315％

（適用要件）

マイホームの適用要件	① 現在主として住んでいる自宅を売却すること ② 居住の用に供さなくなった日から3年を経過する日の属する年の年末までに売却すること ③ 家屋を取り壊した場合は、上記②の範囲内で、家屋を取り壊した日から1年以内にその敷地の売却に関する契約が締結されていること（取壊し後、敷地を賃貸その他の用に供した場合には不可） ④ 転勤等で単身赴任の場合、配偶者等が居住している家屋を売却すること（ただし、**2つの家屋を所有する場合**は、**主たる居住用家屋のみ**）
その他の適用要件	① 共有の居住用財産を譲渡した場合、共有者の持分の範囲内において各人毎に適用することができる。 ② 住宅ローン控除、特定居住用財産の買換え特例との重複適用はできない。 ③ 譲渡する相手が、譲渡者の配偶者や親・子など直系血族、生計を一にする親族、同族会社等でないこと ④ 3年に1度しか適用することができない。

期間の要件	譲渡した年の1月1日で建物と土地の所有期間がともに**10年**を超えていること

(4) 居住用財産の買換特例

　特定のマイホーム（居住用財産）を売って、代わりのマイホームに買い換えたときは、一定の要件のもと、譲渡益に対する**課税を将来に繰り延べる**ことができる（譲渡益が非課税となるわけではない）。これを、**特定の居住用財産の買換えの特例**という。

　例えば、1,000万円で購入したマイホームを5,000万円で売却し、7,000万円のマイホームに買い換えた場合には、通常の場合、4,000万円の譲渡益が課税対象となるが、特例の適用を受けた場合、売却した年分で譲渡益への課税は行われず、買い換えたマイホームを将来譲渡したときまで譲渡益に対する**課税が繰り延べられる**。

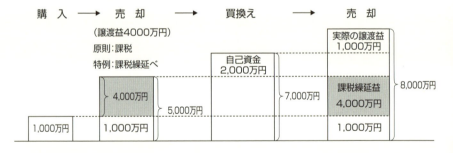

（注）減価償却は無視している。

　この場合、課税が将来に繰り延べられるとは、買い換えたマイホームを将来8,000万円で売却した場合に、売却価額8,000万円と購入価額7,000万円との差額である1,000万円の譲渡益（実際の譲渡益）に対して課税されるのではなく、実際の譲渡益1,000万円に**特例の適用を受けて課税が繰り延べられていた4,000万円**の譲渡益（課税繰延益）を加えた5,000万円が、譲渡益として課税されるということである。税率は常に**長期譲渡所得**の20.315％

である。

　また、売却代金よりも小さい金額でマイホームを買い換えた場合（例えば、上記の計算例で3,000万円のマイホームに買い換えた場合）については、売却代金と買い換えた金額の**差額を収入金額として**譲渡所得の金額の計算を行う。

　収入金額 ＝ 売った金額－買い換えた金額
　　　　　 ＝ 5,000万円－3,000万円＝2,000万円
　必要経費 ＝ （売ったマイホームの取得費＋譲渡費用）×（差額÷売った金額）
　　　　　 ＝ 1,000万円×（2,000万円÷5,000万円）＝400万円

したがって、譲渡所得は、

　2,000万円 － 400万円 ＝ 1,600万円

（適用要件）

マイホームの適用要件	① 現在主として住んでいる**自宅**を売却すること ② 居住の用に供さなくなった日から3年を経過する日の属する年の年末までに売却すること ③ 家屋を取り壊した場合は、上記②の範囲内で、家屋を取り壊した日から1年以内にその敷地の売却に関する契約が締結されていること（取壊し後、敷地を賃貸その他の用に供した場合には不可） ④ 転勤等で単身赴任の場合、配偶者等が居住している家屋を売却すること（ただし、2つの家屋を所有する場合は、**主たる居住用家屋のみ**） ⑤ 譲渡価額が**1億円以下**であること
買換資産の要件	① 譲渡年の前年1月1日から譲渡年の12月31日までに取得すること ② 買換資産を取得した日から譲渡年の翌年12月31日までに居住の用に供すること ③ **家屋の床面積50㎡以上**（登記簿面積）かつ**土地の面積500㎡以下** ④ 中古のマンション等の耐火建築物は、新築後25年以内のもの又は新耐震基準に適合していることが証明されたものや、既存住宅売買瑕疵保険に加入している一定のものであること（木造は制限なし）
その他の適用要件	① 共有の居住用財産を譲渡した場合、共有者の持分の範囲内において各人毎に適用することができる。 ② 住宅ローン控除、3,000万円特別控除、10年超の軽減税率の特例と**の重複適用はできない**、前年又は前々年において3,000万円特別控除、10年超の軽減税率の特例を適用していた場合も適用できない。

	③ 譲渡する相手が、譲渡者の配偶者や親・子など直系血族、生計を一にする親族、同族会社等でないこと
期間の要件	譲渡した年の1月1日で建物と土地の所有期間がともに**10年**を超えていること。 居住期間が通算**10年**以上であること

(5) 居住用財産の譲渡損失の損益通算及び繰越控除の特例

　個人が、土地又は建物を譲渡して譲渡所得の計算上譲渡損失が生じた場合には、その損失を**他の土地又は建物の譲渡所得の金額から控除できる**が、その控除を行ってもなお控除しきれない譲渡損失があったとしても、事業所得や給与所得など他の所得と損益通算することはできない。

　しかし、**長期譲渡所得**に該当する場合で居住用財産を譲渡したときに生じた**譲渡損失**については、一定の要件を満たす場合に限り、譲渡をした年に事業所得や給与所得など他の所得との**損益通算**をすることができ、これらの通算を行ってもなお控除しきれない譲渡損失については、その譲渡の年の翌年以後**3年間にわたり繰り越して控除**することができる。

　この特例が適用できるケースの1つが、**住宅ローン**が残っているときである。**住宅ローンのあるマイホームを住宅ローンの残高を下回る価額で売却して譲渡損失が生じたとき**は、一定の要件を満たすものに限り、その譲渡損失をその年の給与所得や事業所得など他の所得から控除（**損益通算**）することができる。また、損益通算を行っても控除しきれなかった譲渡損失は、譲渡の年の翌年以後**3年内に繰り越して控除**することができる。この特例を、**特定の居住用財産の譲渡損失の損益通算及び繰越控除の特例**という。なお、この特例は、新たなマイホーム（買換資産）を取得しない場合であっても適用することができる。

　この特例で損益通算できる金額は以下のとおりである。すなわち、以下のうち**いずれか少ない金額**となる。

① 譲渡所得の計算上生じた損失の金額
② 譲渡資産に係る住宅ローン残高から譲渡資産の譲渡対価の額を控除した額

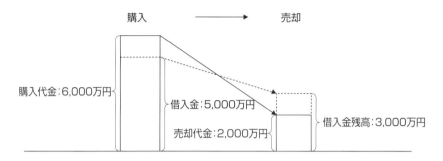

2,000万円（売却代金）－6,000万円（購入代金）＝△**4,000万円（譲渡損失の金額）**
3,000万円（借入金残高）－2,000万円（売却代金）＝**1,000万円（損益通算限度額）**
4,000万円＞1,000万円
∴ 1,000万円（特定居住用財産の譲渡損失の金額）←**損益通算ができる金額**

（適用要件）

マイホームの適用要件	① 現在主として住んでいる自宅を売却すること ② 居住の用に供さなくなった日から3年を経過する日の属する年の年末までに売却すること ③ 家屋を取り壊した場合は、上記②の範囲内で、家屋を取り壊した日から1年以内にその敷地の売却に関する契約が締結されていること（取壊し後、敷地を賃貸その他の用に供した場合には不可） ④ 転勤等で単身赴任の場合、配偶者等が居住している家屋を売却すること（ただし、2つの家屋を所有する場合は、**主たる居住用家屋のみ**） ⑤ 譲渡したマイホームの売買契約日の前日において、**償還期間10年以上の住宅ローン残高**があること ⑥ 譲渡損失が生じて、居住用財産の譲渡価額が住宅ローン残高を下回っていること
買換資産の要件	なし

その他の適用要件	① 共有の居住用財産を譲渡した場合、共有者の持分の範囲内において各人毎に適用することができる ② 繰越控除を受ける年の所得金額が3,000万円以下であること（ただし、損益通算を行う年は所得金額の制限はない） ③ 譲渡する相手が、譲渡者の配偶者や親・子など直系血族、生計を一にする親族、同族会社等でないこと
期間の要件	譲渡した年の1月1日で建物と土地の所有期間がともに**5年**を超えていること。 居住期間の制限はない。

（6）居住用財産の買換え等の場合の譲渡損失の損益通算及び繰越控除

　譲渡損失の損益通算と3年間繰越控除の特例を適用ができるもう1つのケースは、マイホームを買い換えた場合である。すなわち、**マイホーム（旧住居）を売却して、新たにマイホーム（新住居）を購入した場合に、旧住居の譲渡による損失が生じたとき**は、一定の要件を満たすものに限り、その譲渡損失をその年の給与所得や事業所得など他の所得から控除（**損益通算**）することができる。また、損益通算を行っても控除しきれなかった譲渡損失は、譲渡の年の翌年以後**3年内に繰り越して控除**することができる。この特例を、居住用財産の買い換えた場合の譲渡損失の損益通算及び繰越控除の特例という。

(適用要件)

マイホームの適用要件	① 現在主として住んでいる自宅を売却すること ② 居住の用に供さなくなった日から3年を経過する日の属する年の年末までに売却すること ③ 家屋を取り壊した場合は、上記②の範囲内で、家屋を取り壊した日から1年以内にその敷地の売却に関する契約が締結されていること（取壊し後、敷地を賃貸その他の用に供した場合には不可） ④ 転勤等で単身赴任の場合、配偶者等が居住している家屋を売却すること（ただし、2つの家屋を所有する場合は、**主たる居住用家屋のみ**） ⑤ 譲渡価額が**1億円以下**であること

買換資産の要件	① 譲渡年の前年1月1日から譲渡年の12月31日までに取得すること ② 買換資産を取得した日から譲渡年の翌年12月31日までに居住の用に供すること ③ **家屋の床面積50㎡以上**（登記簿面積）
その他の適用要件	① 共有の居住用財産を譲渡した場合、共有者の持分の範囲内において各人毎に適用することができる ② 繰越控除を受ける年の所得金額が3,000万円以下であること（ただし、損益通算を行う年は所得金額の制限はない） ③ 譲渡する相手が、譲渡者の配偶者や親・子など直系血族、生計を一にする親族、同族会社等でないこと
期間の要件	譲渡した年の1月1日で建物と土地の所有期間がともに**5年**を超えていること。 居住期間の制限はない。

[3] 不動産の賃貸に係る税金

(1) 不動産所得の計算

　個人が不動産を賃貸している場合、その家賃収入は不動産所得となり、総合課税される。

不動産所得 ＝ 収入金額 － 必要経費

　不動産所得の収入金額とは、賃貸借契約などによってその年の1月1日から12月31日までの間に収入すべき金額として確定した家賃、地代、権利金などの金額である。それゆえ、12月31日現在その年の家賃が未収であっても収入金額に含めなければならない。その一方で、不動産賃貸に伴って発生した事業上の支出のうち一定のものは必要経費として収入金額から差し引くことができる。

【必要経費として認められるもの】

租税公課	土地・建物に係る不動産取得税及び登録免許税、固定資産税、印紙税、事業税など
損害保険料	建物に係る火災保険や地震保険などの保険料
修繕費	建物の修繕のための費用
管理費	共用部分の電気代や水道代など
減価償却費	建物の取得科学を耐用年数に応じて減価償却した費用
借入金利子	土地・建物を購入するために借り入れた借入金の利子
地代家賃	土地を借りて（借地権）建物を建てた場合に、地主に対して支払う地代
仲介手数料	不動産業者などへの賃貸契約の仲介手数料
広告宣伝費	賃貸の入居者募集のための費用

なお、減価償却費は以下の**耐用年数**を用いた計算を行い、各年度の経費に計上する。

	構造・用途	細目		耐用年数
建物	鉄骨鉄筋コンクリート造・鉄筋コンクリート造のもの	事務所用のもの		50
		住宅用のもの		47
		飲食店用のもの	延面積のうちに占める木造内装部分面積が3割を超えるもの	34
			その他のもの	41
		店舗用のもの		39
		車庫用のもの		38
	金属造のもの	事務所用のもの	骨格材の肉厚が 4mmを超えるもの	38
			骨格材の肉厚が 3mmを超え、4mm以下のもの	30
			骨格材の肉厚が 3mm以下のもの	22
		店舗用・住宅用のもの	骨格材の肉厚が 4mmを超えるもの	34
			骨格材の肉厚が 3mmを超え、4mm以下のもの	27
			骨格材の肉厚が 3mm以下のもの	19
		飲食店用・車庫用のもの	骨格材の肉厚が 4mmを超えるもの	31
			骨格材の肉厚が 3mmを超え、4mm以下のもの	25
			骨格材の肉厚が 3mm以下のもの	19
	木造のもの	事務所用のもの		24
		店舗用・住宅用のもの		22
		飲食店用のもの		20
		車庫用のもの		17
建物付属設備	店用簡易装備			3
	冷暖房設備	冷凍庫の出力が22キロワット以下のもの		13
	電気設備（照明設備を含む）	蓄電池電源設備以外のもの		15
	給排水・衛生設備・ガス設備			15

※：構造・用途・細目の区分・耐用年数は平成27年3月31日現在の法令に基づくものである。

(定額法)

平成19年4月1日以後の取得

耐用年数	償却率	耐用年数	償却率	耐用年数	償却率	耐用年数	償却率	耐用年数	償却率
2	0.500	12	0.084	22	0.046	32	0.032	42	0.024
3	0.334	13	0.077	23	0.044	33	0.031	43	0.024
4	0.250	14	0.072	24	0.042	34	0.030	44	0.023
5	0.200	15	0.067	25	0.040	35	0.029	45	0.023
6	0.167	16	0.063	26	0.039	36	0.028	46	0.022
7	0.143	17	0.059	27	0.038	37	0.028	47	0.022
8	0.125	18	0.056	28	0.036	38	0.027	48	0.021
9	0.112	19	0.053	29	0.035	39	0.026	49	0.021
10	0.100	20	0.050	30	0.034	40	0.025	50	0.020
11	0.091	21	0.048	31	0.033	41	0.025		

(定率法)

平成19年4月1日から平成24年3月31日までの取得

耐用年数	償却率	耐用年数	償却率	耐用年数	償却率	耐用年数	償却率	耐用年数	償却率
2	1.000	12	0.208	22	0.114	32	0.078	42	0.060
3	0.833	13	0.192	23	0.109	33	0.076	43	0.058
4	0.625	14	0.179	24	0.104	34	0.074	44	0.057
5	0.500	15	0.167	25	0.100	35	0.071	45	0.056
6	0.417	16	0.156	26	0.096	36	0.069	46	0.054
7	0.357	17	0.147	27	0.093	37	0.068	47	0.053
8	0.313	18	0.139	28	0.089	38	0.066	48	0.052
9	0.278	19	0.132	29	0.086	39	0.064	49	0.051
10	0.250	20	0.125	30	0.083	40	0.063	50	0.050
11	0.227	21	0.119	31	0.081	41	0.061		

平成24年4月1日以降の取得

耐用年数	償却率	耐用年数	償却率	耐用年数	償却率	耐用年数	償却率	耐用年数	償却率
2	1.000	12	0.167	22	0.091	32	0.063	42	0.048
3	0.667	13	0.154	23	0.087	33	0.061	43	0.047
4	0.500	14	0.143	24	0.083	34	0.059	44	0.045
5	0.400	15	0.133	25	0.080	35	0.057	45	0.044
6	0.333	16	0.125	26	0.077	36	0.056	46	0.043
7	0.286	17	0.118	27	0.074	37	0.054	47	0.043
8	0.250	18	0.111	28	0.071	38	0.053	48	0.042
9	0.222	19	0.105	29	0.069	39	0.051	49	0.041
10	0.200	20	0.100	30	0.067	40	0.050	50	0.040
11	0.182	21	0.095	31	0.065	41	0.049		

所有する賃貸不動産の数が増えて、不動産経営の規模が大きくなると、様々な特典を受けることができる。この特典を受けることのできる不動産経営の規模の基準を「**事業的規模**」という。不動産経営が事業的規模かどうかについては、次のいずれかの基準に当てはまれば、事業として行われているものとして取り扱われることになる。

(1) 戸建住宅が5棟以上10室以上であること
(2) マンションが10室以上

　事業的規模になったときのメリットは、税務署へ**青色申告承認申請書**を提出することによって、**65万円の青色申告特別控除**が利用できること、青色事業専従者給与の経費算入が認められること、家賃不払いによる貸倒損失を計上できること、災害による損失が計上できることである。ただし、所得が290万円を超えた場合に**事業税が課される**というデメリットがある。

事業的規模かどうかで必要経費の範囲が変わる

● 賃貸する部屋が概ね10部屋以上
● 独立した家屋なら概ね5棟以上

● 賃貸する部屋が概ね10部屋未満
● 独立した家屋なら概ね5棟未満

事業として扱われる
・家族や親族への給与を必要経費にできる
・建物を取り壊した場合、全額を必要経費にできる
・青色申告特別控除が65万円まで可能になる
　（青色申告を行う場合）

事業として扱われない
・家族や親族への給与は必要経費にできない
・建物を取り壊した場合、必要経費にできるのは一部のみ
・青色申告特別控除は10万円が限度
　（青色申告を行う場合）

［4］ 不動産の有効活用

(1) 等価交換方式

　等価交換とは、オーナーが所有する土地の上に、開発業者（ディベロッパー）が建設資金を負担してマンションを建設し、完成したマンションの住戸をそれぞれの**出資割合に応じて取得**する方法である。

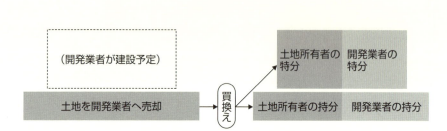

　等価交換方式による事業のための土地の譲渡については、税法上の特例があり、この特例の要件を満たしている場合に限り、個人では所得税が一部又は全部課税されない。ただし、この特例は、土地所有者が個人の場合と法人の場合とでは異なる。**個人**の場合は、租税特別措置法第37条の5第1項第2号、いわゆる「**立体買換えの特例**」の適用により、土地の売却により生じる収入のうち、買換資産の購入額に対応する部分について、**課税の繰延べ**を受けることができる。土地所有者は、土地譲渡代金に見合う区分所有建物の持分を保有することになる。イメージとしては、土地と区分所有建物との交換とも言えるだろう。この方式は、資金負担無く土地の有効活用を行うことができるというメリットがある。

　この場合、オーナーは、土地を譲渡しているため、土地売却益に対して譲渡所得税が発生することが原則である。しかし、一定の要件を充足する場合には、**譲渡所得税を100％繰り延べることができる**特例がある（立体買換えの特例）。土地譲渡代金の全てを買換資産に充てた場合は、立体買換

えの特例を適用することにより、譲渡所得税の負担をゼロとすることができる。ただし、この特例は税金を免除するということではなく、あくまでも譲渡時の課税をその後に**繰り延べる**ものである。そのため、特例を適用した買換資産を例えば賃貸物件として貸し付けた場合には、その後の減価償却費が少なくなるため、毎年、多額の所得が生じることになる。すなわち、立体買換えの特例を適用した場合、**土地譲渡時の所得税は軽減される**ものの、買換資産の取得費は実際の建築価額とはならず譲渡土地の取得価額を基礎とした低い金額となるため、建物等の減価償却費が少なくなり、その結果、**不動産所得は増加する**のである。

【減価償却費が小さくなるイメージ】

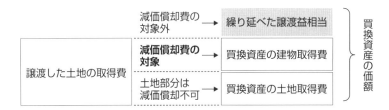

これに対して、立体買換えの特例を適用しなかった場合、土地譲渡時に所得税は発生するが、買換資産の取得費は実際の購入金額となるため、建物等の減価償却費が多くなり、その結果、不動産所得は減少するのである。

このことから、立体買換えの特例を適用するにあたっては、**その後の所得状況も勘案してどちらが得かを総合的に判断する必要がある**。なぜなら、譲渡所得税は20％（長期の場合）の課税ですむが、事業や不動産所得に係る所得税等は最高55％の課税となるからである。

そして、立体買換えの特例を適用しないのであれば、他の特例の利用を検討する必要がある。例えば、譲渡した土地が自宅敷地であった場合には、居住用財産の3,000万円特別控除や軽減税率の適用を受けることによって、譲渡時の税負担を軽減させることができる。

また、区分所有建物の複数部屋を買換資産として取得するのであれば、全ての部屋を立体買換えの対象とはせず、**一部の部屋のみを対象とすること**なども考えられるだろう。

（2） 底地と借地権の交換の特例

　固定資産である土地や建物を同じ種類の資産と交換したときは、譲渡がなかったものとする特例がある（**固定資産の交換の特例**）。この特例を適用するには、交換する資産は互いに**同じ種類**の固定資産（例えば、土地と土地、建物と建物）でなければならない。

　この場合、借地権は土地の種類に含まれるため、地主が建物の敷地として貸している土地（底地）の一部とその土地を借りている人の借地権の一部との交換することも土地と土地との交換になり、その他の要件も充足すれば、**固定資産の交換の特例**を受けることができる。

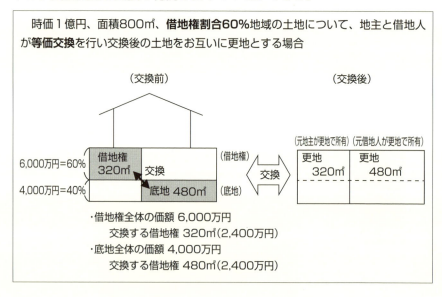

時価1億円、面積800㎡、**借地権割合60%**地域の土地について、地主と借地人が**等価交換**を行い交換後の土地をお互いに更地とする場合

【コラム】プライベートバンカーの相続・事業承継の提案書⑥

著者が実務で作成したお客様向け提案書を紹介する。

これは親族内承継で中小企業経営承継円滑化法を適用した事例である。高齢の創業オーナーが保有する株式が非常に高い評価となってしまい、暦年贈与による生前対策の効果が「焼け石に水」となってしった。そこで、贈与税負担がゼロとなる納税猶予制度を採用したのである。しかし、納税猶予の対象となるのは発行済株式3分の2までであり、残り3分の1については別の生前対策が必要となる。すなわち、暦年贈与又は相続時精算課税制度を使った贈与である。これによって、株式承継に伴う税負担を軽減させることができた。

株式承継のイメージ

➢ 貴社株式100％の評価額（概算）は**2億2千万円**（＝＠11,000円×2万株）です。創業オーナーは、そのうち**13,200株（66.0％）**を保有。

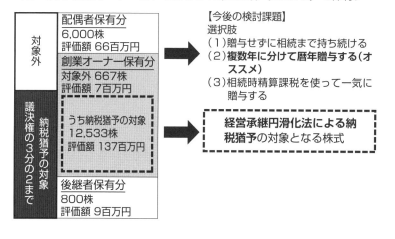

例題3-3 以下の各記述を読み、正しいか誤っているかを判定しなさい。

【問題】

1. 相続によって不動産を取得した場合、不動産取得税は課されない。

2. 売買によって宅地を取得した場合、不動産取得税として土地の固定資産税評価額に税率を乗じた金額が課税される。

3. 宅地建物取引業者ではない個人が不動産を譲渡した場合、譲渡所得税は課されるが、土地及び建物のいずれにも消費税は課されない。

4. 不動産を相続したが、とても古いものであったため、取得費は100万円であった。この不動産を1億円で売却する場合、取得費を500万円とすることができる。

5. 自宅を兄弟に売却した場合、その兄弟と生計を別にしているのであれば、居住用財産の譲渡に係る3,000万円特別控除の適用はできる。

【解答3-3】

1. 正しい。**不動産取得税**は不動産を取得した場合に、その不動産の所在地の都道府県が課す税金である。「取得」とは、売買、交換、建築等をいい、**相続による取得や法人の合併による取得は課税の対象とならない。**

2. 誤り。宅地を取得した場合、不動産取得税が課されるが、宅地の**課税標準は、土地の固定資産税評価額の2分の1**である。

3. 正しい。**土地**の譲渡については、消費税は課税されない。これに対して、**建物**の譲渡は、宅地建物取引業者が売主の場合には課税され、それ以外の売主の場合には課税されない。

4. 正しい。相続した不動産は取得原価が非常に小さいことがある。その場合、取得費が譲渡収入金額の**5%**を下回ることになり、多額の譲渡所得が計算されることになるが、その際、**概算取得費**を使用し、取得費を譲渡収入金額の**5%**とすることができる。本問では不動産を1億円で売却していることから、取得費は概算取得費500万円とすることができる。

5. 正しい。居住用財産の譲渡に係る3,000万円特別控除は、譲渡する相手が、譲渡者の配偶者や親・子など直系血族、**生計を一にする親族、同族会社等**である場合は適用することができない。しかし、**生計が別の兄弟**であれば適用することができる。

6. 相続で取得した自宅を平成27年3月に8,000万円で売却した。取得費は不明であり、譲渡費用は300万円であった。自宅は夫婦共有であり、持分は土地・建物ともに2分の1ずつである。「3,000万円特別控除」及び「10年超所有軽減税率の特例」の適用条件を満たしていた場合、所得税及び住民税の合計額はそれぞれいくらか。

7. 自宅(妻が相続で取得した土地に夫が建物を建築)を5,000万円(建物400万円、土地4,600万円)で売却した。取得費・譲渡費用は1,600万円(建物400万円、土地1,200万円)であった。建物は夫所有で土地は妻所有である。「3,000万円特別控除」及び「10年超所有軽減税率の特例」の適用条件を満たしていた場合、税金はいくらか。

6. まず、売却益を求める。

　　　　譲渡収入　　　　　　　概算取得費　　　譲渡費用
　　8,000万円 －（8,000万円 × 5％ ＋ 300万円）＝ 7,300万円
　次に、売却益を持分で按分する。
　　夫　7,300万円 × 1／2 ＝ 3,650万円
　　妻　7,300万円 × 1／2 ＝ 3,650万円
　3,000万円特別控除後の譲渡益は、
　　夫　3,650万円 － 3,000万円 ＝ 650万円
　　妻　3,650万円 － 3,000万円 ＝ 650万円
　「10年超所有軽減税率の特例」適用後の税額は、
　　夫　650万円 × 14.21％ ＝ **92万円**（所得税及び住民税）
　　妻　650万円 × 14.21％ ＝ **92万円**（所得税及び住民税）

7. 　夫　400万円 － 400万円 ＝ **0円**
　　妻　4,600万円 － 1,200万円＝3,400万円
　　　　3,400万円 － 3,000万円 ＝ 400万円
　夫で控除しきれない特別控除の残額を、妻の譲渡所得の金額から控除する。
　　妻　400万円 × 14.21％ ＝ **56万円**（所得税及び住民税）

8. 所有期間20年の自宅を売却し1億円の長期譲渡所得が計算された、3,000万円特別控除を適用した後、軽減税率の特例を適用すれば、所得税及び住民税は、(1億円−3,000万円)×14.21％＝9,947,000円となる。

9. 自宅を売って新しい自宅を買おうとする際、特定の居住用財産の買換えの特例の適用を検討することができるが、買い換える自宅は、土地の面積500㎡以下であっても建物の床面積が45㎡であれば特例を適用することができない。

10. 自宅を売って新しい自宅を買おうとする際、譲渡収入金額よりも買換資産の金額が小さい場合、売却代金で購入価額を支払うことができるから、居住用財産の買換えの特例を適用することはできない。

11. 特定居住用財産の買換えの特例は、3,000万円特別控除との併用はできないが、譲渡資産の価額が買換資産を超えた差額に対して課税される場合において、譲渡益が6,000万円までであれば、軽減税率の特例を適用することができる。

8. 誤り。自分が住んでいたマイホーム（居住用財産）を売って、一定の要件に当てはまるときは、**長期譲渡所得**の税額を通常の場合よりも低い軽減税率で計算することができる。その計算は、**譲渡所得が6,000万円超**の部分の税率が**20.315％**、**6,000万円以下**の部分の税率が**14.21％**である。したがって、本問では、譲渡所得7,000万円を1,000万円と6,000万円に分けて考え、1,000万円×**20.315％**＝2,031,500円、6,000×**14.21％**＝8,526,000円であるから、所得税及び住民税は10,557,500円となる。

9. 正しい。特定居住用財産の買換えの特例を適用するためには、買換資産の要件として、**家屋の床面積50㎡以上かつ土地の面積500㎡以下**であることが求められる。したがって、家屋が45㎡であれば適用することができない。

10. 誤り。譲渡収入金額よりも買換資産の金額が小さい場合であっても居住用財産の買換えの特例を適用することができる。売った金額より買い換えた金額の方が少ないときは、**その差額だけは収入金額として譲渡所得の金額の計算を行い**、売った自宅に係る譲渡所得の課税が将来に繰り延べられ、売った年については譲渡所得がなかったものとされる。

11. 誤り。**特定居住用財産の買換えの特例は、3,000万円特別控除、軽減税率の特例のいずれも併用することはできない**。したがって、譲渡益に対する税率は常に20.315％となる。

12. 特定居住用財産の買換えの特例は、3,000万円特別控除、10年超の軽減税率の特例と重複して適用することはできない。したがって、特定居住用財産の買換えの特例を適用したいと考える場合、3,000万円特別控除又は10年超の軽減税率の特例を適用した翌年度まで待って適用することになる。

13. 居住用財産の買換えの場合の譲渡損失の損益通算及び繰越控除の特例を適用するには、買い換えたときに償還期間10年以上の住宅ローンの残高がなければならない。

14. 自宅を売って譲渡損失が出た場合、住宅ローン残高が譲渡価額を下回っている場合には、居住用財産の譲渡損失の損益通算及び繰越控除の特例を適用することはできない。

15. 父親が所有する居住用財産をその子供に譲渡した場合、父親がその子供と同居しておらず、かつ、生計を一にしていないのであれば、居住用財産の3,000万円特別控除の特例を適用することが可能となる。

12. 誤り。**特定居住用財産の買換えの特例は**、住宅ローン控除、3,000万円特別控除、10年超の軽減税率の特例との重複適用はできない。また、**前年又は前々年**において3,000万円特別控除、10年超の軽減税率の特例を適用していた場合も適用できない。したがって、翌年度まで待ったからといって、特例が適用できるようになるわけではない。

13. 誤り。居住用財産の買換えの場合の譲渡損失の損益通算及び繰越控除の特例は、**買い換えたときに住宅ローンの残高が無くても適用することができる**。住宅ローン残高が要件となるのは、**繰越控除を受ける年の年末**であり、そのときには買換資産（譲渡資産ではない）に係る**償還期間10年以上の住宅ローン**の残高を有していなければならない。

14. 正しい。自宅を売って譲渡損失が出た場合、償還期間10年以上の**住宅ローン残高のほうが譲渡価額を上回っているとき**、すなわち、譲渡代金を全て充てても住宅ローンの全部を返済しきれない場合に、**返済しきれない住宅ローンの残債部分**に対して適用することができる。したがって、住宅ローン残高が譲渡価額を下回っている場合には、住宅ローンを全部返済することができるわけであるから、居住用財産の譲渡損失の損益通算及び繰越控除の特例を適用することはできない。

15. 誤り。**直系血族に対する譲渡**の場合、生計が別であったとしても3,000万円特別控除の特例は適用することはできない。

16. 居住用家屋を取り壊した後に、その敷地を譲渡した場合において、一時的に駐車場（コインパーキング）として貸し付けたことがあったとしても、その敷地が譲渡時に空き地であれば、居住用財産の3,000万円特別控除の特例を適用することができる。

17. 不動産の譲渡所得の税率は、不動産の取得日から売却日までの所有期間が5年超（20.315%）か、5年以下（39.63%）かどうかによって変わる。

18. 当社のお客様は平成27年1月に以下の条件で賃貸マンション（鉄筋鉄骨コンクリート造）を購入した。このお客様の確定申告において、不動産所得はいくらになるか？
    （購入）取引金額は土地3,000万円、建物2,000万円、
        借入金は2,000万円（年利3.2%）、
        登記費用及び固定資産税25万円
    （収入）賃料20万円／月額、敷金2ヶ月分（退去時に返還）、礼金2ヶ月分
    （経費）管理組合の管理費2万円／月額、
        不動産管理会社の手数料は家賃の10%、
        その他諸経費10万円、減価償却率0.022

16. 誤り。居住用家屋を取り壊した後にその敷地を譲渡した場合において、その土地を**賃貸せずに1年以内に売買契約を締結**し、かつ、その家屋に居住しなっくなった日から**3年**を経過する日の属する年の12月31日までに譲渡したのであれば、**居住用財産の3,000万円特別控除の特例**を適用することができる。しかし、本問のように、**一時的にでも駐車場（コインパーキング）として貸し付けた場合**、その敷地が譲渡時に空き地であったとしても、居住用財産の3,000万円特別控除の特例を適用することはできない。

17. 不動産を譲渡した場合、所有期間が5年超の**長期**譲渡所得と、所有期間が5年以下の**短期**譲渡所得に分けられるが、ここでいう所有期間とは、**譲渡した日が属する年の1月1日現在**において、所有期間が5年以下か、5年を超えるかにより判断する。したがって、売却日までというわけではない。

18. （収入）家賃収入240万円＋礼金収入40万円＝280万円
    （経費）管理組合管理費24万円＋不動産管理会社手数料24万円＋借入金利息64万円＋減価償却費44万円（＝2,000万円×0.022）＋固定資産税等25万円＋その他経費10万円＝191万円
    （不動産所得）280万円－191万円＝**89万円**

19. 上記問題（18.）において、以下の条件を考慮すれば、お客様の所得金額はいくらになるか？

　　不動産所得：上記（18.）のとおり
　　給与所得800万円（源泉徴収税額97万円）
　　所得控除額100万円
　　住宅ローン控除の適用あり（年末の借入金残高1,000万円）

課税される所得金額	税率	控除額
195万円以下	5%	─
330万円以下	10%	9.75万円
695万円以下	20%	42.75万円
900万円以下	23%	63.60万円
1,800万円以下	33%	153.60万円
4,000万円以下	40%	279.60万円
4,000万円超	45%	479.60万円

20. 個人の所有する賃貸不動産が事業的規模になると、65万円の青色申告特別控除を受けることができる。しかし、賃貸不動産経営のために家族に働いてもらった場合であっても、青色事業専従者給与の経費算入は認められない。

19. （課税所得金額）89万円＋800万円－100万円＝789万円
    （税額）789万円×23％－63.6万円＝117万円
    （住宅ローン控除）1,000万円×1％＝10万円
    （納付税額）117万円－10万円－97万円＝**10万円**

20. 誤り。所有する賃貸不動産の数が増えて、戸建住宅を**5棟以上**所有するか、マンションを**10室以上**所有することによって**事業的規模**になると特典を受けることができる。そのメリットは、**65万円の青色申告特別控除**が利用できることだけでなく、**青色事業専従者給与の経費算入**が認められる。

IV ■ 不動産の法令制限

[1] 都市計画法

　都市計画法とは、都市の健全な発展と秩序ある整備を行うことによって国土の均衡ある発展と公共の福祉の増進に寄与することを目的とした法律である。計画的な都市づくりを進めていくため、土地の利用方法について、地域ごとに細かい規制を設けられている。この都市計画法により、都市計画区域は、**市街化区域、市街化調整区域、非線引き区域**の3つに区分されることになる。

　市街化区域とは、すでに市街地を形成している区域及びおおむね10年以内に優先的かつ計画的に市街化を図るべき区域をいう。市街化区域については、「用途地域」を定めなければならない。これは、住居系7種類、商業系2種類、工業系3種類の用途に分けて街づくりを行うものである。市街化区域では、1,000㎡以上の開発行為には、都道府県知事の許可が必要とされている。

（用途地域）

住居系	第1種低層住宅専用地域、第2種低層住宅専用地域、第1種中高層住宅専用地域、第2種中高層住宅専用地域、第1種住宅地域、第2種住宅地域、準住宅地域
商業系	近隣商業地域、商業地域
工業系	準工業地域、工業地域、工業専用地域

12種類の用途地域のイメージ図

第1種低層住居専用地域

低層住宅の良好な環境を守るための地域。小規模なお店や事業所を兼ねた住宅や小中学校などが建てられる。

第2種低層住居専用地域

主に低層住宅の良好な環境を守るための地域。小中学校などのほか、150㎡までの一定の店などが建てられる。

第1種中高層住居専用地域

中高層住宅の良好な環境を守るための地域。病院、大学、500㎡までの一定のお店などが建てられる。

第2種中高層住居専用地域

主に中高層住宅の良好な環境を守るための地域。病院、大学等のほか、1,500㎡までの一定のお店や事務所などが建てられる。

第1種住居地域

住宅の環境を守るための地域。3,000㎡までの店舗、事務所、ホテルなどは建てられる。

第2種住居地域

主に住宅の環境を守るための地域。店舗、事務所、ホテル、パチンコ屋、カラオケボックスなどは建てられる。

準住居地域

道路の沿線において、自動車関連施設などの立地と、これと調和した居住の環境を保護するための地域。

近隣商業地域

近隣の住民が日用品の買物をする店舗等の業務の利便の増進を図る地域。住宅や店舗の他に小規模な工場も建てられる。

商業地域

銀行、映画館、飲食店、百貨店、事務所などの商業等の業務の利便の増進を図る地域。住宅や小規模な工場も建てられる。

準工業地域

主に軽工業の工場等の環境悪化の恐れのない工業の業務の利便を図る地域。危険性、環境悪化が大きい工場のほかは、ほとんど建てられない。

工業地域

主として工業の業務の利便の増進を図る地域で、どんな工場でも建てられる。住宅やお店は建てられるが、学校、病院、ホテルなどは建てられない。

工業専用地域

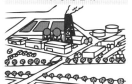

専ら工業の業務の利便の増進を図る地域で、どんな工場でも建てられるが、住宅、お店、学校、病院、ホテルなどは建てられない。

一方、**市街化調整区域とは、市街化を抑制すべき区域をいう**。市街化調整区域では、用途地域を定めないものとされているが、開発行為を行う際には、その規模にかかわらず都道府県知事の許可が必要となる。

そして、都市計画区域内において、市街化区域、市街化調整区域のいずれの区分にも該当しない区域のことを、**非線引き区域**という。

[2] 建築基準法

(1) 用途規制と道路

建物を建築（新築及び改築）する場合、その建築主は、工事着手前に建築主事（地方公共団体にいる建築を専門とする公務員）又は指定確認検査機関に対して、建築物の計画が建築基準法等の関係規定等に適合している旨の確認を受けなければならない。

建築物の敷地は、原則として、**建築基準法上の道路（4m以上）に2m以上接していなければならない**。これを「**接道義務**」という。建築基準法上の道路は、幅員4mを基準として定義されており、幅員4m以上の**42条1項道路**と、幅員4m未満の**42条2項道路**がある。したがって、幅員4m未満の道路に接する土地に建物を建築する場合、道路中心線から2mを空けなければならない。これを「**セットバック**」という。**セットバック部分は道路と見なされるので、その部分に建物を建築することはできない**。また、セットバック部分は建ぺい率・容積率の計算の基礎となる敷地面積に含めることもできない。

【セットバック】

土地に接する道路の幅が**4m未満**の場合、道路の中心から2mまで後退しなければいけない。後退した分は建ぺい率・容積率の計算から差し引かれる。

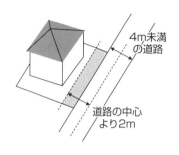
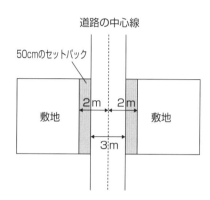

(2) 防火地域

都市の中心市街地や主要駅前、主要幹線道路沿いなど、大規模な商業施設や多くの建物が密集し、火災などが起これば大惨事になりかねない地域では、建物の構造を厳しく制限して防災機能を高めることが求められる。このような地域で指定されるのが「**防火地域**」であり、建物は、**耐火建築物**（鉄筋コンクリート造や鉄骨鉄筋コンクリート造などの建築物）としなければならない。ただし、地階を含む階数が2以下で、かつ、延面積が100平方メートル以下の建築物は準耐火建築物とすることができる。つまり、**防火地域では、階数3以上又は延面積100㎡超の建築物は必ず耐火建築物でなければならない。**

(防火地域内の建築制限)

階数(地階を含む) \ 延面積	100㎡以下	100㎡超
3以上	耐火建築物に限る	
2	耐火建築物又は準耐火建築物	
1		

また、防火地域の外側で、比較的広範囲に「**準防火地域**」が指定されるケースがある。準防火地域の規制は防火地域よりも緩やかで、地階を除く階数が4以上、又は延面積が1,500平方メートルを超える建築物は耐火建築物としなければならないが、延面積が500平方メートル以下であれば、一般的な木造2階建てや木造3階建ても建てることができる。つまり、**準防火地域では、階数4以上又は延面積1,500㎡超の建物は必ず耐火建築物でなければならない。**

(準防火地域内の建築制限)

階数(地階を含む) \ 延面積	500㎡以下	500㎡超 1,500㎡以下	1,500㎡超
4以上			耐火建築物に限る
3	耐火建築物、準耐火建築物又は一定の技術的基準に適合する建築物	耐火建築物又は準耐火建築物	
2	木造建築物でもよい (一定の防火措置が必要)		
1			

(3) 建ぺい率

建ぺい率制限とは、敷地いっぱいに建築物を建築することが防火上又は住環境の観点から望ましくないために設けらる制限である。建ぺい率とは、**建築面積の敷地面積に対する割合**をいい、用途地域ごとに**30%から80%**の範囲で定められている。

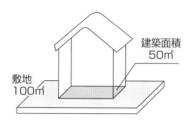

建ぺい率50％ならば、土地100㎡で上限50㎡まで建てられる

建ぺい率50％の場合：

建築面積 50㎡
敷地 100㎡

　建ぺい率の緩和については、建ぺい率80％の地域内と地域外において規制が異なっている。建ぺい率が80％の地域外において、①**防火地域内に耐火建築物を建築する場合**、②**特定行政庁が指定した角地である場合**は、建ぺい率が10％緩和され、さらに①と②の両方を満たす場合は20％緩和される。これに対して、建ぺい率80％の地域内において、**防火地域内に耐火建築物を建築する場合**は、建ぺい率の制限が適用除外となる（つまり100％となる）。

　なお、建築物の敷地が建ぺい率の異なる2以上の地域にまたがる場合は、各地域の建ぺい率を**加重平均**して建ぺい率を計算する。また、建築物の敷地が防火地域の内外にわたる場合、その敷地内の建築物の全部が**防火地域の制限**を受け、その建築物が耐火建築物であるときは、その敷地はすべて防火地域にあるものとみなされる。

(建ぺい率一覧表)

用途地域等	建物の種類	防火地域以外の地域	防火地域
第1・2種低層住居専用地域 第1・2種中高層住居専用地域 工業専用地域	耐火建築物	30、40、50、60のうち都市計画で定める割合	左の割合に10を加えた割合
	その他		左に同じ
第1・2種住居地域 準住居地域 準工業地域	耐火建築物	50、60、80のうち都市計画で定める割合	左の割合に10 (80には20) を加えた割合
	その他		左に同じ
工業地域	耐火建築物	50、60のうち都市計画で定める割合	左の割合に10を加えた割合
	その他		左に同じ
近隣商業地域	耐火建築物	60、80のうち都市計画で定める割合	左の割合に10 (80には20) を加えた割合
	その他		左に同じ
商業地域	耐火建築物	80	100
	その他		左に同じ
用途地域の指定のない区域 (市街化調整区域を含む)	耐火建築物	30、40、50、60、70のうち特定行政庁が定める割合	左の割合に10を加えた割合
	その他		左に同じ

(4) 容積率

採光、通風等の市街地環境の確保や建築物と道路等の公共施設とのバランスを確保することを目的として、容積率制限が設けられている。容積率とは、**延べ面積（床面積の合計）の敷地面積に対する割合**をいい、**50%から1,300%**の範囲内で用途地域ごとに定められている。

容積率100%ならば、土地100㎡で
上限100㎡まで建てられる。

建ぺい率50%、容積率100%の場合：

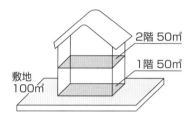

（容積率一覧表）

用途地域等	容積率
第1・2種低層住居専用地域	50、60、80、100、150、200のうち都市計画で定める割合
第1・2種中高層住居専用地域、第1・2種住居地域、準住居地域、近隣商業地域、準工業地域	100、150、200、300、400、500のうち都市計画で定める割合
工業地域、工業専用地域	100、150、200、300、400のうち都市計画で定める割合
商業地域	200、300、400、500、600、700、800、900、1000、1100、1200、1300のうち都市計画で定める割合
用途地域の指定のない区域	50、80、100、200、300、400のうち特定行政庁が定める割合

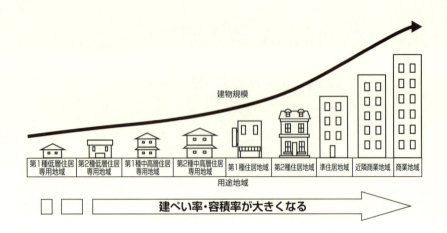

前面道路の幅員が12m未満の場合、次の①と②のうち小さい方が容積率の限度となる。ただし、前面道路が2以上あるときは、その幅員の最大のものを採用する。

① 都市計画で定められる容積率
② 道路の幅員 × 法定定数 　　**法定定数** 　　住居系の用途地域：$\frac{4}{10}$ 　　非住居系の用途地域、用途地域の指定のない区域：$\frac{6}{10}$

例えば、第2種低層住居専用地域内で、容積率200％と定められた地区内の土地で、前面道路の幅員が4mである場合は、その土地の容積率は160％となる。

$$4m \times \frac{4}{10} = 1.6 = \mathbf{160\%} < 200\% \quad (小さい方)$$

敷地の前面道路の幅員が6m以上12m未満である場合、その**前面道路が敷地から70m以内の距離で幅員15m以上の特定道路に接している**場合、敷地から特定道路までの距離に応じて**容積率の割増し**が受けらる。すなわち、**次の①と②の小さいほう**が容積率の限度となり、容積率が緩和される。

これは、広い幅員道路に接する敷地の容積率と、それに隣接する狭い幅員の道路に接する敷地の容積率との間に急激な変化が生じるのを防ぐためであり、容積率の計算上、前面道路の幅員が加算されることにより、本来使える容積率よりも大きな容積率を使えるようになる。容積率の加算は、特定道路までの距離に応じることとなっており、次の計算により求められる。

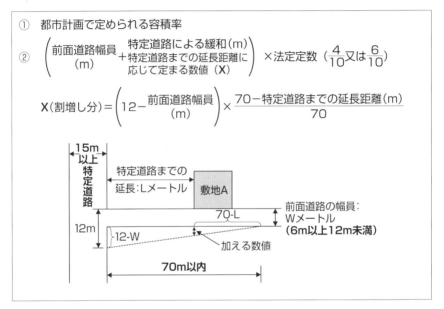

　例えば、前面道路の幅員が8m、特定道路までの延長距離が35mの場合、敷地Aの場合の前面道路幅員による**容積率の割増分**は、次の計算により、2mとなる。

$(12m - 8m) \times \dfrac{70m - 35m}{70m} = 2m$　すなわち、2m加算することができる。

　仮に商業地域であれば、法定定数は$\dfrac{6}{10}$なので、(8m + 2m加算) × $\dfrac{6}{10}$ = 600%となる。

　本来であれば、480%（= 8m × $\dfrac{6}{10}$）しか使用できない地域であるが、特定道路からの距離が70m以内であるため、容積率の緩和により600%ま

で使用できることになるのだ。

建築物の敷地が、2以上の容積率の地域又は区域の内外にわたる場合、それぞれの地域又は区域に属する敷地の**割合**をそれぞれの地域又は区域の容積率に乗じ、それぞれの数値を**合計**したものをその敷地の容積率とする。

例えば、$A㎡ = 400㎡$、$B㎡ = 600㎡$のとき、

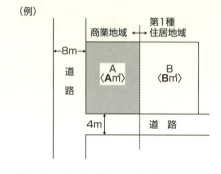

都市計画による指定容積率は
A部分：500％
B部分：200％
この場合、前面道路（「8m」の方をとる）が12m未満のため

A部分：$8 \times \dfrac{6}{10} = \dfrac{48}{10} < \dfrac{50}{10}$

B部分：$8 \times \dfrac{4}{10} = \dfrac{32}{10} > \dfrac{20}{10}$

となり、容積率は

$$\dfrac{\left(A \times \dfrac{48}{10}\right) + \left(B \times \dfrac{20}{10}\right)}{A + B}$$

$$\dfrac{400 \times 4.8 + 600 \times 2.0}{400 + 600} = \dfrac{1,920 + 1,200}{1,000} = 3.12$$
(312％)

(5) 高さ制限

建築物の高さについては、**道路**による高さ制限、**隣地境界線**による高さ制限、**北側の隣地境界線**による高さ制限がある。これらによる高さ制限を受ける場合は、その範囲内でなければ建物を建てることはできない。

制限の種類		用途地域	第1・2種 低層住居専用地域	第1・2種 中高層住居専用地域	第1種・2種 住居地域、準住居地域	その他の地域
高さ制限	道路高さ		前面道路の反対側の境界線までの水平距離×1.25	前面道路の反対側の境界線までの水平距離×1.25又は1.5	左に同じ	前面道路の反対側の境界線までの水平距離×1.5
	隣地高さ			隣地境界線までの水平距離×1.25+20m又は×2.5+31m	左に同じ	隣地境界線までの水平距離×2.5+31m
	北側高さ		前面道路の反対側の境界線、隣地境界線までの真北方向の水平距離×1.25+5m	前面道路の反対側の境界線、隣地境界線までの真北方向の水平距離×1.25+10m		
高さの限度			10mまたは12m (都市計画で定める)			
外壁後退線			敷地境界線から1mまたは1.5m (都市計画で定める)			

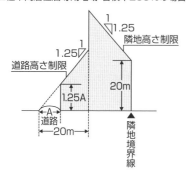

第2種中高層住居専用地域・容積率200%の場合

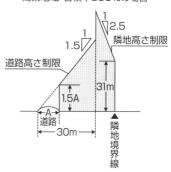

商業地域・容積率800%の場合

　ただし、建築位置を、敷地と道路との境界から、敷地内へ後退（セットバック）した場合、後退距離に相当する距離だけ道路の反対側の境界線が外側にあるものとして、道路高さ制限が適用される。また、建築物の高さが住居系20m、その他31mを超える部分の位置を隣地境界線から後退させた場合、その後退距離に相当する距離だけ隣地境界線が外側にあるものとして、隣地高さ制限が適用される。

［3］ 区分所有法

1つの建物が区分所有されているとき、区分された部分を所有する権利を「**区分所有権**」、その権利を所有する人を「**区分所有者**」という。マンションでは、原則として、壁やサッシ、ドアで区切られた内側が**専有部分**となり、それ以外は**共用部分**となる。区分所有建物は専有部分と共用部分で構成されるが、共用部分の持分は、専有部分と切り離して処分することはできない。その際、共用部分の持分は、規約で別段の定めを設けた場合を除き、専有部分の床面積の割合によって按分されることとなる。柱や壁のコンクリート部分やバルコニーも共用部分となる。

区分して所有されている建物の部分を所有する権利は区分所有権であるが、これに対応する土地についての権利を「**敷地利用権**」という。敷地利用権は、マンションの建っている土地が区分所有者で共有されているときは、土地全体の「○分の○」という形で決められる。**区分所有権と敷地利用権は一体のものとされており、別々に処分することはできない。**

区分所有者は全員で建物、敷地及び附属建物の管理を行うための団体を構成する。これを**管理組合**（法人の場合は、**管理組合法人**）といい、管理者を設けることができる。管理者は少なくとも毎年1回集会を招集しなければならない。集会の決議は原則として区分所有者（人数）及び議決権（専有部分の床面積）の各過半数で決められる。**建物を建て替える場合**、集会の決議は、区分所有者及び議決権の各**5分の4の賛成**を要する。

Ⅳ 不動産の法令制限　235

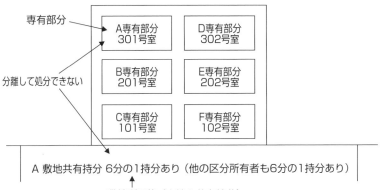

例題3-4 以下の各記述を読み、正しいか誤っているかを判定しなさい。

【問題】

1. 農地を農地以外のものに自ら転用する場合には、都道府県知事の許可が必要である。

2. 分譲マンションで1階の部屋を購入する場合、エレベーターホールを全く利用することがない場合であっても、原則として、エレベーターホールの所有権の一部も一緒に購入しなければならない。

3. 市街化区域とは、すでに市街地を形成している区域と5年以内に市街化を図ることが計画されている区域をいう。市街化区域には、「用途地域」を定めなければならず、市街化区域では、500㎡以上の開発行為には、都道府県知事の許可が必要とされる。

4. 市街化調整区域では、1,000㎡以上の開発行為を行う際には、都道府県知事の許可が必要となる。

5. 建築基準法では、建築物の敷地は、4m以上の道路に4m以上接することが義務とされている。

【解答3-4】

1. 正しい。**農地**とは耕作の目的に供される土地をいう。これは登記簿上の地目と関係なく客観的な事実状態により判断される。農地法では、農業生産力の低下を防ぐため、農地の他の用途への転用を原則として**許可制**としている。

2. 誤り。分譲マンションのように各部屋が構造上他の部屋と区分され、独立して住居や店舗等の用途に供される部分を有する建物を**区分所有建物**という。区分所有建物は専有部分と共用部分で構成されるが、共用部分の持分は、専有部分と切り離して処分することはできない。その際、共用部分の持分は、規約で別段の定めを設けた場合を除き、専有部分の床面積の割合によって按分されることとなる。

3. 誤り。市街化区域は、すでに市街地されている区域と、**概ね10年以内に市街化**が計画されている区域のことである。市街化区域には、「用途地域」（住居系7種類、商業系2種類、工業系3種類）に分けて街づくりを行う。市街化区域において、**1,000㎡以上の開発**を行う場合は、都道府県知事の許可が必要とされている。許可が必要となるのは500㎡以上というわけではない。

4. 誤り。市街化調整区域とは、市街化を**抑制すべき**区域をいう。市街化調整区域では、用途地域を定めないものとされているが、開発行為を行う際には、**その規模にかかわらず**都道府県知事の許可が必要となる。

5. 誤り。建築基準法の接道義務は、建築物の敷地は、**4m以上**の道路に**2m以上**接していなければならないというものである。

6. 幅員4m未満の道路に接する土地に建物を建築する場合、道路中心線から2mのセットバックを設ける必要があるが、その部分は建ぺい率・容積率の計算から除外される。

7. 建ぺい率が80%の地域外において、特定行政庁が指定した角地であり、かつ、防火地域内に耐火建築物を建築した場合、建ぺい率は10%緩和される。

8. 建築物の敷地が防火地域の内外にまたがる場合、その敷地内の建築物の全部が防火地域の制限を受け、その建築物が耐火建築物であるときは、その敷地は全部が防火地域にあるものとみなされる。

6. 正しい。幅員4m未満の道路に接する土地に建物を建築する場合、**道路中心線から2m**を空けなければならないという「セットバック」の義務が課される。そのセットバック部分は道路と見なされるため、その部分に建物を建築することはできない。また、セットバック部分は、建ぺい率・容積率の計算の基礎となる敷地面積に含められない。

7. 誤り。建ぺい率が80%の地域外において、①防火地域内に耐火建築物を建築する場合、②特定行政庁が指定した角地は建ぺい率が10%緩和され、さらに**①と②の両方を満たす場合は20%緩和**される。また、建ぺい率80%の地域内において、防火地域内に耐火建築物を建築する場合は、建ぺい率の制限が適用されない（つまり**100%**となる）。

8. 建築物の敷地が防火地域と準防火地域の両方にまたがっている場合、その建築物の**全部**が**防火地域**の制限を受け、その建築物が耐火建築物であるときは、その敷地は全て防火地域にあるものとして、建ぺい率の計算を行う（緩和措置がある）。

9. プライベートバンカーであるあなたの顧客は、A土地を所有していたところ、隣地のオーナーからB土地の売却を打診された。そこで、あなたはA土地とB土地の一体開発を行い、賃貸オフィスビルを建設することを提案した。

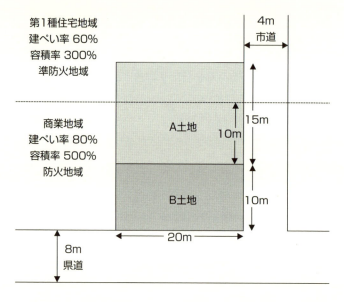

（注）A土地とB土地を一体とした土地は、特定行政庁から指定された**角地**である。

　このような一体開発計画において、耐火建築物である賃貸オフィスビルを建築する場合、その建ぺい率の上限はいくらか。

9. 建ぺい率の異なる複数の地域にまたがる場合、建ぺい率は、各地域の建ぺい率の**加重平均**となる。

　商業地域が防火地域であるため、一体開発を行う第1種住宅地域についても防火地域の規制を受ける。ただし、第1種住宅地域は、指定建ぺい率が60％であって80％ではない。したがって、**防火地域内に耐火建築物を建築する場合、建ぺい率が10％緩和**される。加えて、一体開発によって特定行政庁から指定された角地に該当することとなったため、建ぺい率はさらに**10％緩和**される。したがって、60％＋10％＋10％＝**80％**となる。

　一方、商業地域は指定建ぺい率80％とされている。したがって、**防火地域内に耐火建築物を建築する場合、建ぺい率の適用除外（＝100％）** となる。

　以上より、（第一種住宅地域）100㎡（商業地域）400㎡で加重平均して、

$$80\% \times \frac{100㎡}{100㎡+400㎡} + 100\% \times \frac{400㎡}{100㎡+400㎡} = \underline{96\%}$$

10. 上記問題（9.）において、容積率の上限はいくらか。

11. マンションの区分所有権を売買する際は、建物の区分所有権の価額とそれに伴う敷地利用権の価額を必ず分けて計算しなければならない。

10. 容積率の異なる複数の地域にまたがる場合、容積率は、各地域の容積率の**加重平均**となる。

　前面道路(広い方)の幅員が**12m未満**であるため、【幅員×法定定数(住宅系 $\frac{4}{10}$、その他 $\frac{6}{10}$)】と指定容積率を比較して小さいほうの容積率が適用される。本問では、一体開発を行うため、A土地とB土地の前面道路はいずれも8mとなる。

　第1種住宅地域は、$8m \times \frac{4}{10} = 320\% > \mathbf{300\%}$ であるから、300%を適用する。これに対して、商業地域は、$8m \times \frac{6}{10} = \mathbf{480\%} < 500\%$ であるから、480%を適用する。

　以上より、(第1種住宅地域)100㎡ (商業地域)400㎡で**加重平均**して、
$300\% \times \frac{100㎡}{100㎡+400㎡} + 480\% \times \frac{400㎡}{100㎡+400㎡} + = \underline{444\%}$

11. 誤り。区分所有権に対応する土地についての権利を「**敷地利用権**」といい、敷地利用権は、マンションの建っている土地が区分所有者で共有されているときは、土地全体の「○分の○」という形で決められる。区分所有権と敷地利用権は**一体のもの**とされており、切り分けて売買することはできない。よって、それら価額を別々に評価する必要はない。

V ■ 不動産の相続税評価

相続税法第22条によれば、不動産の相続税評価は「当該財産の取得の時における**時価**による」とあり、ここでいう時価とは「財産評価基本通達によって評価したもの」である。すなわち、宅地の評価は、「**路線価方式**」（＝路線価（画地調整後）×地積）か「**倍率方式**」であり、無道路地やセットバックなどが伴う場合は評価が減額されるものと規定されている。したがって、相続税評価額は不動産市場における取引価格とは異なる。さらに、国税庁タックスアンサー（No.4617）によれば、騒音、日照阻害、臭気、忌み等により、取引金額に影響を受けるような問題が伴うことによって**利用価値が著しく低下している宅地**の評価については減額するものとされている。

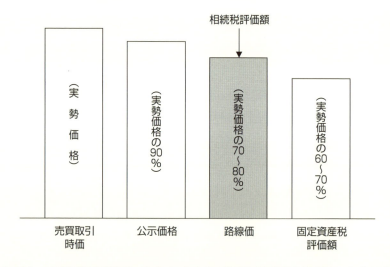

ただし、固定資産税通知書を入手すれば固定資産税評価額はすぐに判明するが、路線価はすぐに判明しない。プライベート・バンカーがお客様の相続対策を立案するために路線価を簡便的に評価したい場合、相続税評価

額（路線価）≒固定資産税評価額×1.1倍（$\frac{8}{7}$）とすれば問題ないだろう。

［1］ 路線価による土地評価

　不動産の相続税評価について、土地は路線価方式又は倍率方式、建物は固定資産税評価額である。プライベートバンカーのお客様の相続では、遺産の土地が市街地にあること多いため、実務上、路線価による土地評価のみ覚えておくとよいだろう。

　土地等のうち宅地と借地権は、路線価方式又は倍率方式によって評価する。路線価方式は、その宅地が接する前面道路の路線価を基に評価する方式である。一方、倍率方式は、路線価が定められていない地域等で、その土地等の固定資産税評価額を基に国税局長が定める一定の倍率をかけて評価する方式である。

　路線価方式による評価は、**前面道路の路線価（正面路線価）**に**奥行価格補正**を行い、側面道路の状況により**側方加算**等を行い、さらに間口狭小・奥行長大・不整形地等の補正を行って求めたm²当たり単価に**地積**を掛けて算出する。更地等の自用地は、この計算結果がそのまま相続税評価額となる。

　路線価は、公示価格（実勢価格に最も近いと考えられる基準となる公定価格）の80％となるよう定められているため、宅地の相続税評価は自用地や更地の場合でも時価よりも低くなるのが一般的であるが、不動産の流動性が劣る地方や郊外では路線価による評価額を取引価格が下回るケースも珍しくなく、路線価方式による評価が有利とは現在必ずしも言えない。

(1) 間口距離の計算

　角切りがある場合、**角切り部分を含めて間口距離とする**。したがって、以下の図であれば、bではなくaが間口距離となるため注意が必要である。

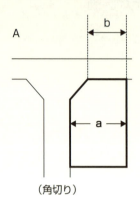

（角切り）

　以下の図では、間口距離はbではなく**a＋c**となるため、注意が必要である。

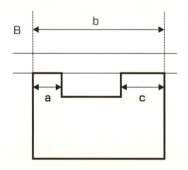

V 不動産の相続税評価 247

(2) 奥行価格補正率の算定

(奥行価格補正率表)

奥行距離(メートル) 地区区分	ビル街地区	高度商業地区	繁華街地区	普通商業・併用住宅地区	普通住宅地区	中小工場地区	大工場地区
4未満	0.80	0.90	0.90	0.90	0.90	0.85	0.85
4以上 6未満	0.80	0.92	0.92	0.92	0.92	0.90	0.90
6 〃 8 〃	0.84	0.94	0.95	0.95	0.95	0.93	0.93
8 〃 10 〃	0.88	0.96	0.97	0.97	0.97	0.95	0.95
10 〃 12 〃	0.90	0.98	0.99	0.99		0.96	0.96
12 〃 14 〃	0.91	0.99				0.97	0.97
14 〃 16 〃	0.92		1.00		1.00	0.98	0.98
16 〃 20 〃	0.93			1.00		0.99	0.99
20 〃 24 〃	0.94						
24 〃 28 〃	0.95				0.99		
28 〃 32 〃	0.96	1.00	0.98		0.98		
32 〃 36 〃	0.97		0.96	0.98	0.96		
36 〃 40 〃	0.98		0.94	0.96	0.94	1.00	
40 〃 44 〃	0.99		0.92	0.94	0.92		
44 〃 48 〃			0.90	0.92	0.91		
48 〃 52 〃		0.99	0.88	0.90	0.90		
52 〃 56 〃		0.98	0.87	0.88	0.88		
56 〃 60 〃		0.97	0.86	0.87	0.87		
60 〃 64 〃		0.96	0.85	0.86	0.86	0.99	1.00
64 〃 68 〃		0.95	0.84	0.85	0.85	0.98	
68 〃 72 〃	1.00	0.94	0.83	0.84	0.84	0.97	
72 〃 76 〃		0.93	0.82	0.83	0.83	0.96	
76 〃 80 〃		0.92	0.81	0.82			
80 〃 84 〃		0.90		0.81	0.82	0.93	
84 〃 88 〃		0.88					
88 〃 92 〃		0.86		0.80			
92 〃 96 〃	0.99	0.84			0.81	0.90	
96 〃 100 〃	0.97	0.82					
100 〃	0.95	0.80			0.80		

一方のみが路線に接する宅地の価額は、路線価に、その宅地の奥行距離に応じて「**奥行価格補正率表**」に定める**補正率**を乗じて求めた価額にその宅地の**地積**を乗じて計算した価額によって評価する。

この場合の奥行距離は、**平均的な奥行距離**を算出し、その距離に対応する奥行価格補正率により計算する。

これは側方路線及び裏面路線から奥行距離を求める場合も同様である。

【計算式】
(ア) 不整形地の地積÷不整形地の間口距離
(イ) 不整形地に係る想定整形地の奥行距離
(ウ) (ア)と(イ)のいずれか短い方

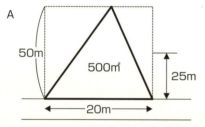

奥行距離の計算
A (ア) 500㎡÷20m＝25m
　 (イ) 50m
　 (ウ) (ア)＜(イ)　∴　25m

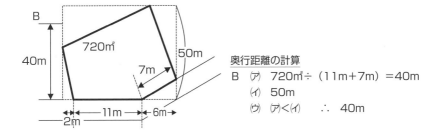

　B土地（屈折路に面している場合）の**間口距離**の算出方法については、注意が必要である。屈折路に面している不整形地の**間口距離**は、次の(a)又は(b)のいずれか**短い方**の距離により計算する。
(a)　その不整形地に係る想定整形地の間口に相当する距離
(b)　**屈折路に実際に面している距離**

　したがって、上図Bの場合の間口距離は、次の計算を行って算出する。
(a)　不整形地に係る想定整形地の間口に相当する距離
　　2m + 11m + 6m = 19m
(b)　**屈折路に実際に面している距離**
　　11m + 7m = 18m
よって、いずれか短い方であるから、18mが間口距離となる。

参考までに、次の図の間口距離を判定すれば、間口距離はa（なぜならば、b+c＞a）となる。

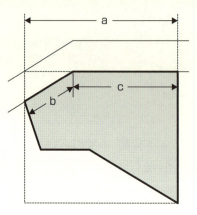

次の場合の間口距離はb+c（なぜならば、b+c＜a）となる。

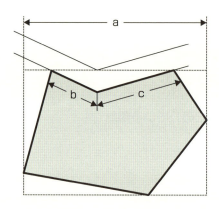

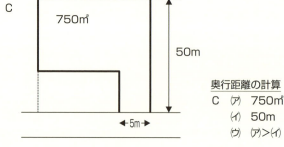

奥行距離の計算
C　(ア)　750㎡÷5m＝150m
　　(イ)　50m
　　(ウ)　(ア)＞(イ)　∴　50m

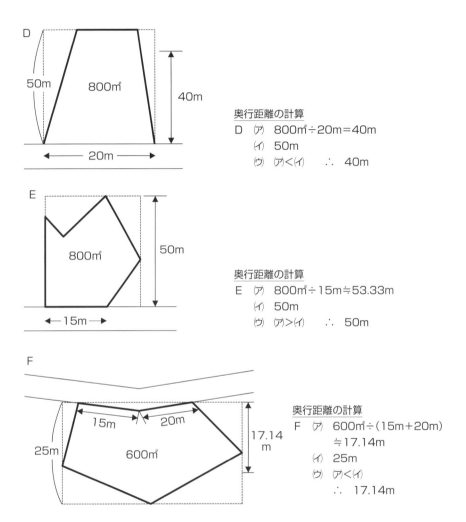

　なお、裏面路線からの奥行距離を求める場合、**裏面路線を正面路線とみなして想定整形地を作成する**。作成した想定整形地の奥行距離を限度として、当該不整形地の地積を裏面路線に面する間口距離で除して間口距離を計算する（正面路線を基に作成した想定整形地と裏面路線を正面路線とみなして作成した想定整形地とでは、**その形状は必ずしも一致しない**ことに留意すること）。

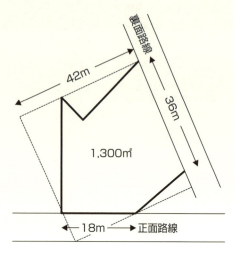

裏面路線からの奥行距離の計算
(イ) 想定整形地の奥行距離＝42m
(ロ) 不整形地の地積÷裏面路線に係る間口距離＝1,300㎡÷36m≒36.11m
(ハ) (イ)＞(ロ)　∴　36.11m

(3) 一方路線のみに面する宅地の評価

　一方路線のみに面する宅地の価額は、路線価にその宅地の奥行距離に応じて「**奥行価格補正率表**」に定める補正率を乗じて求めた価額（画地補正後の1㎡当たりの路線価）に、その宅地の**地積**を乗じて計算した価額によって評価する。

土地の評価額＝正面路線価×**奥行価格補正率**×地積

　以下の図のような場合、それぞれの路線に接する距離により**加重平均**して正面路線価を計算し、その正面路線価を基づいて奥行価格補正率等の画地補正率を乗じて計算する。

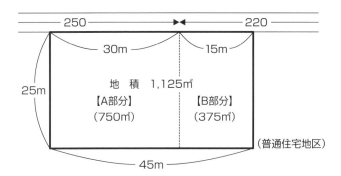

$$\frac{250,000円 \times 25m + 220,000円 \times 15m}{25m + 15m} = 238,750円$$

（奥行価格補正率）

238,750円 × 0.99 = 236,362.5円

236,362.5円 × 1,125㎡ = 265,907,812.5円

　宅地が2以上の地区にまたがる場合であっても、**1評価単位の土地に適用する画地補正率は必ず1つの地区区分によることが大原則である**。したがって、2つ以上の地区のうち、主としてその1画地の宅地の主な効用を果たしているいずれかの地区を判定し、その地区に係る画地補正率を全体に用いて評価する。以下の図のような場合には、「普通商業・併用住宅地区」の画地補正率を用いて評価することになる。

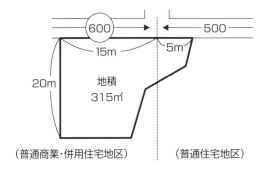

$$\frac{600{,}000円 \times 15m + 500{,}000円 \times 5m}{15m + 5m} \times 1.00 \,(注) \times 315㎡ = 181{,}125{,}000円$$

(注) イ　315㎡ ÷ (15m + 5m) = 15.75m
　　 ロ　想定整形地奥行距離　20m
　　 ハ　イ＜ロ　∴15.75mに対応する奥行価格補正率(普通商業・併用住宅地区)1.00

しかし、次の図のように地区の異なるそれぞれの地区の画地補正率を用いて**合理的に区分できる場合**(主としてその1画地の宅地の主な効用を果たしているいずれかの地区を判定することが難しい場合)には、区分計算を行うことも可能である。

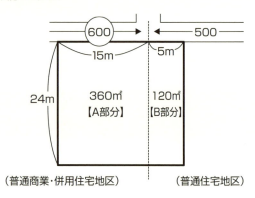

(A部分) 600,000円×1.00 (普通商業・併用住宅地区:24m) ×360㎡
　　　　　　　　　　　　　　　　　　　　　　　　　　　=216,000,000円
(B部分) 500,000円×0.99 (普通住宅地区:24m) ×120㎡　＝ 59,400,000円
(合計)　　　　　　　　　　　　　　　　　　　　　　　275,400,000円

ただし、B部分の計算において、間口狭小補正率及び奥行長大補正率を適用することはできない。

(4) 側方に路線を有する宅地の評価

側方路線影響加算率表

地 区 区 分	加　算　率	
	角地の場合	準角地の場合
ビ ル 街 地 区	0.07	0.03
高度商業地区、繁華街地区	0.10	0.05
普通商業・併用住宅地区	0.08	0.04
普通住宅地区、中小工場地区	0.03	0.02
大 工 場 地 区	0.02	0.01

　角地の価額は、次の①及び②に掲げる価額の合計額にその宅地の**地積**を乗じて計算した価額によって評価する。

> ① 正面路線（奥行価格補正率を適用して計算した1㎡当たりの価額の高い方の路線）の路線価に基づき計算した1㎡当たりの価額
> ② 側方路線の路線価を正面路線の路線価とみなし、その路線価に基づき計算した価額に「側方路線影響加算率」を乗じて計算した価額
> 　角地の価額＝①＋②

$$=$$

$$\left(\text{正面路線価}\times\dfrac{\text{奥行価格}}{\text{補 正 率}}+\text{側方路線価}\times\dfrac{\text{奥行価格}}{\text{補 正 率}}\times\dfrac{\text{側方路線影}}{\text{響加算率}}\right)\times\text{地積}$$

　正面路線の判定は、単純に路線価の大小で決まるものではないため注意を要する。例えば、以下の図のような場合に、各路線価に奥行価格補正率を乗じて計算した**調整後の金額**は次のとおりとなる。

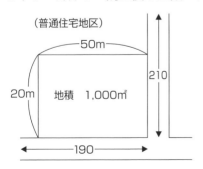

(210,000円×0.90＝189,000円)＜(190,000円×1.00＝190,000円)

　したがって、奥行価格補正率を乗じて計算した金額を比較した結果、路線価自体は210千円の路線価の方が高いが、この宅地を評価する場合の正面路線は190千円の路線となる(正面路線が**路線価の大小から逆転することがある**ため要注意)。

　屈折角度が鈍角である場合の側方路線影響加算の計算であるが、例えば、以下の図のような場合、一方路線のみに面する土地であるのか、側方路線を有する土地(準角地)であるのか、その判定が問題となる。この点について、財産評価基本通達には明確な判定基準はない。ただし、実務上は**概ね150°を超えるか否か**によって判定するケースが多い。

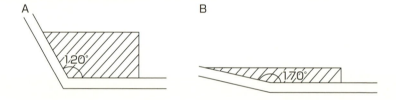

　したがって、実務上、Aは側方路線影響加算の計算を行い、Bは側方路線影響加算の計算は行わない(**一方路線に面する土地**として取り扱う)。

　側方路線に宅地の一部しか接していない場合、側方影響加算率は**按分計算**を行う。例えば、次の図の場合、側方路線の効用を受けているのは、側方路線に直接、接道している部分(20m)であると考えられるため、側方路線影響加算を**按分計算**して宅地の評価を行う(二方路線影響加算も同様に按分計算を行う)。

側方路線価（250千円）×奥行価格補正率×$\left(側方路線影響加算率×\dfrac{20m}{20m+12m}\right)$

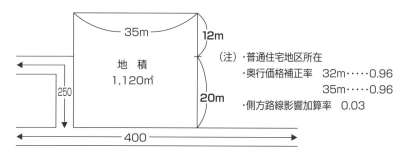

（注）・普通住宅地区所在
・奥行価格補正率　32m‥‥0.96
　　　　　　　　　35m‥‥0.96
・側方路線影響加算率　0.03

（奥行価格補正率）
(イ)　400,000円×0.96＝384,000円

　　　　　　　　　（側方路線影響加算率）
(ロ)　250,000円×0.96×0.03×$\dfrac{20m}{20m+12m}$＝4,500円

(ハ)　((イ)＋(ロ))×1,120㎡＝435,120,000円

評価対象地が側方路線に接する場合であっても、以下の図のように**現実に「角地としての効用を有しない場合には、側方影響路線影響加算率の代わりに「二方路線影響加算率」を適用する**。すなわち、以下の図のように、側方路線を有している場合であっても、かげ地の部分を実際に利用できない場合には側方路線影響加算を行うのは不適当である。そこで、側方路線影響加算率に代替して二方路線影響加算率を適用し、かつ、二方路線影響加算率について**間口距離に係る按分計算**を行う。これによって評価が下がることになる（側方路線影響加算率よりも二方路線影響加算率のほうの値が小さいから）。

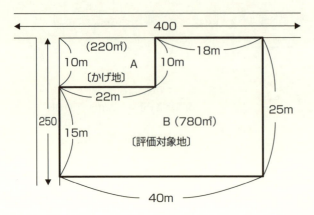

$$側方路線価(250千円) \times 奥行価格補正率 \times \left(二方路線影響加算率 \times \frac{15m}{15m+10m}\right)$$

　地区区分の異なる2つの路線に宅地が接している場合、その画地補正率（奥行価格補正率、側方路線影響加算率）についても注意が必要である。例えば、普通住宅地区と普通商業・併用住宅地区の**両方**に属している角地を考えてみよう。

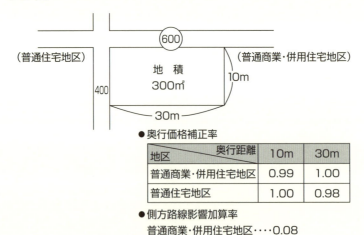

- 奥行価格補正率

地区 \ 奥行距離	10m	30m
普通商業・併用住宅地区	0.99	1.00
普通住宅地区	1.00	0.98

- 側方路線影響加算率
  普通商業・併用住宅地区‥‥0.08
  普通住宅地区‥‥0.03

この点、側方路線について普通住宅地区の画地補正率を誤って適用するケースがある。しかし、**1評価単位の土地に適用する画地補正率は必ず1つの地区区分によることが大原則である。**したがって、**正面路線の属する地区の画地補正率を使用**して全体の評価を行う。つまり、側方路線（400千円）について、この路線の属する普通住宅地区ではなく、**正面路線の属する普通商業・併用住宅地区**の奥行価格補正率及び側方路線影響加算率を使用しなければならない。

(イ) （正面路線価）　（奥行10mの場合の奥行価格補正率）
　　　600,000円 × 0.99 ＝ 594,000円

(ロ) （イ）＋ （側方路線価）400,000円 × （奥行30mの場合の奥行価格補正率）1.00 × （側方路線影響加算率）0.08 ＝ 626,000円

(ハ) （地積）（相続税評価額）
　　626,000円 × 300㎡ ＝ 187,800,000円

(5) 裏面に路線を有する宅地の評価方法

二方路線影響加算率表

地区区分	加算率
ビル街地区	0.03
高度商業地区、繁華街地区	0.07
普通商業・併用住宅地区	0.05
普通住宅地区、中小工場地区	0.02
大工場地区	0.02

ここでの注意点は、正面路線に接する部分と裏面路線に接する部分の取扱いの違いである。**正面路線に接する部分**が想定整形地の間口距離よりも短い場合、正面路線に係る按分計算は行わない。

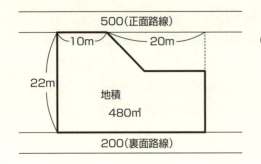

(注) ・普通住宅地区所在
・奥行価格補正率
  1.00(10m以上24m未満)
・二方路線影響加算率
  0.02

（正面路線価）　（奥行価格補正率（＊））

500,000円 ×　　1.00　　＝ 500,000円

（＊）奥行価格補正率
　① 480㎡（地積）÷10m $\left(\begin{array}{l}\text{正面路線に係}\\\text{る間口距離}\end{array}\right)$ ＝48m
　② 想定整形地の奥行距離　22m
　③ ①＞②　∴22m

これに対して、**裏面路線に接する部分**が想定整形地の間口距離よりも短い場合には、二方路線影響加算率に裏面路線に接する部分が想定整形地の間口距離に占める割合を乗じて按分計算を行う。

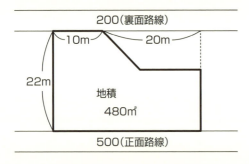

(注) ・普通住宅地区所在
・奥行価格補正率
  1.00(10m以上24m未満)
・二方路線影響加算率
  0.02

　　　（正面路線価）　（奥行価格補正率（＊））

(1)　500,000円 ×　　1.00　　＝ 500,000円

　　（＊）奥行価格補正率
　　　① 480㎡（地積）÷30m $\left(\begin{array}{l}\text{正面路線に係}\\\text{る間口距離}\end{array}\right)$ ＝16m
　　　② 想定整形地の奥行距離　22m
　　　③ ①＜②　∴16m

　　　　　　（裏面路線価）　（奥行価格補正率（＊））（側方路線影響加算率）
　(2)　200,000円　×　　1.00　　×　　0.02　　× $\dfrac{10\text{m}}{10\text{m}+20\text{m}}$ ≒ 1,333.33円

　　　（＊）奥行価格補正率
　　　　① 480㎡（地積）÷10m（裏面路線に係る間口距離）＝48m
　　　　② 想定整形地の奥行距離　22m
　　　　③ ①＞②　∴22m

　　　　　　　　　　　　　（不整形地補正率（＊））
　(3)　((1) ＋ (2))　×　　　0.92　　　≒ 461,226.66円

　　　（＊）不整形地補正率
　　　　・地区区分……A（普通住宅地区、地積500㎡未満）
　　　　・かげ地割合…… $\dfrac{660㎡ - 480㎡}{660㎡ （30\text{m} \times 22\text{m}）}$ ≒ 27.27％
　　　　・不整形地補正率……0.92

　　　　　　（地積）　　（評価額）
　(4)　(3) ×480㎡＝221,388,800円

［2］賃貸している土地の評価

　借地として貸している宅地は、他人の権利（借地権＝地上権・貸借権）付きである分、相続税評価は低くなる。このような宅地は、権利の付いていない所有者が自由に使える宅地（更地）としての評価額から**借地権**の評価額を差し引いて評価する。借地権の評価額は、その土地が自用地（更地）であるとした場合の評価額に「**借地権割合**」を乗じて計算する。この借地権割合は地域ごとに定められており、路線価図や評価倍率表で確認することができる。都心部の普通住宅地区では一般的に60～70％である。

　借地権者の権利が手厚く保護されていることから、不動産取引市場における貸宅地の売買価格は、相続税評価額よりも低くなるケースが多い。それゆえ、**貸宅地は相続が発生する前に処分しておいたほうがよい**といえる（財産評価が下がるため）。

　一方、自ら所有する建物を賃貸している宅地（**貸家建付地**＝貸家の建ってい

る宅地) も、**借家権**が発生する分、相続税評価が低くなる。貸家には**借家権**があり、敷地の処分や利用が制限されることから、敷地の評価額が引き下げられることになる。

> 貸家建付地の評価額＝自用地評価額×（1－借地権割合×借家権割合×賃貸割合）

　この借地権割合は、地域により異なり、都心部の普通住宅地区では一般的に60～70%であるが、「**借家権割合**」は全国一律**30%**である。
　なお、貸家が全て空いてしまった場合は、借家人がいなくなるため、自用地（更地）評価となる。また、**一部のみ空室**の場合は、実際に賃貸している部分の割合（**賃貸割合**＝各独立部分の**床面積**で計算）のみ評価引下げの対象とする。

[3] 小規模宅地等の評価減の特例

　小規模宅地等の評価減の特例とは、個人が相続により取得した財産のうち、その相続の開始直前に被相続人又は被相続人との同居や生計を同じくしていた**親族**（配偶者や6親等内の血族又は姻族）の事業や居住の用に供されていた宅地等のうち、一定の選択をしたもので、限度面積までの部分について、相続税の課税価格を軽減する制度である。

宅地区分	内容	適用面積	減額割合
居住用	自宅の敷地	330㎡	▲80%
個人事業用	個人商店、医院、工場などの敷地	400㎡	▲80%
同族会社事業用	同族関係者が株式の過半数をもつ同族会社の事業用敷地	400㎡	▲80%
不動産貸付用	アパート、駐車場など賃貸中の不動産	200㎡	▲50%

　例えば、被相続人が住んでいた400㎡の自宅敷地を相続して、**特定居住**

用宅地の適用を受けた場合、この宅地の相続税評価は、330㎡までの部分について80％評価減することができる。また、400㎡の賃貸マンションの敷地を**貸付事業用**として相続した場合は、この宅地の「貸家建付地」としての相続税評価額から、200㎡までの部分について50％評価減することができる。ただし、特定事業用宅地と特定居住用宅地は**完全併用**が可能であるものの、**貸付事業用宅地と併用する場合**には、以下のような按分計算によって適用面積の**制限を受ける**ことになる。

$$A \times \frac{200}{400} + B \times \frac{200}{330} + C \leq 200㎡$$

A：特定事業用等宅地等の面積
B：特定居住用宅地等の面積
C：貸付事業用宅地等の面積

(1) 特例適用の要件

① 個人が相続又は遺贈により取得した財産のうちに、当該相続の開始の直前において、当該相続若しくは遺贈に係る**被相続人**又は**当該被相続人と生計を一にしていた当該被相続人の親族**（「被相続人等」）の事業（不動産貸付けを含む）の用又は居住の用に供されていた宅地等（土地又は土地の上に存する権利）であること。
② 上記①の宅地等で一定の建物又は構築物の敷地の用に供されているもののうち、棚卸資産等に該当しないもので、**特定事業用宅地等、特定居住用宅地等、特定同族会社事業用宅地等及び貸付事業用宅地等**に限られること。
③ 当該相続又は遺贈により財産を取得した者に係るすべての特例対象宅地等のうち、当該個人が取得した特例対象宅地等又はその一部でこの特例の規定の適用を受けるものとして**選択したもの**であること。
④ 上記③の選択特例対象宅地等で、**限度面積要件**を充足するものであること。

(2) 特定居住用宅地等の要件

被相続人の**自宅敷地**について、小規模宅地等の評価減の特例を受けるためには、「特定居住用宅地等」の要件を満たす必要がある。特定居住用宅地等とは、相続開始の直前において被相続人等の**居住**の用に供されていた

宅地等で、次の図に掲げる要件に該当する被相続人の親族が相続又は遺贈によって取得したものをいう。なお、その宅地等が2以上ある場合には、**主としてその居住の用に供していた1つの宅地等だけ**しか適用することができない。

【適用要件の全体像】

区分	取得者	取得者の要件
被相続人の居住用の宅地	配偶者	要件なし（常にOK）
	同居していた親族	相続開始時から申告期限まで、家屋に継続居住し、かつ、宅地を継続所有していること
	同居していない親族	配偶者又は同居していた親族がいないこと 3年以内に自己又は配偶者の所有する家屋に居住したことがないこと 相続開始時から申告期限まで宅地を継続所有していること
被相続人と生計を一にしていた親族の居住用の宅地	配偶者	要件なし（常にOK）
	生計を一にしていた親族	相続開始の直前から申告期限まで家屋に継続居住し、かつ、宅地を継続所有していること

配偶者が相続する場合には**常に**特定居住用宅地等として認められる。しかし、子供らの親族が相続する場合、被相続人と**同居している**、又は**生計を一にしている**ことが求められる。同居していないときは、被相続人に配偶者や同居している親族がおらず、かつ、相続開始前3年以内に日本国内に自己又は配偶者が所有する家屋（相続開始の直前において被相続人の居住の用に供されていた家屋を除く）に居住したことがないこと（「**家なき子**」と呼ぶ）が求められる。つまり、親とは別居して自宅を所有し居住している子が親の自宅敷地を相続した場合は、適用要件を満たさないため、特例を適用す

ることができない。もし、自宅を所有している子が親の自宅敷地を相続し、特例の適用を受けようとするならば、予め自宅を他人に賃貸して自分は賃借物件に住むことが必要となる。

なお、被相続人の自宅敷地を**配偶者と子供が共有で相続した場合**、子供が相続した部分については特定居住用宅地等に該当せず、特例の適用を受けることはできない。

要件①⇒被相続人の**配偶者**が取得した場合

配偶者が取得するならば、特例適用のための要件はない。相続直後に売却してもよい。

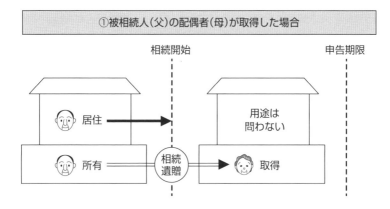

要件②⇒被相続人と**同居の親族**が取得する場合

✓ 当該親族が、相続開始の直前において当該宅地等の上に存する当該被相続人の居住の用に供されていた家屋に**居住（同居して、生活の本拠地を置くこと）**していた者であること。
✓ 相続開始時から申告期限まで当該宅地等を継続所有していること。
✓ 申告期限まで当該家屋に継続居住していること。

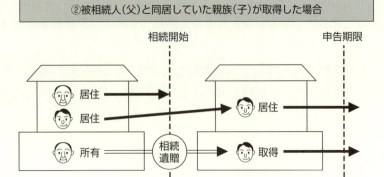

要件③⇒**配偶者及び同居親族がおらず、非同居親族**が取得した場合

✓ 当該被相続人の**配偶者**又は相続開始の直前において当該被相続人の居住の用に供されていた家屋に居住していた親族（**法定相続人である同居親族**）が**いない**こと。
✓ 相続開始前3年以内に**その者**又は**その者の配偶者**の所有する家屋（当該相続開始の直前において当該被相続人の居住の用に供されていた家屋を除く）に**居住したことがない**者であること。
✓ 相続開始時から申告期限まで当該宅地等を継続所有していること。

（注）**法定相続人である同居親族がいない**という意味であるが、例えば、被相続人に子供がいる場合には兄弟姉妹は法定相続人に入らないから、法定相続人ではない親族である兄弟姉妹が同居していても構わないということである。

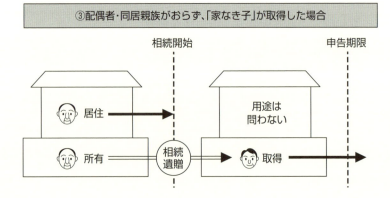

要件④⇒被相続人と生計を一にする親族の居住の用に供されていた場合

例えば、親が買ってあげた家に子供が住んでいるケースが該当する。配偶者が取得した場合には、特例の適用要件はない。子供が継続して居住してもよいし、すぐに売却しても構わない。

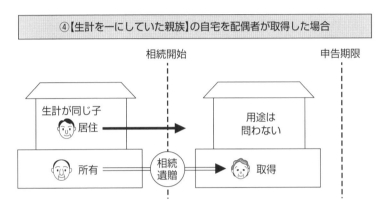

これに対して、生計が同じ子供が相続で土地を引き継いで、その子供が居住を継続しようとする場合、生計を一にしていた親族が取得することになるため、特例の適用要件がある。

✓ 被相続人からの相続又は遺贈により取得した親族が、当該被相続人と生計を一にしていた者であること。
✓ 相続開始時から申告期限まで当該宅地等を継続所有していること。
✓ **相続開始の前**から申告期限まで当該宅地等に継続居住していること。

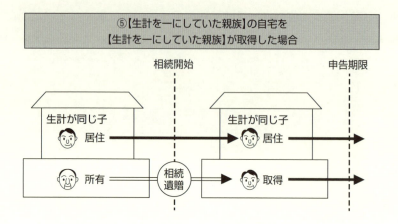

(3) 1棟の建物の敷地である宅地のうちに自宅とそれ以外がある場合

1棟の建物の敷地の用に供されていた宅地のうちに**特定居住用宅地等の要件に該当する部分**と**それ以外の部分**がある場合、それぞれの要件に該当する部分ごとに**按分**して減額割合を計算する。

例えば、以下の図のような例を考えてみよう。地積300㎡、自用地としての相続税評価額50,000千円、借地権割合60％、借家権割合30％とする。

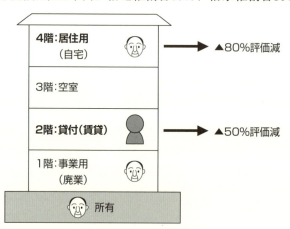

まず、借地権と借家権を考慮する。

（1階、3階、4階）$50{,}000千円 \times \dfrac{3}{4} = 37{,}500千円$

（2階）$50{,}000千円 \times \dfrac{1}{4} \times (1 - 60\% \times 30\%) = 10{,}250千円$

$37{,}500千円 + 10{,}250千円 = 47{,}750千円$

次に、居住用の4階部分に対して**特例**を適用する（330㎡まで）。

$50{,}000千円 \times \dfrac{1}{4} \times \blacktriangle 80\% = \blacktriangle 10{,}000千円$

さらに、貸付事業用の2階部分に対して**特例**を適用する（200㎡まで）。

$50{,}000千円 \times \dfrac{1}{4} \times \underline{(1 - 60\% \times 30\%)} \times \blacktriangle 50\% = \blacktriangle 5{,}125千円$

以上から、土地の評価額は、

$47{,}750千円 - 10{,}000千円 - 5{,}125千円 = 32{,}625千円$

となる。

（4） 特定事業用宅地等の要件

特定事業用宅地等とは、被相続人等の**事業**（不動産貸付業、駐車場業等を除く）の用に供されていた宅地等で、以下の要件のいずれかを満たす当該被相続人の親族が相続又は遺贈により取得したものをいう。

要件①⇒被相続人が事業を営んでいた場合

✓ 被相続人の親族が、相続開始時から申告期限までの間に当該宅地等の上で営まれていた被相続人の**事業**を承継すること。
✓ 上記事業を承継した親族が、相続開始時から申告期限まで当該宅地等を継続所有していること。
✓ 上記事業を承継した親族が、事業承継後、申告期限まで当該事業を継続していること。

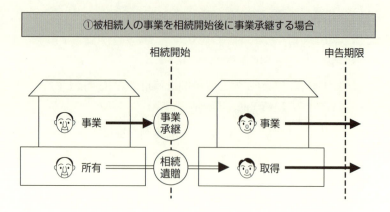

要件②⇒被相続人と**生計を一にする親族**が事業を営んでいた場合

- ✓ 被相続人からの相続又は遺贈により財産を取得した親族が、当該被相続人と生計を一にしていた者であること。
- ✓ 相続開始時から申告期限まで当該宅地等を継続所有していること。
- ✓ **相続開始の前**から申告期限まで当該宅地等を自己の事業の用に供していること。

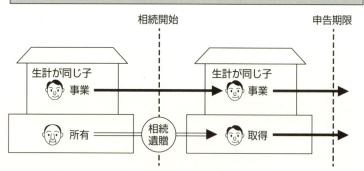

(5) 特定同族会社事業用宅地等の要件

相続開始の**直前**に被相続人及びその親族等が有する株式総数（又は出資総額）が発行済株式総数（又は出資総額）の**50%**を超えている法人の事業の用に供されていた宅地等で、当該宅地等を相続又は遺贈により取得した当該被相続人の親族（申告期限において当該**法人の役員に限る**）が相続開始時から申告期限まで継続して所有し、かつ、当該法人の**事業**の用に供されているものをいう。

ちなみに、特定同族会社へ賃貸していたとしても、例えば、宅地等を取得した親族が**役員**へ就任しなかったような場合は適用要件を満たさない。そのような場合は、「特定同族会社事業用宅地等」ではなく、後述する「貸付事業用宅地等」に該当することがあり、適用可能面積が狭くなる。

> ✓ 宅地等を取得した被相続人の親族が、**申告期限**において**法人の役員**であること。
> ✓ 宅地等を取得した親族が、相続開始時から申告期限まで当該宅地等を継続所有していること。
> ✓ 当該宅地等を申告期限まで法人の**事業**のために継続使用していること。

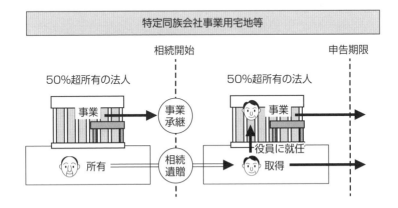

(6) 貸付事業用宅地等の要件

　貸付事業用宅地等とは、被相続人等の**貸付事業**（不動産貸付業等に限定）の用に供されていた宅地等で、次の要件のいずれかを満たす当該被相続人の親族が相続又は遺贈により取得したものをいう。例えば、自己の所有する建物を賃貸している土地（**貸家の敷地**）、土地そのものを他人に賃貸している土地（**貸宅地**）のことである。ちなみに、特定同族会社へ賃貸している場合、既述の「特定同族会社事業用宅地等」に該当して、適用可能面積が広くなる場合がある。

要件①⇒被相続人の貸付事業を相続開始後に承継する場合

- ✓ 被相続人の親族が、相続開始時から申告期限までの間に当該宅地等に係る被相続人の貸付事業を承継すること。
- ✓ 貸付事業を承継した親族が、相続開始時から申告期限まで当該宅地等を継続所有していること。
- ✓ 貸付事業を承継した親族が、承継後、申告期限まで当該宅地等を貸付事業の用に供していること。

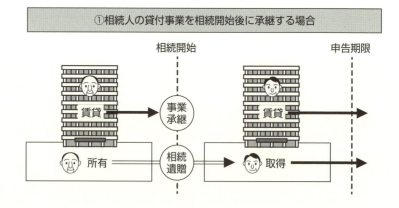

要件②⇒被相続人と**生計を一にする親族**の貸付事業であった場合

> ✓ 被相続人から宅地等を取得した親族が、当該被相続人と生計を一にしていた者であること。
>
> ✓ 相続開始時から申告期限まで当該宅地等を継続所有していること。
>
> ✓ 相続開始の<u>前</u>から申告期限まで当該宅地等を自己の貸付事業のために継続使用していること。

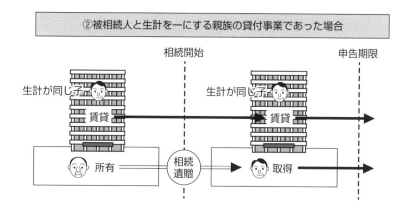

（7） 居住用宅地等が2つ以上ある場合

　被相続人の居住用宅地等が2つ以上ある場合は、主として居住用に供していた**1つの宅地等のみ**が適用対象となる。「主として」は、客観的な事実認定の問題であり、路線価が高くて適用に有利だからといって恣意的に選択することはできない。

　被相続人と生計を一にしていた親族の居住用の宅地等が2つ以上ある場合は、当該親族が主として居住用に供していた**1つの宅地等のみ**が適用対象となる。当該親族が2人以上ある場合には、**当該親族ごとに**それぞれ主として居住用に供していた**1つの宅地等のみ**が適用対象となる。したがって、当該親族が2人の場合であれば、適用対象の宅地等は2つとなる。

被相続人及び被相続人と生計を一にしていた親族の居住用の宅地等が2つ以上ある場合、被相続人と当該親族の主として居住用に使っていた宅地等が同じであれば、その**1つの宅地等のみ**が適用対象となる。しかし、被相続人と当該親族の主として居住用に使っていた宅地等が異なるものであれば、**それぞれ**主として居住用に供していた**1つの宅地等のみ**が適用対象となる。したがって、被相続人と当該親族1人（合計2人）の場合であれば、適用対象の宅地等は2つとなる。

	被相続人の居住用の宅地等	被相続人と生計を一にしていた親族（長男）の居住用の宅地等	被相続人と生計を一にしていた親族（次男）の居住用の宅地等	「特定居住用宅地等」の適用対象となる宅地等
①	甲宅地／乙宅地	なし	なし	✓ 甲宅地又は乙宅地のうち主たる居住用の**1つのみ**
②	甲宅地／乙宅地	A宅地	なし	✓ 甲宅地又は乙宅地のうち主たる居住用の**1つのみ** ✓ A宅地
③	甲宅地／乙宅地	A宅地	①宅地	✓ 甲宅地又は乙宅地のうち主たる居住用の**1つのみ** ✓ A宅地 ✓ ①宅地

	被相続人の居住用の宅地等	被相続人と生計を一にしていた親族（長男）の居住用の宅地等	被相続人と生計を一にしていた親族（次男）の居住用の宅地等	「特定居住用宅地等」の適用対象となる宅地等
④	なし	A宅地／B宅地	なし	✓ A宅地又はB宅地のうち主たる居住用の1つのみ
⑤	甲宅地	A宅地／B宅地	なし	✓ 甲宅地 ✓ A宅地又はB宅地のうち主たる居住用の1つのみ
⑥	甲宅地	A宅地／B宅地	①宅地	✓ 甲宅地 ✓ A宅地又はB宅地のうち主たる居住用の1つのみ ✓ ①宅地
⑦	なし	A宅地／B宅地	①宅地／②宅地	✓ A宅地又はB宅地のうち主たる居住用の1つのみ ✓ ①宅地又は②宅地のうち主たる居住用の1つのみ
⑧	甲宅地	A宅地／B宅地	①宅地／②宅地	✓ 甲宅地 ✓ A宅地又はB宅地のうち主たる居住用の1つのみ ✓ ①宅地又は②宅地のうち主たる居住用の1つのみ

	被相続人の居住用の宅地等	被相続人と生計を一にしていた親族（長男）の居住用の宅地等	被相続人と生計を一にしていた親族（次男）の居住用の宅地等	「特定居住用宅地等」の適用対象となる宅地等
⑨	長男/父親 甲宅地／乙宅地	長男/父親 甲宅地／A宅地	なし	✓ 甲宅地（一致しているから）
⑩	甲宅地／乙宅地	A宅地／B宅地	なし	✓ 甲宅地又は乙宅地のうち主たる居住用の1つのみ ✓ A宅地又はB宅地のうち主たる居住用の1つのみ
⑪	長男/父親 甲宅地／乙宅地	長男/父親 甲宅地／B宅地	①宅地／②宅地	✓ 甲宅地（一致しているから） ✓ ①宅地又は②宅地のうち主たる居住用の1つのみ
⑫	甲宅地／乙宅地	A宅地／B宅地	①宅地／②宅地	✓ 甲宅地又は乙宅地のうち主たる居住用の1つのみ ✓ A宅地又はB宅地のうち主たる居住用の1つのみ ✓ ①宅地又は②宅地のうち主たる居住用の1つのみ

【コラム】ファミリー・オフィスとは？

　ファミリー・オフィスとは、事業に成功した超・富裕層が、自らの親族のために雇う専門家チームのことである。そのチームは、弁護士、税理士、投資顧問業者などから構成され、ファミリーのニーズに基づいて、財産の保全と運用、親族が必要とするありとあらゆるサービス（例えば、学校教育、美術品・骨董品の購入、結婚相手の紹介、相続・事業承継の助言など）を提供する。

　ファミリー・オフィスは、シングル・ファミリー・オフィスとマルチ・ファミリー・オフィスに大別される。シングル・ファミリー・オフィスは、ある特定のファミリーだけにサービスを提供するものであるのに対して、マルチ・ファミリー・オフィスは複数のファミリーを顧客とするものである。一般的に、財産規模が最低20億円程度なければシングル・ファミリー・オフィスを運営するのは難しいといわれ、20億円に満たない場合には複数のファミリーをまとめたマルチ・ファミリー・オフィスが活用される。米国では、マルチ・ファミリー・オフィスが4,000社以上あるといわれるが、日本にはファミリー・オフィス自体がほとんど存在していない。

　日本の場合、ファミリーが公益財団法人を設立し、相続税負担を軽減させるために財産を移転しているケースが散見される。公益財団法人で財産管理を行っている場合、公益財団法人がファミリー・オフィスと同様の機能を果たしていると言えよう。

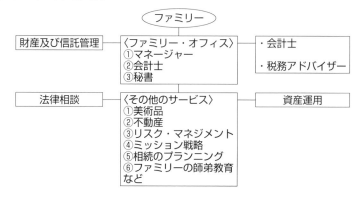

例題3-5　以下の各記述を読み、正しいか誤っているかを判定しなさい。

【問題】

1. 宅地の正面路線に係る奥行距離は、(ア) 不整形地の地積÷不整形地の間口距離、(イ)想定整形地の奥行距離のいずれか短い方を使う。しかし、側方路線と裏面路線に係る奥行き距離は、(ア) 不整形地の地積÷不整形地の間口距離によるものとされる。

2. 奥行価格補正率表では、地区区分が異なっていても奥行距離が同じであれば、それらの補正率は同じである。

3. 側方路線に面する宅地では、路線価の高い路線に面している方を正面路線として計算を行う。

4. 側方路線に宅地の一部しか接していない場合、宅地の側方全部の長さに対する側方路線に直接接している部分の割合によって側方路線影響加算率の按分計算を行う。

【解答3-5】

1. 誤り。宅地の価額は、路線価に奥行価格補正率を乗じて求めた価額に、その宅地の地積を乗じて計算した価額によって評価する。宅地の正面路線に係る奥行距離は、（ア）不整形地の地積÷不整形地の間口距離、（イ）想定整形地の奥行距離の**いずれか短い方**を使い、これは**側方路線**と**裏面路線**においても**同様である**。

2. 誤り。奥行価格補正率は、奥行距離によって異なる数値となる。奥行価格補正率表は、地区区分と奥行距離の２つの側面から異なる補正率が定められており、**地区区分が異なれば**、奥行距離が同じであっても、補正率は異なることとなる。

3. 誤り。正面路線は、**奥行価格補正率を適用して計算した１㎡当たりの価額**の**高い方**の路線をいう。単純に路線価で選ぶわけではない。奥行価格補正率を乗じた結果、路線価の大小と補正率を適用した１㎡価額の大小が**逆転するケース**がある。

4. 正しい。側方路線に宅地の一部しか接していない場合、**側方影響加算率**は**按分計算**を行う。これは、側方路線の効用を受けているのは、側方路線に直接、接道している部分だけであると考えられるためである。よって、接している部分と接していない部分を分母に、接している部分を分子にとって割合を計算し、**側方路線影響加算**の**按分計算**を行う。これは、**二方路線影響加算**においても**同様である**。

5．貸家建付地は、その賃貸割合が低くなるについて利用価値が低下しているといるものと評価されるため、相続税評価額は低くなる。

6．小規模宅地等の評価減の特例の適用対象となる土地は、個人が相続により取得した財産のうち、その相続の開始直前に被相続人又は被相続人と同居していた親族の事業や居住の用に供されていた宅地等のうち、一定の選択をしたものである。したがって、被相続人と別居している親族が居住している宅地は、生計が同じであっても適用することはできない。

7．特定居住用宅地の適用面積330㎡は、特定事業用宅地の適用面積400㎡、事業用宅地の適用面積200㎡のいずれとも完全に併用することができる。

8．小規模宅地等の評価減の特例の適用において、特定居住用宅地等の要件を満たす宅地が2つ以上ある場合、2つの宅地の面積が330㎡以内であれば、2つの宅地に特例を適用することができる。

5. 誤り。貸家建付地の評価額は、自用地評価額×（1－借地権割合×借家権割合×賃貸割合）と計算されるため、賃貸割合が低くなれば相続税評価額は高くなり、貸家がすべて空いてしまった場合（賃貸割合ゼロ）には自用地評価となる。

6. 誤り。生計を一にする親族が居住している宅地についても小規模宅地等の評価減の特例を適用することができる。

7. 誤り。特定事業用宅地と特定居住用宅地は**完全併用**が可能であるものの、貸付事業用宅地と併用する場合には、以下のような按分計算によって適用面積の**制限**を受けることになる。

    $$A \times \frac{200}{400} + B \times \frac{200}{330} + C \leqq 200㎡$$

    A：特定事業用等宅地等の面積
    B：特定居住用宅地等の面積
    C：貸付事業用宅地等の面積

8. 誤り。**特定居住用宅地**に該当する宅地が2以上ある場合には、主としてその居住の用に供していた**1つの宅地等**だけしか特例を適用することができない。

9. 小規模宅地等の評価減の特例の適用において、被相続人と同居していた親族が宅地を取得した場合、相続税申告期限までその宅地に住んでいたのであれば、その後住居を移転したとしても特例を適用することができる。

10. 小規模宅地等の評価減の特例の適用において、被相続人の配偶者がいた場合であっても、自宅を所有していない親族（いわゆる「家なき子」）が被相続人の宅地を相続し、その宅地に特定居住用宅地等の評価減の特例することができる。

11. 小規模宅地等の評価減の特例の適用において、自宅を所有していない法定相続人（いわゆる「家なき子」）が被相続人の宅地を相続した場合、その者の配偶者が3年前に自宅を所有していた場合であっても、本人が所有していたのではないから、相続した宅地に特定居住用宅地等の評価減の特例することができる。

12. 生計を一にしていた親族が、被相続人の所有する宅地に居住していた場合、その本人が宅地を取得した場合に限り、小規模宅地等の評価減の特例を適用することができる。

9. 正しい。同居する親族に係る要件は、①同居する親族が、相続開始の直前において当該宅地等の上に存する当該被相続人の居住の用に供されていた家屋に居住していた者であること、②相続開始時から申告期限まで当該宅地等を継続所有していること、③申告期限まで当該家屋に継続居住していることである。したがって、申告期限を過ぎたのであれば、家屋に居住しなくなっても構わない。

10. 誤り。自宅を所有していない親族（いわゆる「家なき子」）が被相続人の宅地を相続し、その宅地に特定居住用宅地等の評価減の特例することが可能となるのは、被相続人の配偶者及び同居する親族がいない場合に限られる。

11. 誤り。自宅を所有していない親族（いわゆる「家なき子」）が、小規模宅地等の評価減の特例を適用できるのは、相続開始前「3年以内」に、その者又は「その者の配偶者」の所有する家屋に居住したことがない者であることが要件となっている。したがって、**配偶者が3年以内に自宅を所有していた場合**は特例を適用することができない。

12. 誤り。被相続人又は被相続人と生計を一にしていた親族が居住していた宅地を**配偶者**が取得する場合に、特例適用要件はない。したがって、居住していた親族が居住を継続する必要はない。さらに、所有も継続する必要もないから、相続開始直後に売却してもよい。

13. 生計を一にしていた親族が、被相続人の所有する宅地に居住していたが、相続開始と同時に住居を移転したため、その親族ではなく、別居していた配偶者が宅地を取得した。この場合、小規模宅地等の評価減の特例を適用することができない。

13. 正しい。生計を一にする親族が居住の用に供していた宅地を配偶者が取得する場合、常に小規模宅地等の評価減の特例を適用することができる。住居の用途は問われない。

第4章

税金

I ■ プライベートバンカーと税金

　プライベートバンカーのお客様は税金に関して敏感である。販売する金融商品に関する税務はもちろん、個人の所得税や相続税・贈与税、法人税や消費税について基本的知識を持っていなければ、お客様の相談や質問に対応することができない。

　利回りの高い金融商品を販売したところで、せいぜい年率一桁パーセントの利益しかお客様は享受することができない。これに対して、相続税の最高税率は55％である。お客様が保有する財産は、投資・資産運用によって僅かしか増えないが、納税によって大きく減ってしまう。お客様が所有する財産価値を最大化させるためには、増やすことと同時に**減らさないこと**をアドバイスすることは不可欠であろう。

　もちろん、プライベートバンカーが、税理士業法に抵触するような税務アドバイスはできないため、自ら提携する税理士やお客様の顧問税理士と連携して税務アドバイスを提供できる体制を作っておく必要がある。

Ⅱ ■ 所得税

［1］ 所得の種類と計算

　個人の納税義務者は以下のとおりに分類される。

種類		課税所得の範囲
居住者 （国内に住所を有し、又は、引き続いて1年以上居所を有する個人）	非永住者以外	すべての所得（日本国内及び国外で生じた全ての所得）
	非永住者（日本国籍を有しておらず、かつ過去10年以内に日本に住所又は居所を有していた期間が5年以下の個人）	国内源泉所得及び国外源泉所得のうち、国内で支払われ又は国外から送金されたもの
非居住者 （居住者以外の個人）		国内源泉所得

　個人の所得は、次の10種類に区分して所得税を計算する。

種類	内容		計算方法
①利子所得	預貯金・国債などの利子の所得		収入金額＝所得金額
②配当所得	株式や出資の配当などの所得		収入金額－株式などを取得するための借入金の利子
③不動産所得	土地や建物を貸している場合の所得		総収入金額－必要経費
④事業所得	商工業・農業などの事業をしている場合の所得		総収入金額－必要経費
⑤給与所得	給料・賃金・賞与などの所得		収入金額－給与所得控除額
⑥退職所得	退職金・一時恩給などの所得		（収入金額－退職所得控除額）× $\frac{1}{2}$
⑦山林所得	山林の立木を売った場合の所得		総収入金額－必要経費－特別控除額（※1）
⑧譲渡所得 総合課税	ゴルフ会員権などを売った場合	所有期間5年以下	総収入金額－取得費－譲渡費用－特別控除額（※1）
⑧譲渡所得 総合課税	ゴルフ会員権などを売った場合	所有期間5年超	（総収入金額－取得費－譲渡費用－特別控除額（※1））× $\frac{1}{2}$
⑧譲渡所得 分離課税	土地や建物などを売った場合	所有期間5年以下	総収入金額－取得費－譲渡費用－特別控除額（※2）
⑧譲渡所得 分離課税	土地や建物などを売った場合	所有期間5年超	総収入金額－取得費－譲渡費用－特別控除額（※2）
⑧譲渡所得 分離課税	株式などを売った場合	申告分離課税	総収入金額－（取得費＋譲渡費用）
⑨一時所得	生命保険の満期一時金・立退料など一時的な所得		（総収入金額－収入を得るために支出した費用－特別控除額（※1））× $\frac{1}{2}$
⑩雑所得	公的年金等・生命保険契約等に基づく年金など①～⑨以外の所得		総収入金額－必要経費又は公的年金等控除額

※1：特別控除額は50万円が限度です。
※2：収用等、居住用財産の譲渡等の特別控除があります。

所得税は、その年の1月1日から12月31日までの1年間に生じた所得の金額について計算する。その際の所得税の計算方法の全体像は以下のとおりである。

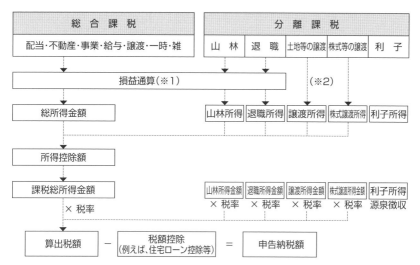

※1：不動産所得・事業所得・山林所得・譲渡所得の損失は、他の所得から控除（損益通算）できる。ただし、不動産所得の一部の損失とゴルフ会員権等の譲渡損失については、損益通算できない。
※2：土地等の譲渡については、損益通算できない。ただし、一定の居住用財産の譲渡損失については、損益通算できる。

所得税の税率は、分離課税に対するものを除くと、5％から45％の7段階に区分されている。課税される総所得金額（千円未満の端数金額を切捨て）に対する所得税の金額は、次の速算表を使用すると簡単に求めることができる。

課税される所得金額	税率	控除額
195万円以下	5％	0円
195万円を超え　330万円以下	10％	97,500円
330万円を超え　695万円以下	20％	427,500円
695万円を超え　900万円以下	23％	636,000円
900万円を超え　1,800万円以下	33％	1,536,000円
1,800万円を超え　4,000万円以下	40％	2,796,000円
4,000万円超	45％	4,796,000円

例えば「課税される所得金額」が700万円の場合には、所得税額は次のように計算される。

700万円×23％－63万6千円＝97万4千円

なお、平成25年から平成49年までの各年分の確定申告においては、所得税に復興特別所得税（基準所得税額の2.1％）を併せて申告・納付しなければならない。

[2] 各種所得の計算方法

(1) 利子所得

　預貯金や公社債の利子、貸付信託や公社債投資信託の収益の分配金などは、税率20.315％（所得税15.315％、住民税5％）の**源泉徴収**で納税は完了する。

　ただし、外国で支払いを受ける外国銀行の預金利子や外国公社債の利子については、日本において源泉徴収はされないため、総合課税となる。ただし、外国所得税が課されている場合には、**外国税額控除**の適用がある。

　なお、会社オーナーが自社に対する貸付金に対して受け取った利子は事業所得又は雑所得となる。

(2) 配当所得

　配当所得とは、法人から受ける剰余金の配当、利益の配当、剰余金の分配、公社債投資信託以外の投資信託の収益分配金などをいう。配当所得は、収入金額から負債利子を差し引いて計算され、原則として**総合課税**であるが、申告分離課税又は申告不要を選択することもできる。ただし、配当等を支払う法人等において所得税及び所得税の**源泉徴収**義務があるため、その分だけは先行して課税されることとなる。

　発行済株式総数3％以上の大口株主が所有する上場株式及び非上場株式の配当は、少額配当等（1銘柄につき1回の配当金額が、10万円に配当計算期間

の月数を乗じてこれを12で除して計算した金額以下のもの）を除いて、一律20.42％の所得税が**源泉徴収**され、確定申告において**総合課税**となる。

　上場株式等については、**総合課税**（配当控除あり）と**分離課税**（配当控除なし）を選択して申告する。ただし、大口株主**以外**の人が受ける配当等について**源泉徴収ありの特定口座の場合は、申告しないこともできる**。

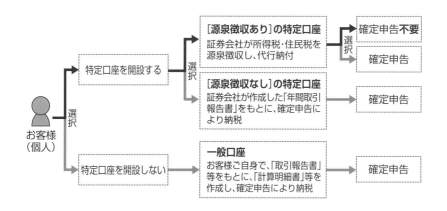

　申告分離課税の税率は、20.315％（所得税15.315％（復興特別所得税含む）、住民税5％）である。以前は、上場株式等の譲渡所得等及び配当所得に係る10％軽減税率の特例措置や上場株式等の配当等に係る源泉徴収税率の10％軽減税率の特例措置があったが、平成25年12月31日をもって廃止され、平成26年1月1日以後は、本則税率の20.315％が適用されている。

　申告分離課税を選択した場合、配当所得は、上場株式等の譲渡損失との損益通算ができる。また、源泉徴収口座内での損益通算も可能である。

　平成26年には、非課税口座内の少額上場株式等に係る配当所得及び譲渡所得の非課税措置（NISA）が導入された。これは、20歳以上（口座開設の年の1月1日現在）の居住者等を対象として、平成26年から平成35年までの間に、**年間100万円**を上限として非課税口座で取得した上場株式等の配当等やその上場株式等を売却したことにより生じた譲渡益が、非課税管理勘

定が設けられた日の属する年の1月1日から最長5年間非課税（非課税期間）となる制度である。この非課税措置を受けるためには、金融商品取引業者等に非課税口座を開設し、非課税管理勘定を設定しなければならない。

非課税対象	非課税口座内の少額上場株式等の配当等、譲渡益
開設者（対象者）	口座開設の年の1月1日において満20歳以上の居住者等
口座開設可能期間	平成26年1月1日から平成35年12月31日までの10年間
非課税管理勘定設定数	各年分ごとに1非課税管理勘定のみ設定可（勘定設定期間ごとに1金融商品取引業者等に限る。ただし、勘定設定期間が異なれば、同一の金融商品取引業者等である必要はない）
非課税投資額	1非課税管理勘定における投資額（①新規投資額及び②継続適用する上場株式等の移管された日における終値に相当する金額の合計額）は100万円を上限 ※：未使用枠は翌年以後繰越不可
保有期間	最長5年間、途中売却可（ただし、売却部分の枠は再利用不可）
非課税投資総額	最大500万円（100万円×5年間）

　上場株式等以外（非上場株式等）の配当所得については、原則として、**総合課税**（配当控除あり）による申告が必要である。ただし、配当等の金額が少額な場合は、申告しないで、源泉徴収20.42%（所得税）だけで済ませることもできる（住民税の申告は必要）。

(3) 不動産所得

　不動産所得とは、地代、家賃など土地や建物の貸付等による所得をいう。不動産所得の金額は、その年の収入金額から固定資産税や減価償却費等の必要経費を控除した金額である。

　不動産所得は、**青色申告**の承認を受けることにより**10万円**の特別控除

を受けることができる。さらに、事業的規模など一定の条件を満たしている場合には、**65万円**の特別控除を受けることができる。

　不動産貸付から生じる所得が不動産所得か事業所得かの区別は、その不動産貸付が**事業的規模**をもって行われているかどうかによって判断される。すなわち、以下のような建物の貸付については、いずれかの要件に該当すれば事業所得として取り扱われることとなる。すなわち、貸間、アパート等については、貸与することのできる独立した室数が概ね**10室以上**であること、又は、独立家屋の貸付については、概ね**5棟以上**という要件である。

　なお、不動産所得が赤字の場合、その赤字の金額のうち土地等を購入するための借入金利息に相当する部分については損益通算できない。

【参考】不動産賃貸業を事業的規模で行う場合のメリットとデメリット

　所有する収益不動産の数が増えて、不動産経営の規模が大きくなると、様々な特典を受けることができる。この特典を受けることのできる不動産経営の規模の「**事業的規模**」という。

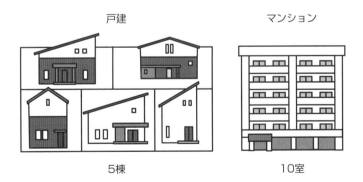

5棟10室基準

戸建　　　マンション

5棟　　　10室

　メリットは、第1に**65万円の青色申告特別控除**が利用できることである。すなわち、家賃収入から経費を差し引いた不動産所得から、さらに65万円を差し引くことができる。これによって、所得の圧縮ができ、税負担の軽減につながる。

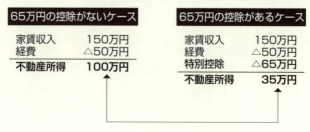

　第2に、勤務実態のある妻や子供（15歳以上）に給料を支払うことができることである。事業的規模になると、妻や子供に対して家賃収入から給料を支払うことができ、給料全額を経費とすることができる（**青色事業専従者給与の経費算入**）。ただし、生活費は同じ家計から出ていることが必要であるため、子供が独立して別の収入を得ている場合は対象とはならない。この結果、対象となった妻や子供は、配偶者控除や扶養控除の対象から外れるため注意が必要である。
　第3に、回収できなかった家賃も経費計上できることである。滞納が何カ月も続いて家賃が回収できなかった場合、事業的規模であれば、その年の経費として計上して、所得から差し引くことができる。
　第4に、火災や地震で発生した損失は全額を経費計上できることである。すなわち、火災や地震で建物に被害が発生した場合、その全額を経費として計上することができる。事業的規模の場合、損失がその年の不動産所得から差し引けない場合には、他の所得の黒字から差し引くことができ、それでも引き切れない金額は翌年以後3年間にわたって損失を繰り越すことができる。

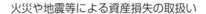

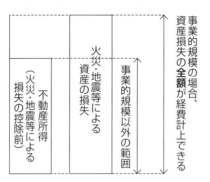

　事業的規模のデメリットとしては、**事業税**が課されることである。すなわち、青色申告特別控除額（65万円の控除）を差し引く前の所得から、290万円を差し引いた残額の**5％**が各都道府県の事業税として課税される。

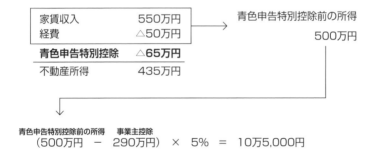

【参考】投資目的で中古マンションを購入したときの減価償却費

　中古物件を購入した場合の耐用年数（及び償却率）は、次の算式による**見積耐用年数**によって減価償却計算を行う。
　① 法定耐用年数の全部を経過したもの
　　法定耐用年数×**20％**＝残存耐用年数

② 法定耐用年数の一部を経過したもの
　　法定耐用年数－（**経過年数×0.8**）＝残存耐用年数

　ここでの経過年数は端数を切り上げ、残存耐用年数は端数を切り捨てる。また、その計算した年数が2年に満たない場合には**2年**とする。

　償却率については、減価償却資産の償却方法ごとに耐用年数に応じた償却率が定められている。

　例えば、購入したマンションの**建物部分**が鉄筋コンクリート造の住宅用建物であれば、法定耐用年数は**47年**になる。経過年数が10年であるとすれば、中古物件の残存耐用年数は、47年－（10年×0.8）＝39年となる。平成10年以降は、建物についての減価償却方法については**定額法のみ**の適用となった。したがって、減価償却計算は、**定額法**により耐用年数39年（償却率0.026）で行う。

　次に、**建物附属設備部分**については、新築時の耐用年数を15年とすると、15年－（10年×0.8）＝7年となる。

　償却方法は、定率法と定額法の選択適用が可能であり、定率法の償却率は、0.357、定額法の償却率は、0.143となる。

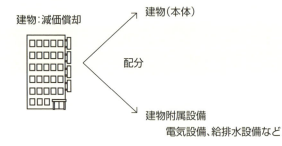

	定額法	定率法
建物本体	○	×
建物附属設備	○	※○

※：建物附属設備の**定率法**で計算する場合、確定申告書と一緒に**届出書の提出**が必要

(4) 事業所得

　商工業・農業などの自営業から生ずる1年間の売上（総収入金額）から、仕入・支払家賃・給与等の必要経費を差し引いた金額が事業所得の金額となる。事業所得は、会計帳簿を備え付けることを条件に**青色申告の承認**を受けると、税務上多くの特典を受けることができる。

　青色申告の特典として、取引を正規の簿記の原則に従って記録し、それに基づいて作成した貸借対照表と損益計算書を確定申告書に添付して申告期限内に提出している場合には**65万円**、それ以外の場合には10万円を所得金額から控除することができる。

　また、事業に専ら従事している親族に支払った**青色事業専従者給与**は、届出をすることにより必要経費とすることができる。

(参考) 青色事業専従者給与の要件

　事業所得、事業的規模の不動産所得を受け取る青色申告者が、青色事業専従者に対して支払った給与は必要経費に算入することだできる。その際の要件は次のとおりである。
① 「青色事業専従者給与に関する届出書」を提出すること
② 届出書に記載された金額の範囲内で支払われた給与で、その金額が労務の対価として相当と認められること
③ 青色事業専従者が、事業者と**同一生計の親族**で、その年の12月31日において年齢が**15歳以上**の者で、その事業に**専ら従事する者**（その年の6カ月超従事すること）である。

　さらに、**純損失**が生じたときは、その損失額を翌年以後**3年間**にわたり繰り越すことができる。

(5) 給与所得

　サラリーマンが1年間にもらった給料や賞与などの収入金額から**給与所得控除額**を差し引いた残りの金額が、給与所得の金額となる。

給与所得の計算における**給与所得控除額**は、サラリーマンの必要経費に相当するもので、次の計算にしたがって算出される。

給与の収入金額		給与所得控除額
	180万円以下	収入金額×40% （65万円に満たない場合には65万円）
180万円超	360万円以下	収入金額×30%＋ 18万円
360万円超	660万円以下	収入金額×20%＋ 54万円
660万円超	1,000万円以下	収入金額×10%＋120万円
1,000万円超	1,500万円以下	収入金額× 5%＋170万円
1,500万円超		245万円

ただし、給与所得控除額の2分の1を超える**特定支出**があった場合、所得控除を受けることができる。これは、通常、特定支出控除として、確定申告をすることによって所得税の還付を受けることとなる。**特定支出**とは、給与所得者が支出する次に掲げる支出のうち一定のものをいう。

① 一般の通勤者として通常必要であると認められる通勤のための支出
② 転勤に伴う転居のために通常必要であると認められる支出
③ 職務に直接必要な技術や知識を得ることを目的として研修を受けるための支出
④ 職務に直接必要な資格を取得するための支出
⑤ 単身赴任などの場合で、その者の勤務地又は居所と自宅の間の旅行のために通常必要な支出
⑥ 職務の遂行に直接必要なものとして給与等の支払者により証明がされた、弁護士、公認会計士、税理士などの資格取得費
⑦ 職務に関連する一定の支出（65万円まで）で、その支出がその者の職務の遂行に直接必要なものとして給与等の支払者より証明がされたもの

（算式）

$$\text{給与等の収入金額} - \left\{ \text{給与所得控除額} + \left(\text{その年中の特定支出の額の合計額} - \frac{\text{給与所得控除額の1/2}}{\text{(最高125万円)}} \right) \right\} = \text{給与所得の金額}$$

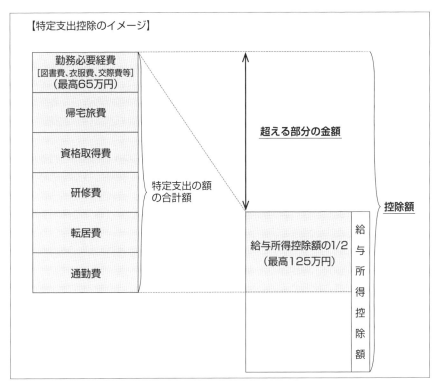

　給料や賞与の支給を受けるときには、所得税が**源泉徴収**され、1年間に徴収された所得税が**年末調整**で精算される。年の途中で扶養親族に異動があった場合や生命保険料などを支払っている場合も、年末調整で精算される。

　しかし、①給料と賞与の年間収入合計額が**2,000万円**を超える人、②給与所得と退職所得以外の所得の金額の合計額が**20万円**を超える人、③**2カ所以上から給与**をもらっている人は、確定申告をしなければならない。

【参考】給与所得の源泉徴収税額表とは何か

　給与計算の際、源泉徴収税額を確認するために、必ず使うものが、「給与所得の源泉徴収税額表」である。この税額表には、**月額表**と**日額表**と**賞与に対する源泉所得税額の算出率の表**の3種類があり、それぞれ該当する税額表を確認することになる。

源泉徴収税額表には、その上部に「**甲**」、「**乙**」、「**丙（日額表のみ）**」とある。

「**甲**」欄は、「**給与所得者の扶養控除等申告書」の提出がある人**に適用される。すなわち、「給与所得者の扶養控除等申告書」を提出した会社が、主たる給与の支払先となり、その会社の源泉徴収税額は「甲」欄が適用されることとなる。2カ所以上から給与の支給を受ける人は、いずれか1カ所だけに「給与所得者の扶養控除等申告書」を提出するためである（主に、社会保険料が天引きされている会社、年末調整をする会社が主たる給与の支払者となる）。

「**乙**」欄は、「**給与所得者の扶養控除等申告書」の提出がない人**に適用される。2カ所以上から給与の支給を受ける人は、別の会社で「給与所得者の扶養控除等申告書」を提出しているため、その場合に適用することとなる。

「**丙**」欄は、**日額表だけにあり、日雇いの人や短期間雇い入れるアルバイトなどに一定の給与を支払う場合**に適用する。

「源泉徴収税額表」の種類が月額表「甲」欄が適用される場合、総支給額から社会保険料（健康保険・厚生年金・雇用保険）を引いた額がどの行になるか、「その月の社会保険料等控除後の金額」の列で確認する。例えば、社会保険料控除後の金額が、225,000円の場合、「224,000円以上227,000円未満」の行になる。

次に、扶養控除等申告書に記載された扶養の人数を確認して、該当する「扶養親族等の数」の列を確認する。例えば、収入のない妻と、大学生の子供1人だと、扶養親族は2名となり、「2人」の列となる。

したがって、「224,000円以上227,000円未満」で、「2人」の場合、源泉徴収税額は**2,440円**となる。

その月の社会保険料等控除後の給与等の金額		甲								乙
		扶 養 親 族 等 の 数								
		0人	1人	2人	3人	4人	5人	6人	7人	
以 上	未 満	税				額				税 額
円	円	円	円	円	円	円	円	円	円	円
207,000	209,000	5,050	3,430	1,820	200	0	0	0	0	23,300
209,000	211,000	5,130	3,500	1,890	280	0	0	0	0	23,900
211,000	213,000	5,200	3,570	1,960	350	0	0	0	0	24,400
213,000	215,000	5,270	3,640	2,030	420	0	0	0	0	25,000
215,000	217,000	5,340	3,720	2,100	490	0	0	0	0	25,500
217,000	219,000	5,410	3,790	2,170	560	0	0	0	0	26,100
219,000	221,000	5,480	3,860	2,250	630	0	0	0	0	26,800
221,000	224,000	5,560	3,950	2,340	710	0	0	0	0	27,400
224,000	227,000	5,680	4,060	2,440	830	0	0	0	0	28,400
227,000	230,000	5,780	4,170	2,550	930	0	0	0	0	29,300
230,000	233,000	5,890	4,280	2,650	1,040	0	0	0	0	30,300
233,000	236,000	5,990	4,380	2,770	1,140	0	0	0	0	31,300
236,000	239,000	6,110	4,490	2,870	1,260	0	0	0	0	32,400
239,000	242,000	6,210	4,590	2,980	1,360	0	0	0	0	33,400
242,000	245,000	6,320	4,710	3,080	1,470	0	0	0	0	34,400

(6) 退職所得

勤務先を退職する際に一時に受け取る退職金（小規模共済の共済金を含む）、一時恩給などを退職所得という。長年の功労について一時に課税されるため、他の所得とは別に計算し、2分の1課税によって税額が軽減されている。

退職所得＝（退職金の収入金額－退職所得控除額）×$\frac{1}{2}$

退職所得の計算における**退職所得控除額**は勤続年数によって、次のようになる。

勤続年数	退職所得控除額
20年以下の場合	40万円×勤続年数（80万円未満のときは80万円）
20年を超える場合	800万円＋{70万円×（勤続年数－20年）}

例えば、勤続年数30年、退職金2,000万円の場合、

$\{2,000万円－(800万円＋70万円×10年)\}×\frac{1}{2}＝250万円$

となる。

ただし、勤続年数が5年以下の法人役員等に支払われる**特定退職手当金**等については、2分の1課税の適用はない。

退職の日までに、勤務先に「**退職所得の受給に関する申告書**」を提出すると、退職金から所得税と住民税（税率10％）が併せて**源泉徴収**されて納税が完了する。「受給申告書」を提出しなかった場合は、支給のとき一律20.42％の所得税が徴収され、この税額の精算は確定申告で行うことになる。

(7) 山林所得

保有期間が5年を超える山林を伐採して譲渡、立木のままで譲渡することにより生じる所得を山林所得という。山林所得は、他の所得と**分離して**次のように計算する。

山林所得金額＝総収入金額－必要経費－特別控除額（最高50万円）

税額＝（課税山林所得金額×$\frac{1}{5}$×税率）×5

青色申告の承認を受けることにより、さらに10万円を控除することができる。

(8) 譲渡所得（土地・建物や株式以外）

譲渡所得とは財産を売って得た所得で、その財産の種類や所有期間によって税金の計算が異なる。土地・建物や株式以外の財産を売ったときは、他の所得と**総合**して税金を計算する。

(9) 譲渡所得（株式等）

株式を売ったときの譲渡所得は、次のように計算する。

　　譲渡所得 ＝ 譲渡収入 －（取得費 ＋ 譲渡費用）

（注）譲渡収入 ＝ 株式の売却価額
　　　取 得 費 ＝ 株式の購入代金（実際の購入代金に代えて売却価額の5％とすることもできる）
　　　譲渡費用 ＝ 株式を購入するために要した借入金の利子でその売却の年中に支払うべきものや、売却のために支出した売却手数料など

所 得 税 ＝ 課税譲渡所得×20.315％（所得税15.315％、住民税5％）

上場株式等の譲渡所得の申告は、次の方法から選択することができる。

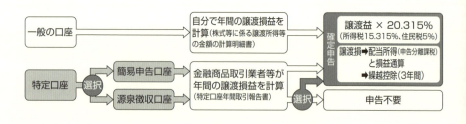

なお、上場株式等の**譲渡所得**には、以下のような特例が設けられている。

特　例	内　容
申告不要の**特定口座**制度	証券会社に一定の要件を満たす**特定口座**を開設し、その口座内の株式等を譲渡した場合、証券会社を通じて所得税が**源泉徴収**又は還付され、**申告は不要**。
譲渡損失の損益通算及び繰越控除	上場株式等を譲渡して生じた損失の金額は、確定申告により、その年分の上場株式等に係る**配当所得**の金額（申告分離課税を選択したものに限る）と**損益通算**ができる。 また、損益通算してもなお控除しきれない金額は、翌年以後**3年間**にわたり、確定申告により株式等に係る譲渡所得等の金額及び上場株式等の配当所得の金額から**繰越控除**することができる。ただし、株式等の譲渡損失を翌年以後に繰り越すときは、株式等の売買取引がなく、また、配当がない場合でも、連続して確定申告書を提出しないとその繰越控除は受けられないことに注意を要する。
特定管理株式が価値を失った場合	特定管理株式（特定口座で保管されていた内国法人の株式等に限る）が破産手続の開始等により価値を失った場合、その取得価額を譲渡損失とみなして譲渡所得の金額を計算することができる。ただし、その損失は繰越控除できない。その際、証券会社から交付を受けた「価値喪失株式に係る証明書」等の添付が必要である。
NISA（少額投資非課税制度）	平成26年から平成35年までの間に、**年間100万円**を限度として非課税口座内で取得した上場株式等の配当等やその上場株式等を売却したことにより生じた譲渡益が、非課税管理勘定が設けられた日の属する年の1月1日から最長**5年間**非課税となる制度。

(10) 譲渡所得（土地・建物）

土地や建物を売ったときの譲渡所得は、次のように計算する。

譲渡所得 ＝ 譲渡収入 －（取得費 ＋ 譲渡費用）

　（注）譲渡収入 ＝ 土地・建物を売った代金
　　　 取 得 費 ＝ 土地・建物の購入代金、不動産登記諸費用（登録免許税を含む）、不動産取得税など（建物は減価償却費を控除）
　　　　　　　　 ただし、取得費は実際の購入代金等に代えて**売却価額の5％**とすることもできる。取得費が不明な場合、このように計算することになるだろう。また、売却した土地の取得費が5％より少ない場合、**売却価額の5％**を取得費とすることができる。相続や贈与により取得した不動産の取得費は、相続・贈与時の評価額ではなく、前の所有

者の取得費を引き継ぐことになる。
譲渡費用 ＝ 土地・建物を売るために支出した仲介料、測量費、収入印紙代など

譲渡所得に対する税金は、譲渡した年の１月１日現在で、**所有期間が5年**を超えるか否かにより、**長期**譲渡所得と**短期**譲渡所得に区分して計算する。

長短区分	短期	長期
期間	5年以下	5年超
居住用	39.63% （所得税30.63%　住民税9％）	20.315% （所得税15.315%　住民税5％）

（11）一時所得

　生命保険の一時金、クイズの賞金、立退料など一時的な所得を、一時所得という。一時所得として総所得金額に算入される金額は、次のように計算され、**総合課税**となる。

（総収入金額－収入を得るために支出した費用－特別控除額50万円）×$\frac{1}{2}$

　例えば、生命保険に加入しており、総額500万円の保険料を支払った後、**満期保険金**700万円を受け取ったとき、以下のように一時所得は計算される。

（700万円－500万円－50万円）×$\frac{1}{2}$ ＝75万円

　なお、満期保険金を受け取った場合でも、一時所得とはならず、雑所得となる場合や贈与税が課税される場合がある。

（12）雑所得

　公的年金等、**企業年金**、**生命保険等に基づく年金**など、他の所得にあてはまらないものは、すべて雑所得として**総合課税**となる。公的年金等とは、国民年金、厚生年金、公務員の共済年金、適格退職年金などである。

公的年金等については、**公的年金等控除**があり、次のように計算する。

雑所得＝公的年金等－公的年金等控除額

【公的年金等控除額】

	年金収入金額		公的年金等控除額
年齢65歳以上	330万円未満		120万円
	330万円以上	410万円未満	年金収入×25％＋ 37.5万円
	410万円以上	770万円未満	年金収入×15％＋ 78.5万円
	770万円以上		年金収入× 5％＋155.5万円
	年金収入金額		公的年金等控除額
年齢65歳未満	130万円未満		70万円
	130万円以上	410万円未満	年金収入×25％＋ 37.5万円
	410万円以上	770万円未満	年金収入×15％＋ 78.5万円
	770万円以上		年金収入× 5％＋155.5万円

公的年金等は一定の金額を超えると**源泉徴収**される。公的年金等の収入金額が**400万円以下**で、他の所得の合計金額が**20万円以下**の場合、**確定申告は不要**である。

公的年金等以外の雑所得は、次のように計算する。

雑所得＝総収入金額－必要経費

［3］ 所得控除

(1) 雑損控除

災害により住宅や家財などに損害を受けたとき、盗難、横領によって損失を被ったときは、確定申告で、「雑損控除」又は「災害減免法」を選択して、以下の金額まで所得税の軽減又は免除を受けることができる。

（損失額－所得の10％）
（損失額のうち災害関連支出額）－5万円 ｝ いずれか多い額

(2) 医療費控除

本人又は本人と生計を一にする配偶者その他の親族の医療費を支払ったときは、**200万円を限度**として、所得から差し引くことができる。ただし、医療費控除を受けるには、確定申告書に領収書や費用証明書の添付等が必要となる。

　１年間の支払医療費－（保険金等で補てんされる金額）
　　　　　－（10万円か合計所得金額の５％のいずれか少ない額）（**最高200万円**）

(3) 社会保険料控除

本人又は本人と生計を一にする配偶者その他の親族の健康保険料、介護保険料、公的年金等の保険料を支払ったときは、その全額を所得から差し引くことができる。

(4) 小規模企業共済等掛金控除

小規模企業共済法に基づく掛金、確定拠出年金掛金、心身障害者扶養共済掛金を支払ったときは、その**全額**を所得から差し引くことができる。

(5) 生命保険料控除

本人、配偶者、その他の親族を受取人とした生命保険料を支払ったときは、**４万円**（住民税計算では**28,000円**）を限度として、所得から差し引くことができる。また、本人、配偶者、その他の親族を受取人とした個人年金保険料を支払ったときは、**４万円**（住民税計算では**28,000円**）を限度として、所得から差し引くことができる。さらに、介護医療保険料を支払ったときは、**４万円**（住民税計算では**28,000円**）を限度として、所得から差し引くことができる。

ただし、生命保険料、個人年金保険料、介護医療保険料の控除の合計限度額は、**12万円**（住民税計算では**７万円**）である。

(6) 地震保険料控除

居住用の家屋、動産などにかけた地震保険料を支払ったときは、**5万円**（住民税計算では25,000円）を限度として、所得から差し引くことができる。

(7) 寄附金控除

特定寄附金を支出した場合、次の算式で計算した金額を所得から差し引くことができる。

特定寄附金の合計額（総所得金額の40％が限度）－2,000円＝寄附金控除額

寄附金控除の対象となるものは次のとおりである。
- 国や地方公共団体に対する寄附金
- 特定公益社団法人及び特定公益財団法人に対する寄附金
- 特定公益増進法人に対する寄附金（日本赤十字社、社会福祉法人等）
- 特定の政治献金
- 認定NPO法人等に対して、認定又は仮認定の有効期間内に支出した寄附金等
- 特定新規中小会社が発行した株式の取得に要した金額（1,000万円を限度）

(8) 障害者控除

本人、控除対象配偶者、扶養親族が、**一般障害者**であるときは**27万円**（住民税計算では26万円）、**特別障害者**であるときは**40万円**（住民税計算では30万円）、**同居特別障害者**であるときは**75万円**（住民税計算では53万円）を所得から差し引くことができる。

(9) 寡婦控除・寡夫控除

夫と死別・離婚して扶養親族のある人、又は夫と死別し、所得が**500万円以下**の人は、**27万円**（住民税計算では26万円）を所得から差し引くこ

とができる。また、夫と死別・離婚して、かつ所得が**500万円以下**で子を扶養している人（特定の寡婦）は、**35万円**（住民税計算では30万円）を所得から差し引くことができる。

一方、妻と死別・離婚して生計を一にする子があり、かつ所得が**500万円以下**の人は、**27万円**（住民税計算では26万円）を所得から差し引くことができる。

(10) 勤労学生控除

本人が勤労学生で所得が一定額以下の人は、**27万円**（住民税計算では26万円）を所得から差し引くことができる。

(11) 配偶者控除

配偶者の合計所得金額が**38万円**（給与収入で103万円）以下のときは、配偶者控除として38万円を所得から差し引くことができる。ただし、配偶者控除を受けるためには、他の人の扶養親族になっておらず、事業専従者給与等を受けていないことが必要である。

(12) 配偶者特別控除

配偶者控除の対象とならない人（給与収入で103万円超）でも、**合計所得金額が76万円**（給与収入で141万円）**未満**であれば、配偶者特別控除として、最高38万円を所得から差し引くことができる。ただし、控除を受ける本人の合計所得金額が、1,000万円以下である場合に限る。

【配偶者特別控除の早見表】

配偶者の給与収入	配偶者特別控除額
103万円以下	0円
105万円未満	38万円
110万円 〃	36万円
115万円 〃	31万円
120万円 〃	26万円
125万円 〃	21万円
130万円 〃	16万円
135万円 〃	11万円
140万円 〃	6万円
141万円 〃	3万円
141万円以上	0円

(13) 扶養控除

扶養親族が、**特定扶養親族**（19歳以上23歳未満）であるときは**63万円**（住民税計算では45万円）、**老人扶養親族**（70歳以上）であるときは**48万円**（住民税計算では38万円）、**同居老親等**（70歳以上）であるときは**58万円**（住民税計算では45万円）、**一般扶養親族**（16歳以上で上記以外）であるときは**38万円**（住民税計算では33万円）を所得から差し引くことができる。

しかし、扶養家族が、**年少扶養親族（16歳未満）である場合、扶養控除の対象とはならない。**

(14) 基礎控除

本人の所得税の計算では、**38万円**（住民税計算では33万円）を差し引くことができる。

[4] 税額控除

(1) 配当控除

株式の配当所得を申告した場合には、次の金額を所得税額から控除することができる。

控除額 ＝ 申告した配当所得金額 × **10%**

（ただし、課税総所得金額1,000万円超の部分は5％）

なお、配当所得に申告分離課税を選択した場合には、配当控除の適用はない。

(2) 寄附金控除

所得控除の対象となる寄附金のうち、①政治活動に関する一定の寄附金、②認定NPO法人に対する寄附金、③一定の要件を満たす公益社団法人等に対する寄附金は、寄附金控除との選択により、以下のように計算される金額を所得税額から控除することができる。

政治活動の寄附金については、次のとおりである。

寄附金特別控除額 ＝（寄附金の額の合計額－2,000円）×**30%**

認定NPO法人、公益社団法人等に対する寄附金については、次のとおりである。

寄附金特別控除額 ＝（寄附金の額の合計額－2,000円）×**40%**

ただし、所得税額の25％を限度とする（政治活動の寄附金は別枠で判定）。

(3) 雇用者の給与等支給額が増加した場合の特別控除

青色申告事業者が、平成30年12月31日までの各年において、**基準雇用者**

給与等支給増加割合が２％以上（平成27年の場合。平成28年は３％以上、平成29年及び平成30年は５％以上）で、かつ、一定の要件を満たす場合は、所得税額の20％（一定の場合は10％）を限度として、その雇用者給与等支給**増加額の10％**を所得税額から控除できる。

なお、雇用者の数が増加した場合の**特別控除**（雇用者１人につき**40万円**）を選択適用することができる。

(4) 住宅借入金等特別控除

借入金で新築又は中古の**居住用家屋**を取得したときや増改築をしたときは、家屋と土地等の費用の額（補助金等を控除後）についての年末借入金等残高（上限4,000万円）に応じて、平成29年12月まで、**残高の１％**を所得税額から控除することができる。

また、借入金で認定長期優良住宅又は認定低炭素住宅（認定省エネ住宅）の新築又は建築後使用されたことのないものを取得したときは、家屋と土地等の費用の額（補助金等を控除後）についての年末借入金等残高（上限5,000万円）に応じて、平成29年12月まで、**残高の１％**を所得税額から控除することができる。

ただし、住宅借入金等特別控除の適用を受けるためには、以下の要件を充足しなければならない。

- ✓ 取得又は増改築等をした日から**６カ月以内**に居住
- ✓ 住宅の床面積が**50㎡以上**で取得又は増改築後の家屋の床面積の１／２以上が居住用であること
- ✓ 借入金は**償還期間が10年以上**であること
- ✓ 中古住宅の場合、**築後20年以内**（耐火建築物の場合25年以内）であること、又は昭和56年の建築基準法施行令の新耐震基準に適合するものであること
- ✓ その年の合計所得金額が**3,000万円以下**であること

- ✓ 居住用財産を譲渡した場合の特例（3,000万円特別控除、軽減税率、買換え特例など）を受けていないこと
- ✓ 配偶者その他生計を一にする親族等から取得したものでないこと

【申告に必要な添付書類】

① 借入金の年末残高等証明書
② 住民票の写し
③ 家屋・土地の登記事項証明書（登記簿謄本）
④ 売買契約書、建築工事請負契約書などの写し
⑤ 建築確認通知書の写し又は増改築工事証明書
⑥ サラリーマンの場合は、給与所得の源泉徴収票

【コラム】財産債務調書の提出制度とは？

　平成27年度税制改正において、所得税・相続税の申告の適正性を確保する観点から、財産及び債務の明細書を見直し、一定の基準を満たす人に対し、その保有する財産及び債務に係る調書の提出を求める制度が創設された。

　財産債務調書を提出しなければならない方は、所得税等の確定申告書を提出しなければならない方で、その年分の総所得金額及び山林所得金額の合計額が**2千万円**を超え、かつ、その年の12月31日において、その価額の合計額が**3億円以上の財産**又はその価額の合計額が1億円以上の国外転出特例対象財産を有する人は、その財産の種類、数量及び価額並びに債務の金額その他必要な事項を記載した財産債務調書を、翌年3月15日までに提出しなければならない。

第4章 税金

例題4-1 以下の各記述を読み、正しいか誤っているかを判定しなさい。

【問題】

1. 退職所得の計算では、長年の功労に報いるために、2分の1課税が行われている。しかし、勤続年数が3年以下の法人役員等に支払われる特定退職手当金等については、勤務年数が短すぎるため、2分の1課税の適用はない。

2. 株式の売却したときの譲渡所得の計算において、実際の購入代金に代えて売却価額の5％とすることもできる。

3. 一時所得は、総収入金額から収入を得るために支出した費用を差し引き、それを2分の1とすることによって計算される。

4. 公的年金等の受給者は、収入金額が400万円以下であれば源泉徴収のみで所得税の納税は完了し、確定申告は不要である。ほとんどの受給者は収入金額が400万円以下であるから、確定申告するケースはほとんどない。

5. 美容目的の整形手術の費用、サプリメントなどの購入費用も医療費控除の対象に含まれる。

6. 会社オーナーが会社に対して金銭債権を有する場合、そこから発生した利息については、利子所得となるが、会社が支払う利息に対して税率20.315％の源泉徴収を行うことによって課税されることになる。

【解答4-1】

1. 誤り。退職所得の計算では、長年の功労に報いるために、2分の1課税が行われている。この点、法人役員等で勤務年数が短すぎる人に対しては、その功労に報いる必要がなく、転籍と退職を繰り返すことによって所得税の節税が可能となってしまうため、2分の1課税の適用はない。ただし、その際の勤続年数は、3年以下ではなく**5年以下**である。

2. 正しい。株式の売却したときの譲渡所得の計算において、その株式の購入代金がわからない場合、実際の購入代金に代えて**売却価額の5%**とすることもできる。

3. 誤り。一時所得は、以下の計算式によって計算される。
(総収入金額−収入を得るために支出した費用−**特別控除額50万円**)×$\frac{1}{2}$

4. 誤り。公的年金等は一定の金額を超えると源泉徴収され、それで納税が完了する受給者は多い。しかし、公的年金等の収入金額が**400万円以下**であっても、**他の所得の合計金額が20万円を超えた場合**、確定申告しなければならない。

5. 誤り。美容目的の整形手術の費用、サプリメントなどの購入費用は医療費控除の対象に含まれない。

6. 誤り。金銭の貸付による利子は、利子所得ではなく**事業所得又は雑所得**となる。

7. 所得税の計算において、19歳以上23歳未満の子供を扶養しているときは63万円、16歳以上19歳未満の子供を扶養しているときは38万円の扶養控除が受けられるが、16歳未満の子供を扶養していても扶養控除はゼロであり、所得控除の対象とはならない。

8. 借入金で新築又は中古の居住用家屋を取得したとき、取得するための年末借入金残高が4,000万円までであれば、年末残高の1％に相当する金額をを所得税額から控除することができる制度がある。

9. 1年以上の予定で海外支店勤務や海外子会社に出向する場合は非居住者となるため、国内源泉所得のみに課税される。

10. 上場株式の配当金について、申告分離課税を選択した場合には、配当控除を受けることができるが、上場株式の譲渡損失との損益通算はできない。

7. 正しい。扶養する子供の年齢によって扶養控除の金額が異なる。すなわち、**特定扶養親族**（19歳以上23歳未満）であるときは63万円（住民税計算では45万円）、**一般扶養親族**（16歳以上で上記以外）であるときは38万円（住民税計算では33万円）を所得から差し引くことができるが、**年少扶養親族**（16歳未満）のときはゼロ円である。

8. 正しい。借入金で新築又は中古の居住用家屋を取得したときや増改築をしたときは、家屋と土地等の費用の額についての年末借入金等残高（上限4,000万円）に応じて、平成29年12月まで、**残高の1％**を所得税額から控除することができる。ただし、適用を受けるための要件を満たさなければならない。

9. 正しい。居住者とは、国内に住所を有し、又は引き続いて1年以上居所を有する個人をいう。したがって、**1年以上の予定で海外支店勤務や海外子会社に出向する場合は非居住者となり**、国内源泉所得のみに課税されることとなる。

10. 誤り。上場株式の配当金について**申告分離課税**を選択した場合、配当所得は、**上場株式等の譲渡損失との損益通算ができる**ため有利であるが、**配当控除（税額控除）の適用を受けることはできない**。なお、非上場株式の配当は、申告分離課税を選択することができず、総合課税のみである。

11. 一定の事業的規模に満たない不動産所得は、貸借対照表を作成していても青色申告特別控除は10万円しか控除することができない。

12. 事業税と住民税は、事業所得の計算上、必要経費に算入することができる。

13. 給与所得の計算において、特定支出の特例を受ける場合には、確定申告が必要である。

14. 「退職所得の受給に関する申告書」を提出しなかった場合には、退職金の額の10％が源泉徴収される。

15. 譲渡所得の計算において、取得費が不明の場合、概算取得費として収入金額の3％相当額を取得費とすることができる。

16. 上場株式の譲渡損失と給与所得は損益通算することができる。

11. 正しい。不動産所得は、**青色申告の承認**を受けることにより**10万円の特別控除**を受けることができる。事業的規模など一定の条件を満たしている場合には、**65万円の特別控除**を受けることができる。

12. 誤り。事業所得の計算において必要経費に算入すべき金額は、総収入金額に係る売上原価、販売費、一般管理費など業務遂行上必要であることが明らかにできるものである。この点、事業税や住民税は必要経費には含まれない。

13. 正しい。給与所得の計算において、**特定支出の特例**を受ける場合には、確定申告することにより、その超過する部分の金額を、**給与所得控除額に上乗せして**、給与の収入金額から控除することができる。

14. 誤り。「退職所得の受給に関する申告書」を**提出しなかった場合**、退職所得の金額の**20.42（復興所得税含む）％が源泉徴収**されることになる。この場合は、確定申告することによって正しい税額との差額が還付される。

15. 誤り。譲渡所得の計算において、取得費が不明の場合、概算取得費を使うことができるが、それは**収入金額の5％**である。

16. 誤り。株式の譲渡損失は、他の株式の**譲渡益とのみ通算**することができる。すなわち、総合課税の譲渡所得や土地・建物等の譲渡所得とは通算することはできない。それゆえ、株式の譲渡損失が生じた場合、原則として打切りとなる。ただし、上場株式の譲渡損失と、上場株式の配当所得（申告分離課税を申告したものに限る）は損益通算することができる。

17. 証券会社の特定口座のうち、源泉徴収口座を選択した場合には、所得税のみが徴収され、住民税は徴収されない。

18. 総所得金額に算入される一時所得は、「総収入金額－支出額－50万円」である。

19. 2カ所以上から給与の支給を受ける人は、「給与所得者の扶養控除等申告書」を提出していない場合、給料の支払いにおいて会社は源泉徴収税額表の「乙」欄を適用する。

20. 公的年金の収入金額が300万円であっても、雑所得が30万円あれば、確定申告を行わなければならない。

17. 誤り。特定口座内に保管等されている上場株式等の譲渡所得の金額の計算は、金融商品取引業者が行うため、納税者本人は譲渡所得の計算を行う必要はない。そして、**特定口座**のうち**源泉徴収口座**を選択した場合には、**所得税及び住民税**が併せて源泉徴収されるため、源泉徴収だけで課税関係は終了し、原則として確定申告を不要とすることができる。

18. 誤り。総所得金額に算入される**一時所得**は、「総収入金額－支出額－**50万円**」$\times \frac{1}{2}$ である。すなわち、**2分の1とされた上で総合課税**となり、超過累進税率が適用される。

19. 正しい。主に、社会保険料が天引きされている会社、年末調整をする会社が**主たる給与の支払者**となる。「乙」欄は、「給与所得者の扶養控除等申告書」の**提出がない人**に適用される。2カ所以上から給与の支給を受ける人は、別の会社で「給与所得者の扶養控除等申告書」を提出しているため、その場合に「乙」欄が適用されることとなる。「乙」欄を適用している会社は、その給与所得者に対する社会保険料の天引きは行わず、年末調整も行わない。

20. 正しい。確定申告の必要がないのは、公的年金等に係る収入金額が**400万円以下**で、かつ、**他の所得が20万円以下**の場合である。

Ⅲ ■ 贈与税と相続税

[1] 相続税の計算

相続税は、死亡した人の財産を相続したときや遺言によって財産を取得したときに納める税金である。遺産に係る基礎控除は**3,000万円＋600万円×法定相続人の数**である。

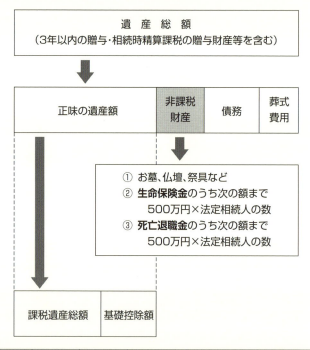

区分	1,000万円以下	3,000万円以下	5,000万円以下	1億円以下	2億円以下	3億円以下	6億円以下	6億円超
税率	10%	15%	20%	30%	40%	45%	50%	55%
控除額	—	50万円	200万円	700万円	1,700万円	2,700万円	4,200万円	7,200万円

【相続税額早見表】

相続財産額	相続人の基礎控除額 / 税額 → 配偶者と子1人 4,200万円		子1人のみ 3,600万円
	相続税の総額	配偶者控除後	相続税の総額
5,000万円	80万円	40万円	160万円
1億円	770万円	385万円	1,220万円
1億5,000万円	1,840万円	920万円	2,860万円
2億円	3,340万円	1,670万円	4,860万円
2億5,000万円	4,920万円	2,460万円	6,930万円
3億円	6,920万円	3,460万円	9,180万円
3億5,000万円	8,920万円	4,460万円	1億1,500万円
4億円	1億920万円	5,460万円	1億4,000万円
4億5,000万円	1億2,960万円	6,480万円	1億6,500万円
5億円	1億5,210万円	7,605万円	1億9,000万円
5億5,000万円	1億7,460万円	8,730万円	2億1,500万円
6億円	1億9,710万円	9,855万円	2億4,000万円
6億5,000万円	2億2,000万円	1億1,000万円	2億6,570万円
7億円	2億4,500万円	1億2,250万円	2億9,320万円
7億5,000万円	2億7,000万円	1億3,500万円	3億2,070万円
8億円	2億9,500万円	1億4,750万円	3億4,820万円
8億5,000万円	3億2,000万円	1億6,000万円	3億7,570万円
9億円	3億4,500万円	1億7,250万円	4億320万円
9億5,000万円	3億7,000万円	1億8,500万円	4億3,070万円

相続財産額 \ 相続人の基礎控除額 / 税額	配偶者と子2人 4,800万円		子2人のみ 4,200万円
	相続税の総額	配偶者控除後	相続税の総額
5,000万円	20万円	10万円	80万円
1億円	630万円	315万円	770万円
1億5,000万円	1,495万円	748万円	1,840万円
2億円	2,700万円	1,350万円	3,340万円
2億5,000万円	3,970万円	1,985万円	4,920万円
3億円	5,720万円	2,860万円	6,920万円
3億5,000万円	7,470万円	3,735万円	8,920万円
4億円	9,220万円	4,610万円	1億920万円
4億5,000万円	1億985万円	5,493万円	1億2,960万円
5億円	1億3,110万円	6,555万円	1億5,210万円
5億5,000万円	1億5,235万円	7,618万円	1億7,460万円
6億円	1億7,360万円	8,680万円	1億9,710万円
6億5,000万円	1億9,490万円	9,745万円	2億2,000万円
7億円	2億1,740万円	1億870万円	2億4,500万円
7億5,000万円	2億3,990万円	1億1,995万円	2億7,000万円
8億円	2億6,240万円	1億3,120万円	2億9,500万円
8億5,000万円	2億8,495万円	1億4,248万円	3億2,000万円
9億円	3億870万円	1億5,435万円	3億4,500万円
9億5,000万円	3億3,245万円	1億6,623万円	3億7,000万円

相続人の基礎控除額 相続財産額 / 税額	配偶者と子3人 5,400万円		子3人のみ 4,800万円
	相続税の総額	配偶者控除後	相続税の総額
5,000万円	0万円	0万円	20万円
1億円	525万円	263万円	630万円
1億5,000万円	1,330万円	665万円	1,440万円
2億円	2,435万円	1,218万円	2,460万円
2億5,000万円	3,600万円	1,800万円	3,960万円
3億円	5,080万円	2,540万円	5,460万円
3億5,000万円	6,580万円	3,290万円	6,980万円
4億円	8,310万円	4,155万円	8,980万円
4億5,000万円	1億60万円	5,030万円	1億980万円
5億円	1億1,925万円	5,963万円	1億2,980万円
5億5,000万円	1億3,800万円	6,900万円	1億4,980万円
6億円	1億5,675万円	7,838万円	1億6,980万円
6億5,000万円	1億7,550万円	8,775万円	1億8,990万円
7億円	1億9,770万円	9,885万円	2億1,240万円
7億5,000万円	2億2,020万円	1億1,010万円	2億3,490万円
8億円	2億4,270万円	1億2,135万円	2億6,740万円
8億5,000万円	2億6,520万円	1億3,260万円	2億7,990万円
9億円	2億8,770万円	1億4,385万円	3億240万円
9億5,000万円	3億1,020万円	1億5,510万円	3億2,500万円

親、子、配偶者以外の人が相続等により財産を取得した場合には、相続税額にその税額の**２割を加算**する。したがって、兄弟姉妹や孫（養子となった孫も含む）は、相続税額が２割増えることとなる（ただし、代襲相続人となった孫は加算の対象とはならない）。

　遺産は、遺言書がある場合には、遺留分を侵害しない限り遺言通りに分割される。遺言書がない場合には、相続人全員で協議して分け方を決める。相続人の間で争いになり、遺産分割協議が調わないときや相続人の中に行方不明者があって協議できないときは、家庭裁判所に遺産分割の**調停**を申し立てることができる。調停が不調に終わったときは、**審判**の手続によって分割することになる。遺産の分割ができない場合でも、相続税の申告書の提出期限までに申告・納付をしなければならない。

遺産分割協議書

被相続人田中太郎の遺産分割について、相続人全員で協議した結果、次のとおり分割し、取得することに合意し決定した。

記

第一　遺産の分割

1．相続人田中花子が取得する遺産
　（1）東京都品川区大崎○丁目○番○
　　　　宅　地　300.00㎡
　（2）前同所同番・家屋番号○○番・木造瓦葺平家建居宅
　　　　床面積　150.00㎡
2．相続人田中一郎が取得する遺産
　（1）○○銀行の定期預金（口座番号○○）500万円
　（2）○○株式会社の株式　10,000株
3．相続人佐藤和子が取得する遺産
　　　○○銀行の定額貯金（口座番号○○）500万円

第二　債務の負担

　（1）○○銀行からの証書借入金（相続開始時の残高600万円）は、相続人田中花子が負担する。
　（2）被相続人に係る未納の公租公課は、相続人田中一郎が負担する。

第三　上記以外の遺産

　　　上記以外に被相続人の遺産が後日確認又は発見された場合は、その遺産については相続人田中花子が取得する。

以上のとおり相続人全員による遺産分割協議が真正に成立したので、これを証するため本書を作成し、各自署名押印する。

　　　平成○年○月○日
　　　　　東京都品川区大崎○丁目○番○号
　　　　　　　　　　相続人　田中花子　㊞実印
　　　　　大阪市中央区谷町○丁目○番○号
　　　　　　　　　　相続人　田中一郎　㊞実印
　　　　　名古屋市千種区覚王山通○丁目○番○号
　　　　　　　　　　相続人　佐藤和子　㊞実印

相続税が課される財産となるものは、ほとんどが**相続財産**である。すなわち、被相続人の死亡の日に所有していた現金、銀行預金及び貯金、株式、公社債、貸付金、土地・建物、事業用財産、家庭用財産など一切の財産である。なお、国外に居住する日本国籍を有しない人が、日本国内に居住する人から相続又は遺贈により取得した**国外財産**についても、相続財産となる。

それ以外に、**みなし相続財産**がある。すなわち、被相続人の死亡に伴って支払われる退職金や生命保険金などは、本来の被相続人の財産ではないが、相続税の計算上では相続財産とみなされる。これらのみなし相続財産には、日本の保険業法の免許を受けていない外国の保険業者と締結された生命保険契約又は損害保険契約に係る保険金も含まれる。

さらに、**3年以内に贈与を受けた財産**及び**相続時精算課税制度選択者の課税財産**がある。すなわち、相続人が相続開始前3年以内に被相続人から贈与を受けた財産は、相続財産に加算される（ただし、贈与税の配偶者控除、住宅取得等資金の非課税の特例を受けた財産については、加算されない）。また、相続時精算課税制度を選択した場合の贈与財産は、**贈与時の価額**によって相続財産に加算される。さらに、贈与税の納税猶予を受けた非上場株式も同様に、贈与時の価額で相続財産に加算される。

【参考】相続税の計算例

・夫（被相続人）は平成27年1月に死亡した。
・相続人は、妻、長男、長女（17歳）の3人であり、法定相続分で分割する。
・長男は、被相続人から生前に3,000万円の現金の贈与を受け、**相続時精算課税**を選択し、100万円の贈与税を納税していた。
・遺産の内訳は以下のとおりである。

（遺産の内訳）
現金・預金・株式　4,500万円

土地・建物（小規模宅地等の特例適用後） 4,000万円
生命保険金 5,000万円－1,500万円＝3,500万円
死亡退職金 2,000万円－1,500万円＝500万円
贈与財産（相続時精算課税選択）＝3,000万円
その他 100万円
遺産総額 1億5,600万円
債務（借入金）△500万円
葬式費用 △300万円
正味の遺産額 1億4,800万円

課税遺産総額は以下のように計算される。

（正味の遺産額）　（基礎控除額※）
1億4,800万円－4,800万円＝1億円

※：基礎控除額

法定相続人の数
3,000万円＋（600万円×3人）＝4,800万円

まず課税遺産総額を**法定相続分**で按分する。

$$1億円 \times \frac{1}{2} = 5,000万円（妻）$$

$$1億円 \times \frac{1}{2} \times \frac{1}{2} = 2,500万円（長男、長女）$$

次に**相続税**の**総額**を計算する。
　5,000万円×20％－200万円＝800万円（妻）
　2,500万円×15％－50万円＝325万円（長男、長女）
　800万円＋325万円×2＝1,450万円

算出された**相続税総額**を各人に分割された遺産の割合で按分する。

$$1,450万円 \times \frac{1}{2} = 725万円（妻）$$

$$1,450万円 \times \frac{1}{4} = 362.5万円（長男、長女）$$

税額控除を差し引く。

① 配偶者の税額軽減　$1,450万円 \times \dfrac{7,400万円}{1億4,800万円} = 725万円$
② 相続時精算課税　$(3,000万円 - 2,500万円) \times 20\% = 100万円$
③ 未成年者控除　$10万円 \times 3年(20歳 - 17歳) = 30万円$

結果として、各相続人が納める相続税額は、妻が**ゼロ**（＝725万円－725万円）、長男が**262.5万円**（＝362.5万円－100万円）、長女が**332.5万円**（＝362.5万円－30万円）となる。

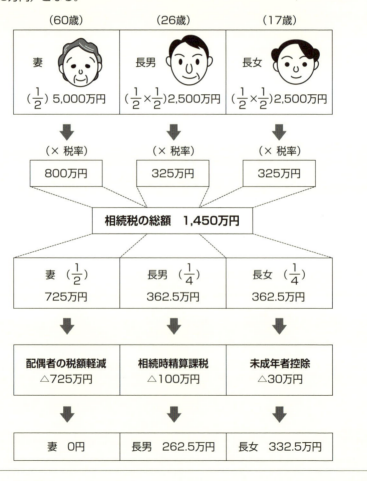

申告書を提出する人が2人以上いる場合には、共同で申告書を作成し**連名で提出**することができる。相続人の間で連絡が取れないなどの理由によって共同提出が困難な場合等には、別々に申告書を作成して提出することになる。

【申告に必要な添付書類】

① 戸籍謄本、除籍謄本
② 遺言書、遺産分割協議書の写し
③ 相続人全員の印鑑証明書
④ 預貯金・借入金等の残高証明書など
⑤ 不動産の登記事項証明書、地積測量図又は公図の写し
⑥ 固定資産評価証明書など

相続税は**現金で一括納付**するのが原則だが、納付が困難な場合には、一定の要件のもと申請によって年賦**延納**や相続で取得した財産で**物納**することもできる。延納の場合は、原則として担保の提供が必要となる。延納が継続できなくなった場合、一定の要件のもと物納に変更することができる。

相続税を納めない相続人がいる場合には、他の相続人がその分の税金を納めなければならない**連帯納付の義務**がある。ただし、申告期限から5年を経過した場合や税金を納めない相続人が延納又は納税猶予を受けている場合には、連帯納付義務を負わない。

[2] 贈与税の諸制度

贈与税は、個人から財産の贈与を受けた場合に、贈与を受けた人が負担する税金である。一定の条件により相続時精算課税も選択することができる。

(1) 暦年贈与

暦年贈与は、1月1日から12月31日までの1年間に、贈与を受けた財産の合計額から、**基礎控除の110万円**を控除した残額に対して課税する制度である。例えば、800万円の贈与を受けた場合の贈与税額は、(800万円−110万円)×40%−125万円＝151万円となる。

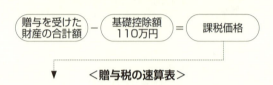

＜贈与税の速算表＞

右記以外の贈与			20歳以上で直系尊属からの贈与		
基礎控除後の課税価格	税率	控除額	基礎控除後の課税価格	税率	控除額
200万円以下	10%	−	200万円以下	10%	−
300万円以下	15%	10万円			
400万円以下	20%	25万円	400万円以下	15%	10万円
600万円以下	30%	65万円	600万円以下	20%	30万円
1,000万円以下	40%	125万円	1,000万円以下	30%	90万円
1,500万円以下	45%	175万円	1,500万円以下	40%	190万円
3,000万円以下	50%	250万円	3,000万円以下	45%	265万円
3,000万円超	55%	400万円	4,500万円以下	50%	415万円
			4,500万円超	55%	640万円

(2) 相続時精算課税

60歳以上の親又は祖父母から財産の贈与を受けた推定相続人である20歳以上の子又は孫は、相続時精算課税を選択することができる。この制度の贈与税額は、**特別控除額2,500万円を超えた部分に一律20%**を掛けた金額となる。この贈与税は暦年贈与とは異なり、実質的には相続税の前払いということができる。

この制度を選択した贈与財産は相続財産に加算され、贈与税額が相続税額を超える場合には、還付を受けることができる。また、贈与を受ける親

ごとに暦年課税との選択が可能だが、一度相続時精算課税を選択した親からの贈与については、暦年課税に戻ることはできない。

例えば、平成27年にこの制度を選択して1,500万円の贈与を受け、平成28年にさらに1,600万円の贈与を受けた場合の贈与税額は、平成28年度に120万円となる。

平成27年　1,500万円 − 1,500万円 ＝ 0円（課税価格）

繰越分　2,500万円 − 1,500万円 ＝ 1,000万円

平成28年　1,600万円 − 1,000万円 ＝ 600万円

600万円 × 20％ ＝ **120万円**

(3) 贈与税の配偶者控除

婚姻期間20年以上の配偶者（内縁関係は除く）が居住用不動産又は居住用不動産を購入するための金銭の贈与を受けた場合、**贈与税の配偶者控除2,000万円**と基礎控除110万円合わせて2,110万円までは贈与税が課されない（不動産取得税、登録免許税は課される）。

ここに、**居住用不動産**とは、住んでいる家屋（家屋の増築を含む）とその敷地や借地権をいう。居住用家屋の敷地である土地のみが贈与された場合でも、家屋の所有者が配偶者又は同居親族であれば居住用不動産となる。

贈与税の配偶者控除を適用するには、次の条件を満たすことが必要である。

・贈与を受けた年の翌年の3月15日現在実際に居住し、その後も引き続いて居住する見込みであること。
・必ず贈与税の申告を行い、受贈者の戸籍謄本又は抄本と戸籍の附票の写し、居住用不動産の登記事項証明書、受贈者の住民票の写しを添付すること。

（4） 住宅取得等資金の贈与税の非課税制度

平成27年1月1日から平成31年6月30日までの間に父母や祖父母など直系尊属からの贈与により、自己の居住の用に供する住宅用の家屋の新築、取得又は増改築等の対価に充てるための金銭を取得した場合において、一定の要件を満たすときは、次の非課税限度額までの金額について、贈与税が非課税となる。

住宅用の家屋の新築等 に係る契約の締結日（※1）	省エネ等住宅（※2）	左記以外の住宅
平成27年12月31日まで	1,500万円	1,000万円
平成28年1月1日から 平成29年9月30日まで	1,200万円	700万円
平成29年10月1日から 平成30年9月30日まで	1,000万円	500万円
平成30年10月1日から 平成31年6月30日まで	800万円	300万円

※1：住宅用の家屋の新築等に係る**契約の締結日**
　　　新非課税制度の適用を受けるためには、平成31年6月30日までに贈与により住宅取得等資金を取得するだけではなく、住宅用の家屋の新築等に係る契約を同日までに**締結**している必要がある。
※2：**省エネ等住宅**とは、エネルギーの使用の合理化に著しく資する住宅用の家屋、大規模な地震に対する安全性を有する住宅用の家屋又は高齢者等が自立した日常生活を営むのに特に必要な構造及び設備の基準に適合する住宅用の家屋をいう。

なお、住宅用の家屋の新築等に係る契約の締結日が平成28年10月1日から平成31年6月30日までの間の契約で、かつ、住宅用の家屋の新築等に係る対価の額又は費用の額に含まれる消費税等の税率が10％であるときは、次の表のようになる。

住宅用の家屋の新築等に係る契約の締結日（※1）	住宅用の家屋の種類 省エネ等住宅（※2）	左記以外の住宅
平成28年10月1日から平成29年9月30日まで	3,000万円	2,500万円
平成29年10月1日から平成30年9月30日まで	1,500万円	1,000万円
平成30年10月1日から平成31年6月30日まで	1,200万円	700万円

　住宅取得等資金の贈与を受けた場合、贈与者である親が60歳未満であっても相続時精算課税を選択することができる。

(5) 教育資金の一括贈与に係る贈与税の非課税措置

　平成31年12月31日までに、父母・祖父母から**30歳未満**の子や孫がそれぞれの名義の金融機関の口座等に、教育資金を一括して贈与を受けた場合には、**1,500万円**（学校等以外は500万円）まで非課税になる。教育資金非課税申告書は、取扱金融機関等が税務署へ提出し、教育資金の使途は、その金融機関が領収書等を確認して、書類を保管する。

　ただし、孫等が**30歳**に達した時にその残額がある場合には、その残額に対して贈与税が課される。

(6) 非上場株式等の贈与税の納税猶予制度

　後継者が一定の中小企業の代表者であった先代経営者から贈与によりその保有株式等の全部を取得した場合には、その株式等に係る**贈与税額の全額**が猶予される制度である。後継者は**親族外**の者であっても認められる。

例題4-2 以下の各記述を読み、正しいか誤っているかを判定しなさい。

【問題】

1. 半血兄弟姉妹の法定相続分は全血兄弟姉妹の2分の1である。

2. 嫡出でない子の法定相続分は、嫡出である子の法定相続分と同じである。

3. 生前贈与による特別受益があった場合の財産の持戻しは、相続時ではなく贈与を行ったときの時価による。

4. 普通養子制度によって養子になった者は、養親が死亡したときの法定相続人となるが、実親が死亡したときの法定相続人とはならない。

5. 相続を放棄した者は、最初から相続人とならなかったものとみなされるため、相続財産及びみなし相続財産を承継することはできない。

【解答4-2】

1. 正しい。**半血兄弟姉妹**とは、父母の一方のみを同じくする兄弟姉妹をいう。半血姉妹の法定相続分は全血兄弟姉妹の2分の1である。

2. 正しい。改正前の民法では、**嫡出でない子の法定相続分**は、嫡出である子の法定相続分の2分の1であったが、平成25年に改正され、両者の法定相続分に相違はなくなった。

3. 誤り。特別受益者とは、共同相続人の中に被相続人から**婚姻、養子縁組のため又は生計の資本としての生前贈与や遺贈**を受けた者をいう。特別受益者は相続税の計算上、特別受益の額を相続財産に持ち戻すことになるが、その際の評価額は、**相続開始のときの価額**である。したがって、生前贈与のときの時価ではない。

4. 誤り。**普通養子制度**によって養子になった者は、自然血族が消滅しないため、養親が死亡したときの法定相続人となることに加えて、実親が死亡したときの法定相続人にもなる。つまり、実親・養親双方の相続人となる。これに対して、**特別養子制度**を適用した場合、自然血族は消滅するため、養親のみの法定相続人となる。

5. 誤り。相続を放棄した者は、最初から相続人とならなかったものとみなされ、相続財産を承継することはできないが、**生命保険金や死亡退職金（みなし相続財産）を受け取ることはできる**。相続税の計算上、このような財産は**遺贈**により取得したものとして取り扱われる。

6. 相続開始日から3カ月以内に法定相続人のうちの1人が家庭裁判所へ限定承認申述書を提出し、限定承認が認められた場合、その相続人は債務超過部分の消極財産を承継する必要がなくなる。

7. 遺産分割協議は、相続人全員が一同に会して会議を開く必要はなく、予め1人の相続人が遺産分割協議書を作成し、他の相続人に郵送して順次これに署名・捺印する方法でも構わない。

8. 相続人が代償分割によって他の相続人から取得した代償財産には相続税は課されない。

9. 代償分割によって交付される代償財産が、被相続人が遺した財産ではなく、相続人が相続前から所有していた財産であった場合、その代償財産が交付時の時価によって譲渡されたものとして譲渡所得税が課される。

6. 誤り。**限定承認**は、相続によって得た財産の限度においてのみ非相続人の債及び遺贈を弁済すべきことを留保して承認することをいう。限定承認をするには、相続開始日から3カ月以内に家庭裁判所へ限定承認申述書を提出しなければならない。相続人が複数いる場合は、**相続人の全員が限定承認を行わなければならず**、そのうち1人だけ限定承認することはできない。

7. 正しい。遺産分割協議書は、**相続人全員**が署名（又は記名）・捺印するとともに、印鑑証明書を添付しなければならない。遺産分割協議は、相続人全員が一同に会して会議を開くことが理想的であるが、相続人が遠隔地に住んでいる場合などにおいて、予め1人の相続人が遺産分割協議書を作成し、他の相続人に郵送して順次これに署名・捺印する方法によって作成することも可能である。

8. 誤り。代償分割とは、共同相続人又は包括受遺者のうち1人又は数人が相続又は遺贈により遺産を現物で取得し、その現物を取得した者が、他の共同相続人又は包括受遺者に対して**債務を負う**方法をいい、規模の大きな事業用財産など分割が容易でない財産の相続の際に使われる方法である。相続人が代償分割によって他の相続人から取得した**代償財産**は、相続税の課税対象となる。

9. 正しい。代償分割によって交付される代償財産は、現金であるケースが多いが、相続人が所有する土地などを交付する場合、その土地が**交付時の時価**によって譲渡されたものとして譲渡所得税が課される。

10. 公正証書遺言には3人以上の証人が必要である。

11. 相続の際、兄弟姉妹には遺留分が認められていない。

12. 遺留分を侵害された相続人が贈与や遺贈などを減殺して取り戻すためには、家庭裁判所に請求する必要はなく、遺留分を侵害した者に対して口頭で意思表示すれば足りる。

13. 相続放棄をした者が生命保険金を受け取った場合、非課税限度額（500万円×法定相続人の数）を控除した金額まで非課税となる。

14. 相続財産となる土地・建物に係る固定資産税で、相続開始時点で納付期限が到来していないものは、債務として相続財産から控除することはできない。

10. 誤り。公正証書遺言とは、本人が口述し、**公証人**が筆記して遺言書を作成するとともに、**証人**に読み聞かせる遺言をいう。これは遺言書を公証人が作成するため、完全かつ確実な方法である。公正証書遺言には証人が**2人以上**必要である。

11. 正しい。**遺留分**が認められているのは、配偶者、被相続人の子及びその代襲相続人並びに直系尊属であり、**兄弟姉妹には認められていない。**

12. 正しい。**遺留分減殺請求権**を行使するためには、家庭裁判所に請求する必要はなく、遺留分を侵害した者に対して遺留分減殺の意思表示をすればよい。実務上、**内容証明郵便**を送ることが一般的である。

13. 誤り。生命保険金が非課税となる対象者は**相続人のみ**である。したがって、相続放棄した者が生命保険金を受け取ったとしても**非課税の取扱いを受けることができない。**

14. 誤り。固定資産税が賦課されるのは毎年1月1日であり、1月1日における不動産の所有者に1年分の固定資産税が課される。したがって、相続開始時点で**納付期限が到来していない**ものであっても、納付する義務は残るため、**債務として相続財産から控除することができる**。住民税についても全く同様であり、納付期限が到来していないものを**債務として相続財産から控除することができる**。なお、所得税については、被相続人が死亡した年度分の準確定申告において算出した**税額**を相続財産から控除することになる。

15. 相続又は遺贈により財産を取得した者が、相続開始前3年以内に被相続人から贈与された財産は、相続時の時価によって相続財産に加算しなければならない。

16. 父親の相続に際し、母親、長男、次男及び三男の4人の法定相続人のうち母親が相続放棄をしたならば、相続税の計算上、基礎控除額は4,800万円となる。

17. 店舗併用建物の持分の贈与を行って、贈与税の配偶者控除の適用を受ける場合、贈与した持分割合が、建物全体の面積のうち居住用部分の面積の割合の範囲内であれば、その贈与の全額が配偶者控除の適用対象となる。

18. 相続開始前3年以内に行った暦年贈与がある場合、その贈与財産額を相続財産に加算することが原則であるが、相続人が相続時に遺産を全く承継しない場合には加算しなくてもよい。

19. 相続時精算課税制度を適用する場合であっても、直系尊属から住宅取得等資金の贈与を受けた場合の非課税制度を適用することができる。

15. 誤り。相続又は遺贈により財産を取得した者が、相続開始前3年以内に被相続人から贈与された財産は、相続時の時価ではなく、「**贈与時の時価**」によって相続財産に加算する。なお、すでに納付した贈与税額は相続税額から控除される。

16. 誤り。**相続放棄をした者がいた場合であっても法定相続人の数は変わらない**。したがって、基礎控除額は3,000万円+(600万円×法定相続人の数4人)=5,400万円である。

17. 正しい。**贈与税の配偶者控除**において、店舗併用住宅の贈与を受けた場合、**まず居住用部分から贈与があったものと考える**。したがって、贈与した持分割合が、建物全体の面積のうち居住用部分の面積の割合の範囲内であれば、その贈与の全額が配偶者控除の適用対象となる。

18. 正しい。**生前贈与加算**は、相続時における遺産の取得が前提となっているため、**遺産を何も引き継がない場合は加算しない**。ただし、相続時精算課税制度を適用して贈与を受けていた場合は、相続時に遺産を取得しない場合においても加算されることになる。

19. 正しい。住宅取得等資金に係る相続時精算課税の特別控除額2,500万円と、直系尊属から住宅取得等資金の贈与の非課税額は、**併用**することができる。

20. 婚姻期間が20年以上の夫婦が結婚当時から住み続けてきた自宅を売却しようとする場合、贈与税の配偶者控除の適用を受けて自宅の持分を贈与しておくと、売却時の所得税負担を軽減することができる。

21. 父親が所有する土地を子供が無償で借りてアパートを建て、それを第三者へ賃貸する場合、その土地の相続税評価は、自用地価額×（1－借地権割合×借家権割合×賃借割合）となる。

20. 正しい。**居住用不動産の配偶者控除**を利用した結果、土地及び建物を夫婦の共有名義になれば、売却する際において、**居住用不動産の譲渡所得に係る3,000万円特別控除**は夫婦それぞれが利用することができる。したがって、所得税負担の軽減をもたらすことができる。

21. 誤り。父親が所有する宅地を子供が**無償で借りて**アパートを建てた場合、**使用貸借**となり、宅地は**自用地価額**で評価されることになるとともに、子供の**借地権はゼロ評価**である。それゆえ、建物を第三者へ賃貸したとしても、借家人が宅地の上に存する権利はゼロとなり、土地の相続税評価は自用地価額100％となる。ただし、父親が建てたアパート（建物のみ）を子供に贈与した結果、本問と同様の使用貸借となった場合は、父親の所有する宅地は貸家建付地として評価される。

Ⅳ ■ 法人税

［1］ 法人の所得金額

　法人税の課税標準である各事業年度の所得金額は、事業年度の**益金**の額から**損金**の額を控除した金額である。原則として、法人の利益は一般に公正妥当と認められる会計処理の基準によって決算が行われていれば、法人税法上もそれを認めるものとしている。

　しかし、会計上の利益の額がそのまま所得の金額となることは稀である。そこで、法人税法では、**「別段の定め」**を規定し、両者の差異を調整することとしている。つまり、利益の額に加算調整するものと、減算調整するものが規定されているのである。

　法人税申告書で所得計算を行うのが**別表四**「所得の金額の計算に関する明細書」である。これは、会計上の利益から所得金額を誘導して計算するためのものである。

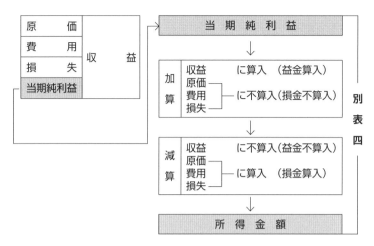

　別表四を作成した結果、法人の利益と所得金額が一致しないことから、**会計上の利益剰余金**と**税務上の利益積立金額**に差異が発生する。そこで、法人の決算上の貸借対照表に表れていないものを含む**税務上の利益積立金の金額及び資本金等の額**の内容とその移動状況を示すものとして法人税申告書**別表五（一）**「利益積立金額及び資本金等の額の計算に関する明細書」を作成する。

[2] 法人税額の計算

　各事業年度の所得に対する法人税率は、平成27年から23.9％となっているが、資本金1億円以下の中小法人（大法人の子会社は除く）については、所得金額のうち**年800万円以下の部分**に対しては**15％**となっている。

　法人が利子や配当を受け取る際には、**所得税の源泉徴収**が行われる。この源泉徴収された所得税は、法人税の前払いであることから、各事業年度の法人税額から控除する。その際、税額控除を受ける所得税額は、各事業年度の所得金額の計算において損金の額に算入されない。したがって、別表四において加算調整を行う。

[3] 繰越欠損金

　欠損金とは、各事業年度の所得金額の計算において、損金の額が益金の額を超える場合の、その超える部分の金額である。法人税法上、**青色申告書を提出した事業年度に発生した欠損金**については、翌期以降に繰り越して所得控除することができる制度がある。

　この制度は、次の要件すべてに該当すれば、**大法人**の場合、繰越欠損金を当期の所得金額の**80%**まで控除することができ、**中小法人**（大法人の子会社を除く）の場合、所得金額**100%**まで控除することができるというものである。

【要件】
① 　各事業年度開始の日以前**9年以内**に開始した欠損金であること。平成29年から10年間の**繰越し**が可能となる。
② 　**青色申告書を提出した事業年度に発生した欠損金であること**
③ 　その後、連続して確定申告書を提出していること（白色申告でもよい）
④ 　欠損金の生じた事業年度に係る帳簿書類を保存していること

　なお、青色申告書を提出した事業年度の欠損金の繰越控除は、必須の申告調整事項であり、所得控除を中止することはできない。繰越欠損金は、控除する事業年度の所得金額を限度とし、控除できなかった欠損金は更に翌期以降に繰り越すことになる。また、繰越欠損金は最も古い事業年度において生じたものから順次控除する。

【コラム】タワーマンション節税とは何か？

　金融資産を多く抱える富裕層の相続税対策として最適な手段となるのは、不動産投資である。その場合、対象となる不動産は、財産評価引下げ効果が大きく（「圧縮率が高い」とも呼ばれる）、かつ、賃貸の空室リスク、将来の価格下落リスクが小さい不動産である。このような優良な不動産を見つけることは容易ではないが、この条件に該当するであろう不動産は、都心のタワーマンションである。大規模な再開発が予定されている東京都港区であれば、立地条件によっては、将来の価格上昇も期待できるかもしれない。このため、金融資産を現金化し、都心のタワーマンションを買うことが流行している。

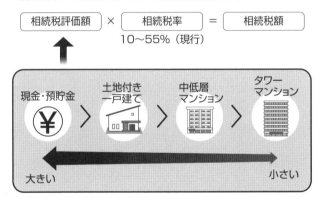

タワーマンションによる圧縮の効果

購入価格	約1億1,000万円
賃貸前の評価額	約3,600万円 （土地約1,500万円、建物約2,100万円）
賃貸後の評価額	約2,700万円 （土地約1,200万円、建物約1,500万円）

例題4-3 以下の各記述を読み、正しいか誤っているかを判定しなさい。

【問題】

1. 預金の受取利息から源泉徴収された所得税額と道府県民税利子割額は、当期の法人税額、道府県民税額から控除することを選択するほうが有利になる場合が多い。その際、道府県民税利子割額は法人税申告書別表四において加算調整するが、所得税額は別表一において減算調整することになる。

2. 期末資本金が1億円以下の中小法人（資本金が5億円以上の親法人の完全小法人を除く）は、交際費等の額のうち、800万円の定額控除額と、飲食費×50％のいずれか小さい方まで損金算入することが認められている。

3. 法人税の計算上、平成10年4月1日以降に取得した建物の減価償却方法は定率法しか認められていない。

4. 法人税法上、役員退職給与の損金算入限度額は、その役員の退職時の役員報酬月額、役員在籍年数及び功績倍率などを考慮して判定されることになる。

【解答4-3】

1. 誤り。預金の受取利息から源泉徴収された所得税額と道府県民税利子割額は、**当期の法人税額、道府県民税額**から控除することを選択することが一般的であろう。所得税額及び道府県民税利子割額は会計上費用計上しているため、当期利益からマイナスされている。そこで、いずれも加算調整して課税所得を算出した後、**別表一の税額計算、地方税申告書の税額計算**において税額控除を行う。したがって、道府県民税利子割額を加算調整するだけでなく、所得税額についても加算調整を行う必要がある。その際、法人税申告書の**別表四**では、仮計欄の下、「**法人税額から控除される所得税額**」に記載して**加算**することになる。

2. 誤り。中小法人の交際費等の損金算入限度額は、**800万円**の定額控除額と、**飲食費×50%のいずれか大きい方**を選択することができる。

3. 誤り。平成10年4月1日以降に取得した**建物**の減価償却方法は、定率法ではなく「**定額法**」しか認められていない。一方、建物附属設備については定率法の適用が認められているため、建物を購入した場合、その取得原価を建物と建物附属設備に区分し、建物には**定額法**を、建物附属設備には定率法を適用することが多い。

4. 正しい。役員退職給与の**功績倍率方式**は以下のとおりである。
　　役員退職給与の適正額＝退職時の報酬月額×役員在任年数×功績倍率
　なお、社長の功績倍率は、実務上、3.0～3.5倍とするケースが多い。

5. 法人税法上、役員給与のうち定期同額給与と事前確定届出給与は、納税地の所轄税務署長に届出をしなければ損金算入が認められない。

6. 青色申告の中小法人に欠損金が生じた場合には、翌年以降9年間繰り越し、控除する事業年度の所得金額の80％を控除限度として、翌年以降の課税所得から控除することができる。

5. 誤り。役員給与のうち**事前確定届出給与**は、納税地の所轄税務署長に届出をしなければ損金算入が認められないが、**定期同額給与は特に届出等は必要なく損金算入が認められる**。なお、定期同額給与の額につき、事業年度開始の日から**3カ月以内に改定**された場合、改定後の各支給時期における支給額が同額であれば損金算入が認められる。

6. 誤り。**青色申告**の**中小法人**に欠損金が生じた場合には、翌年以降**9年間**繰り越すことができる。その場合の控除限度額は、控除する事業年度の所得金額の80％が原則であるが、**中小法人**には限度が設けられておらず、**所得金額100％から控除**することができる。また、中小法人は、繰越控除することに加えて、前事業年度に繰り戻して還付を受けることも可能である。

V ■ 消費税

［1］ 消費税の仕組み

　消費税は、商品等の販売やサービスの提供などの取引に対して課される税金である。消費者は、商品などの価格に含まれた消費税と地方消費税を負担し、納税義務者である事業者が申告して、納付を行う。
　消費税は、以下のように課税される取引と課税されない取引がある。

【課税取引】
　次の要件のすべてに該当する取引は課税される。
　① 国内における取引
　② 事業者が事業として行う取引
　③ 対価を得て（有償で）行う取引
　④ 資産の譲渡、資産の貸付及びサービスの提供
　また、外国から商品を輸入する場合も、輸入のときに課税される。

【非課税取引】
　次のような取引は消費税の性格や社会政策的な配慮から課税されないことになっている。
　土地の譲渡及び貸付、社会保険医療、株式、社債の譲渡、一定の学校の授業料、貸付金や預金の利子、住宅家賃など

　事業者は、その年の**前々年（基準期間）の課税売上高が1,000万円を超えた場合**には、消費税を納める義務のある**課税事業者**となる。1,000万円以下の場合には、その年の課税売上高がいくらであっても消費税を納める義務はない（免税事業者）。ただし、免税事業者のうち、その年の前年1月1日から6月30日までの期間（特定期間）の課税売上高（課税売上高に代えて給与等の支払額を選択することも可能）が1,000万円を超える事業者は、課税事業者となる。輸入の場合には、事業者だけでなく輸入した個人も納税義務

者となる。

平成24年	平成25年	平成26年
前々年(基準期間)	前年	その年(課税期間)
	特定期間 1/1～6/30	

課税売上高1,000万円超 ──────────────▶ 課税事業者

[2] 消費税の計算

消費税の税率は現在8％（国税6.3％、地方税1.7％）となっているが、平成29年4月には**10%**（国税7.8％、地方税2.2％）に引き上げられる予定である。

消費税は、売上に係る消費税額から仕入に係る消費税を控除することによって計算する。課税期間の**課税売上高**及び**課税仕入高**は、消費税と地方消費税に相当する金額を除いた金額である。課税仕入れに係る消費税額の控除を受けるためには、「帳簿」と「請求書等」の両方の保存が必要とされている。

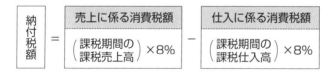

例えば、売上高2,160万円（基準期間は1,800万円であった）、仕入高1,296万円、家賃129.6万円、諸経費151.2万円の会社の消費税等は以下のように計算される。

①	課税売上高（税込み）を税抜きにする。 　　2,160万円 × $\dfrac{100}{108}$ ＝2,000万円
②	税抜き売上高から消費税額を算出する。 　　2,000万円 × 8％＝160万円
③	課税仕入れ（税込み）に係る消費税額を算出する。 　　(1,296万円＋129.6万円＋151.2万円) × $\dfrac{8}{108}$ ＝116.8万円
④	消費税等の納付税額を計算する。 　　160万円－116.8万円＝43.2万円

【コラム】最適贈与額とは？

　暦年贈与は相続税対策の手段の基本であるが、110万円の基礎控除の枠内に縛られる必要はない。贈与税率が相続税率を下回っている限り、贈与税を支払ってでも生前に財産を子供に移してしまうほうが、相続税と贈与税を合わせたトータルの税負担が軽くなる。

　もちろん、贈与税は超過累進税率が適用されるため、短期間の集中的な贈与を行うとすれば、高い税率が適用されることになる。それゆえ、贈与税だけを軽減させたいのであれば、受贈者1人1回当たりの金額を下げて税率を低く抑え、複数の受贈者、複数の年度に分散させて贈与するほうがよいということになる。しかし、相続財産が多く残ってしまえば、相続税が課される。

　それでは、暦年贈与で1年間にどれだけ贈与すべきなのか。相続財産が減るにしたがって相続税率が下がる。それとは反対に、贈与財産を増やすことによって贈与税率が上がる。この点、緻密に計算してゆけば、ある一定水準で税負担が最小化する最適な贈与財産の金額（年間）が判明する。これが「最適贈与額」である。

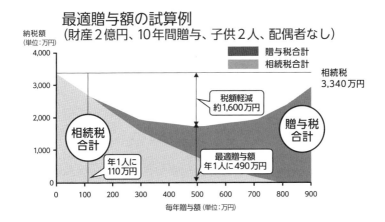

例題4-4 以下の各記述を読み、正しいか誤っているかを判定しなさい。

【問題】

1. 基準期間の課税売上高が1,000万円以下であっても、前年上半期の課税売上高が1,000万円を超えた場合（給与等支払額での判定を選択することが可能）、その課税期間から課税事業者となる。

2. 新設法人は、基準期間が存在しないため、設立第1期及び第2期は常に免税事業者となる。

3. 課税売上割合が95％未満の場合や、課税売上高が5億円を超える場合、課税仕入れに係る消費税額のうち課税売上に対応する部分のみを控除する。

【解答4-4】

1. **正しい。** **基準期間**（個人事業者は前々年、法人は前々事業年度）の**課税売上高が1,000万円以下**の事業者は消費税の納税義務が**免除**されることが原則である。しかし、基準期間の課税売上高が1,000万円以下であっても、その年の**前年上半期**（特定期間。個人事業者は前年1月1日から6月30日までの期間、法人は前事業年度開始の日以降6カ月の期間）の課税売上高が1,000万円を超えた場合、その課税期間から課税事業者となる。ただし、**給与等支払額**によって判定を選択することが可能であるため、免税事業者を望むのであれば、給与支払額を1,000万円以下に抑えることになろう。

2. **誤り。** 新設法人は、基準期間が存在しないため、設立第1期及び第2期は**免税事業者**となることが原則である。しかし、その事業年度開始の日の「**資本金**」又は「**出資金**」の金額が1,000万円以上の法人は、設立第1期及び第2期においても**課税事業者**となる。また、課税売上高5億円超の事業者が50%超出資して設立した法人は、資本金が1,000万円未満であっても設立第1期及び第2期は課税事業者となる。

3. **正しい。** 仕入税額控除の計算方法は、**課税売上割合が95%以上**の場合（課税売上高が5億円を超える事業者を除く）、課税仕入れに係る消費税額を**全額控除**できる。一方、課税売上割合が95%未満の場合と、課税売上高が5億円を超える場合、課税仕入れに係る消費税額のうち**課税売上に対応する部分のみを控除する**。その際の計算方法には、個別対応方式と一括比例配分方式がある。

4. 社債や株式等の有価証券の譲渡、土地の譲渡は消費税の非課税取引であるが、住宅（人の居住用に使う家屋）の貸付は課税取引となる。

4. 誤り。**住宅の貸付**は、通常の住居に使用される場合は**非課税取引**である。ただし、貸付の期間が1カ月未満の場合は課税取引となる。また、旅館やホテルで部屋を貸付る場合は、1カ月以上の貸付であっても課税取引となる。

Ⅵ ■ タックス・プランニング

［１］ 相続の現場とその対応

　相続の現場で最も重要なテーマは**遺産分割**である。民法において、相続人が複数いるときは、相続財産は**共有**に属するものとされている。それゆえ、遺産分割手続を行うことによって**共有状態を解消**し、各相続財産を各相続人に個別に帰属させることが必要となる。そこで、民法は「法定相続分」を定め、複数の相続人がその割合に応じて遺産を承継するものとしている。ただし、遺産分割は、相続人による**協議**によって決めることもできる。このため、遺産分割協議において遺産を巡る相続人間の争いが発生するのである。

　遺産分割が決まらなければ、相続税の納税はできない。相続税は、相続開始日から**10カ月以内**に現金で納付しなければならないが、分割協議がまとまらなければ預金の引出しができないため、納税が困難となる。

　また、遺産分割が決まらなければ、株式や不動産の**名義変更**もできない。名義変更できないと、売却して現金化するなど自由に処分することができない。極端な話、相続人の中に１人でも遺産分割協議書に押印しない人がいれば、家庭裁判所のお世話にならない限り、永遠に処分することができなくなる。

　何よりも重要な問題は、遺産分割がまとまらずに相続人間で裁判になることである。裁判に発展すれば、相続人間の人間関係が決定的に悪化してしまう。

　さらに、遺産分割がまとまらない場合、相続税申告が不利になる。すなわち、遺産分割がまとまらなければ、「**配偶者の税額軽減**（配偶者が取得する相続財産が法定相続分相当額又は１億6,000万円まで課税されないとする制度）」や

「**小規模宅地等の評価減の特例**（被相続人の生活基盤になっていた居住用・事業用の宅地は、評価額が減額される制度）」などを適用して、税負担の軽減させることができない。そして、「**相続税の取得費加算の特例**（相続後3年10ヵ月以内に相続した土地や非上場株式を売却した場合、その売却益に対する譲渡所得税を計算する際に、それらの相続時に課された相続税相当額を取得費に加算することができる特例）」についても、遺産分割がまとまっていることが前提である。

遺産が未分割であれば、これらの特例を適用しないものとして計算された相続税額を納税しなくてはならない。余計な税負担を強いられないようにするためにも、プライベートバンカーは、お客様の遺産分割を確実にまとめるためのアドバイスを提供しなければならない。

[2]　資産の組替え

お客様で土地を所有されている方の多くは、「先祖代々の土地は売らずに相続を続けなければならない。」と考えている。しかしながら、相続があると相続税の納税のために土地の一部を切売りすることになり、資産がどんどん目減りするだけでなく、売りやすい優良な土地が減って、売りにくい劣悪な土地が残ることにより、**全体としての土地の収益性が下がってしまう**という問題が伴う。

現実には、無理して土地を保有しつづけるよりも、手放すほうが好ましいケースが数多くある。収益性の低い土地を保有している場合、固定資産税や維持費などのコスト負担だけ重くのしかかってくるからである。自分の代で売らなければ、子供たちが売らなければならなくなる。つまり、土地を所有することに伴う問題を将来に先送りするだけである。

郊外の土地などで収益性が著しく低い土地を所有するお客様、あるいは、地方都市で買い手がつかずに困る土地を所有するお客様がいた場合、プライベートバンカーとしては、**売却すること**を提案すべきである。

確かに、土地の所有を続け、賃貸アパート・マンション建築を行って**有効活用を図る**という選択肢もあるだろう。しかし、近年問題となっているように、賃貸経営の調子がいいのは最初の数年間だけで、その後の空室や賃料引下げや空室増加によって赤字は膨らむばかりで、借入金の返済のための資金繰りが悪化するケースも多くみられる。**賃貸不動産経営は立地条件がすべて**である。都心部に比べて地方都市になるほど、収益性の低下が早いことを覚悟しなくてはならない。

(1) 自宅の住替え

自宅が地方都市にあるならば、その自宅を売却し、都心部に新たな自宅を購入することによって（住替え）、相続税の負担を軽減させることができる。

例えば、**地方**に広くて地価が安い土地を所有し、そこの自宅に住んでいたとしよう。330平方メートルまでは小規模宅地等の評価減の特例を適用することができるが、広い自宅敷地の場合は、330㎡を超えるケースが多い。そのため、土地の一部にしか評価減を行うことができなくなり、相続税負担が重くなる。

これに対して、**都心**のマンションに住み替えると、地価が高い分だけ敷地面積は小さくなるため、所有する土地が330㎡までに収まって、小規模宅地の評価減の特例を所有する土地全体に適用できる可能性が高い。つまり、小規模宅地等の評価減の特例を最大限活用して税負担を軽減させるためには、**地方都市**にある路線価の低い自宅を売却し、**都心部**にある路線価の高い場所に自宅を購入するとよいのである。

もちろん、自宅の売却には譲渡所得税が課される。この点、居住用不動産の売却には、**3,000万円の特別控除**や**長期譲渡所得の軽減税率**が適用されるケースが多いため、よほど大きな売却益が出ない限り譲渡所得税の負担が障害となることはないであろう。

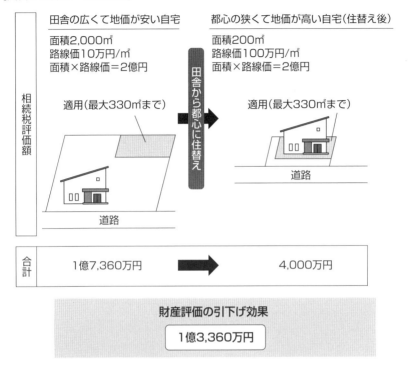

(2) 遊休不動産を売却して賃貸不動産を購入する

お客様の最適な財産承継のために、**不動産の組替え**は積極的に検討すべきである。すなわち、収益が低いにもかかわらず相続税評価が高い不動産を手放し、収益力の高い不動産に組み替えていくことである。結果として、**相続税負担を軽減**するとともに、**収益力の向上**を図ることができる。

賃貸不動産を取得しておけば、小規模宅地等の評価減の特例を適用することが可能である。これは被相続人の**貸付事業用宅地の評価減**を行うものであり200㎡を限度に50％が減額される。このため、田舎や郊外にある路線価の低い地域にある不動産を手放し、都心部にある路線価の高い地域にある不動産を購入するとよいのである。

また、都心部の**賃貸不動産**を取得することによって、相続税評価額と時価との乖離を拡大させることで税負担を軽減させることができる。例えば、都心のタワーマンションである。都心の収益物件は、利便性も良いので賃貸でも人気があり賃料が下がりにくく、また、売却もしやすいため、資産価値を毀損するリスクも小さい。さらに、タワーマンションのような不動産であれば、相続税評価額が時価よりも大きく下回るため、相続税の負担が著しく軽減されることになる。不動産投資は富裕層の相続税対策において不可欠な手法であるため、プライベートバンカーは不動産の知識を必ず持っていなければならない。

Ⅶ ■ 事業承継における自社株対策

［1］ 企業オーナーの相続対策

　プライベートバンカーのお客様の中でも「**超・富裕層**」と別格扱いされる方々のほとんどは企業オーナーである。例えば、上場企業の創業家一族、非上場オーナー経営者、大病院の経営者などである。

　一般的に高所得の職業といえば、開業医、弁護士、大企業の役員などが挙げられるが、彼らの高所得は**フローの収入**によるものである。この高所得が長期間続けば超・富裕層になることが可能かもしれないが、個人の労働時間や働く期間には限界があるため、フロー収入のみで超・富裕層のレベルに到達することは現実的には不可能である。

　これに対して、企業オーナーは、高所得によるフロー収入ではなく、オーナーの労働以外で収入を生み出す株式という**ストック**を持っている。ストックの価値増大によって財産を増やした企業オーナーが超・富裕層としての地位をもたらすのである。

　企業オーナーの事業承継を考える上で、最大の課題となるのが**自社株式**の承継である。自社株式は「経営権」と「財産権」という経営の根幹に関わるものであり、そのいずれも後継者へ移転させなければならない。

　企業オーナーの事業承継では、**会社の支配権**を明確化させるために、後継者は少なくとも自社株の過半数（できれば3分の2）を保有させるように遺産分割すべきだといわれる。しかし、後継者だけに多額の自社株を承継させるとすれば、**遺留分の問題**などが発生するおそれがある。しかし、平等な遺産分割を優先して後継者以外の相続人に株式を承継させてしまうと、会社の支配権を巡る争いが起きる可能性が伴う。

　また、非上場株式は容易に換金できないことから、その承継に伴う相続

税の納税資金は別途調達する必要がある。

　この点、非上場株式は、金融資産や不動産と比べて、財産評価の引下げが容易なものである。うまく会社経営をコントロールしてやれば、株式の相続税評価を著しく引き下げることが可能である。

【事業承継の流れ】

1	現状分析	1．会社の概況 　過去３期分の決算書、法人税申告書、登記簿謄本、定款、株主名簿等を入手し、経営者へのインタビューにより会社の概況を把握する。 2．後継者候補の状況 　親族図、経営者や親族の意向等をヒヤリングする。 3．自社株の評価と相続税額 　自社株の評価と相続税の試算を行う。
2	基本方針の決定	親族内承継、親族外承継、M＆A等、後継者の育成方法、後継者候補や承継方法、承継の時期など基本方針を決める。 当初はおぼろげなものから、何回かの見直しを経て段階的に固めていくのが通常である。
3	問題点の把握	経営上、法務上、税務上の各ポイントについて、問題の有無を把握する。
4	対策プランの立案	把握した問題点を解消するための対策を立案する。 これも当初はラフな複数の代替案を作り、意見交換を重ねて、基本方針が定まっていくのに対応させて、実施案も絞り込みを行う。
5	事業承継の計画書作成	会社の利益計画、経営者と後継者の年齢と持ち株比率、各年度での対策を一覧できる年表を作成する。
6	実行	立案した対策プランを、順次実行していく。
7	継続フォロー	一度決めた計画も、常時フォローアップして、経済環境や家族状況、法令改正などに対応することが必要となる。 特に、自社株の評価額は定期的に確認するのが肝要である。

（1〜2カ月ほど：1〜4、3年ほど：5〜6、継続：7）

（出所：プライベートバンキング下巻）

［2］ 事業承継に伴うリスク

　事業承継には、様々なリスクが伴う。第1に、**事業が存続できなくなるリスク**がある。例えば、先代経営者の能力に依存していたため、経営者の引退によって一気に経営の機能が低下してしまい、それによって業績が悪化するような事態が想定される。また、先代経営者の子供を後継者にしたとき、その事業承継に古参役員や従業員からの信任を得られず、従来の経営管理体制が分裂したり、本来必要な優秀な人材が流出したりする異常事態もあるだろう。さらに、後継者が経営者として未熟であったため、取引先や金融機関の信認を得られず、取引の停止や融資の継続が困難になるような異常事態もあり得る。

　第2に、**親族内で支配権争いが起こってしまうリスク**、いわゆる**争族リスク**である。子供が複数いる家族であれば、後継者が明確に決められなかったことによって、経営権を巡る争いが生じるケースがある。また、相続財産のほとんどが自社株式であったために、後継者に財産が偏って承継されてしまい、それが他の相続人の遺留分を侵害し、遺産分割を巡る争いに発展することもある。このような親族間の争いが生じれば、従業員が動揺し、社内の士気が低下してしまう。

　第3に、**納税資金を準備できない納税リスク**がある。納税期限までに遺産分割ができなければ、相続税を納税することができない。また、納税資金を捻出するために自社株式を会社に買い取らせるような場合、現金の流出によって会社の資金繰りに悪影響を及ぼしてしまうことになる。

　これらのリスクは相続時に顕在化しても対応することはできないだろう。生前の段階で早めにリスクを取り除くようにすべきである。プライベートバンカーは、企業オーナーの事業承継についてもアドバイスしなければならない。

[3] 自社株式の評価

　一般的に、**非上場株式**の評価といえば、財産評価基本通達に定められている評価方法を意味する。ここでは、非上場株式を発行する会社の**規模**やその株式を相続や贈与によって取得した者の会社に対する**支配力**に応じて、以下の4つの評価方式を規定している。

①　類似業種比準価額方式
②　純資産価額方式
③　類似業種比準価額方式と純資産価額方式の併用方式
④　配当還元方式

　非上場株式は、「**株式の持株割合**」と「**発行会社の規模**」によって、いずれの評価方法を適用するかが決まる。非上場株式を取得する者は、取得後の持株割合に応じて、「**原則的評価方式**（類似業種比準価額方式、純資産価額方式及びその併用方式）」を適用すべき同族株主等と、「**特例的評価方式**（配当還元方式）」を適用すべき少数株主とに区分される。非上場株式の評価方法の判定のためのフローチャートは次のとおりである。

VII 事業承継における自社株対策

【非上場株式の評価方法の判定】

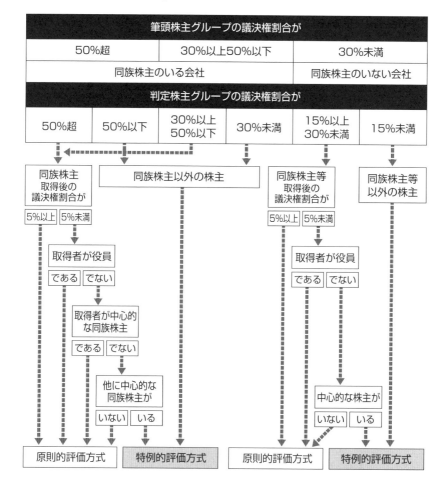

同族株主とは、評価会社の議決権の数を合計で**30％以上**所有する次の1～3のグループをいう。グループというのは、株主の1人とその同族関係者の持株割合の合計が30％以上であれば、そのグループに属する株主全員が「同族株主」になるという意味である。ただし、議決権比率が50％超所有するグループがいる場合は、他のグループはたとえ30％以上の議決権

比率を有していても同族株主とはならない。

> 1. 株主等
> 2. 株主等の親族（配偶者、6親等内の血族、3親等内の姻族）等
> 3. 株主等及びその同族関係者が議決権の数を50％超所有する会社

例えば、以下のケースであれば、グループAとグループBのいずれも同族株主となる。

株主グループ	A	B	C	その他	合計
議決権比率	35%	35%	20%	10%	100%

しかし、以下のケースであれば、グループAのみが同族株主となる。

株主グループ	A	B	C	その他	合計
議決権比率	51%	30%	15%	4%	100%

また、「**中心的な同族株主**」とは、評価会社の議決権の数を合計25％以上所有する次の1～3のグループをいう。

> 1. 株主等
> 2. 株主の配偶者、直系血族、兄弟姉妹、1親等の姻族(甥、姪は対象外)
> 3. 1及び2の者が議決権の数を**25％以上**所有する会社

さらに、「**中心的な株主**」とは、同族株主のいない会社で、評価会社の議決権の数を合計15％以上所有する次の1～3のグループのうち、単独で10％以上所有している株主をいう。

> 1. 株主等
> 2. 株主等の親族（配偶者、6親等内の血族、3親等内の姻族）等
> 3. 株主等及びその同族関係者が議決権の数を**50％超**所有する会社

評価方法の判定基準における「**役員**」とは、社長、副社長、代表取締役、専務取締役、常務取締役、監査役等をいい、平取締役、使用人兼務役員は除く。

　同族株主が所有する株式については、「従業員数」「直前期１年間の売上高」「簿価総資産額」という会社規模の三要素によって、評価対象会社を「**大会社**」「**中会社**」「**小会社**」「**特定の評価会社**」の４つに区分して評価方法を規定している。

　具体的には、次の「会社規模の判定基準」に基づいて判定することになる。

1. 従業員数が**100人以上**の会社は**大会社**とする
2. 従業員数が100人未満の会社は、以下の図表中（１）と（２）のいずれか大きい方で判定する。

【会社規模に応じた評価方法の判定基準】

（１）　従業員数を加味した総資産基準

総資産価額（帳簿価額)			従業員数				
卸売業	小売・サービス業	その他の業種	5人以下	30人以下5人超	50人以下30人超	99人以下50人超	100人以上
20億円以上	10億円以上	10億円以上					大会社
14億円以上	7億円以上	7億円以上				中会社の大	
7億円以上	4億円以上	4億円以上			中会社の中		
7千万円以上	4千万円以上	5千万円以上		中会社の小			
7千万円未満	4千万円未満	5千万円未満	小会社				

(2) 取引金額基準

取引金額			会社規模
卸売業	小売・サービス業	その他の業種	
80億円以上	20億円以上	20億円以上	大会社
50億円以上	12億円以上	14億円以上	中会社の大
25億円以上	6億円以上	7億円以上	中会社の中
2億円以上	6千万円以上	8千万円以上	中会社の小
2億円未満	6千万円未満	8千万円未満	小会社

　ここでの会社の規模は、卸売業、小売・サービス業、それらの業種以外の業種に分けて、直前期末の**総資産価額**（帳簿価額）、直前期末以前1年間の**従業員数**、直前期末以前1年間の**取引金額**の組合せによって判定する。

　大会社は、原則として、「類似業種比準価額方式」で評価する。純資産価額よりも類似業種比準価額のほうが低く評価されることが一般的ではあるが、純資産価額のほうが低い場合には、純資産価額で評価することもできる。

　小会社は、原則として、会社の資産価値に着目する「純資産価額方式」によって評価する。ただし、類似業種比準価額方式と純資産価額方式との折衷額で評価することもできる。

　ただし、会社の資産保有状況や営業状況が特異である会社の株式は、評価方法が異なる。例えば、**株式保有特定会社**や**土地保有特定会社**は、どのような会社規模であっても、原則として、純資産価額方式によって評価しなければならない。

【非上場株式の評価方式】

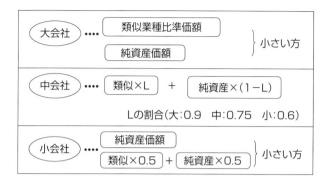

株主の態様	会社区分			評価方式	
支配株主（同族株主等）	一般の評価会社	大会社		類似業種比準方式	純資産価額とのいずれか少ない金額
		中会社	大	類似業種比準価額×0.90 ＋純資産価額（注1）×0.10	
			中	類似業種比準価額×0.75 ＋純資産価額（注1）×0.25	
			小	類似業種比準価額×0.60 ＋純資産価額（注1）×0.40	
		小会社		類似業種比準価額×0.50 ＋純資産価額（注1）×0.50	
	特定の評価会社	比準要素数1の会社（注2）		類似業種比準価額×0.25 ＋純資産価額（注1）×0.75	
		株式保有特定会社		S1＋S2方式	
		土地保有特定会社		純資産価額方式	
		開業後3年未満の会社			
		比準要素数0の会社（注3）			
		開業前・休業中の会社			
		清算中の会社		清算分配見込額の複利現価方式	
少数株主	特定の評価会社	一般の評価会社		配当還元方式 （特例的評価方式）	
		その他の特定会社			
		開業前・休業中の会社		純資産価額方式	
		清算中の会社		清算分配見込額の複利現価方式	

(注1) **議決権割合50％以下の同族株主グループ**に属する株主については、その**80％**で評価する。
(注2) 直前期を基準として1株当たり配当・利益・簿価純資産のうち、いずれか2つが0で、かつ、直前々期を基準として1株当たり配当・利益・簿価純資産のうちいずれか2以上が0の会社をいう。
(注3) 直前期を基準として1株当たり配当・利益・簿価純資産の3要素が0の会社をいう。

[4] 事業承継税制

　事業承継税制とは、中小企業経営承継円滑化法に基づく贈与税・相続税の納税猶予制度のことである。事業承継のために自社株の**生前贈与**を行う際、それに伴う税負担が障害になることが多い。そこで、事業承継を促進するために設けられたのが、この事業承継税制である。

　中小企業経営承継円滑化法に基づく贈与税の納税猶予制度とは、中小企業者の後継者が贈与により取得した株式に係る**贈与税の100％**相当額を、贈与者（創業オーナー）の死亡時まで猶予するという制度である。

Ⅶ 事業承継における自社株対策

【非上場株式等に係る贈与税の納税猶予制度】

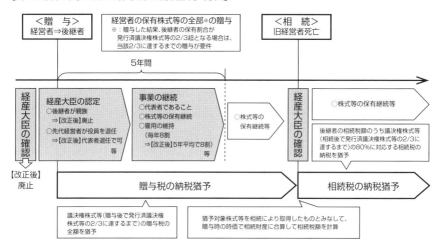

【非上場株式等に係る相続税の納税猶予制度】

	事業継続期間（当初5年間）中の主な適用要件
①	後継者（経営承継相続人）が**代表者**でいること
②	**雇用確保要件**を満たすこと
③	後継者が**対象株式の全部を継続して保有**すること
④	資産保有型会社又は資産運用型会社に該当しないこと 【要するに事業の廃業・転業の禁止】
⑤	総収入金額がゼロの会社に該当しないこと
⑥	上場会社等、風俗営業会社に該当しないこと

	事業継続期間経過後の主な適用要件
⑦	後継者が**対象株式の全部を継続して保有**すること
⑧	解散しないこと
⑨	資産保有型会社又は資産運用型会社に該当しないこと 【要するに事業の廃業・転業の禁止】
⑩	総収入金額がゼロの会社に該当しないこと

この制度は一見して複雑に感じられるが、最大のメリットは、後継者の贈与税額が**発行済議決権株式の３分の２**までゼロになるという点である。その後、相続発生時には20％の相続税が課されることにはなるが、他の生前対策と比べると著しく大きな節税手段となる。

　ただし、この制度の適用を受けるには、**経済産業大臣の認定**を受け、５年間は雇用確保などの事業継続要件、後継者が株式を継続保有する要件を維持し続けなければならない。

【コラム】プライベートバンカーの相続・事業承継の提案書⑦

　著者が実務で作成したお客様向け提案書を紹介する。これは相続税対策を目的として、法人設立と不動産投資を提案したものである。財産を親から子供に承継させようとする場合、個人所有の財産を贈与することで承継させるのではなく、法人持分の贈与を通じて法人所有の財産を承継させるほうが、税負担が軽くなる。そこで、お客様に資産所有法人としての合同会社を設立いただき、その法人が銀行借入れを行い、財産評価引下げを図るための不動産投資を実行するのである。これによって、法人持分の評価額をゼロまで引き下げることができれば、実質的に税負担ゼロで財産を承継することが可能となる。

法人の資金調達と資金運用

- 3つの合同会社は、それぞれ銀行から**借入金**によって資金調達し、**賃貸不動産**を購入します。
- 出資持分の評価額は3年後に大きく下がりますので、4年後から**暦年贈与**を行います。

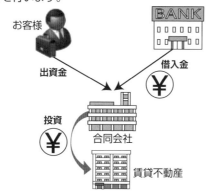

例題4-5 以下の各記述を読み、正しいか誤っているかを判定しなさい。

【問題】

1. 非上場株式の類似業種比準価額の計算における斟酌率は、大会社：中会社：小会社＝0.9：0.75：0.6である。

2. 非上場株式の類似業種比準価額の計算における評価会社の1株（50円）当たりの配当金額と、評価会社の1株（50円）当たりの利益金額は、いずれも直前期末以前2年間の平均値として算出する。

3. 従業員98人の中会社の株式は、従業員が2人増えると大会社となるため、類似業種比準価額の適用割合が高くなることによって、株式の相続税評価が高くなる。

4. 中小企業経営承継円滑化法の贈与税の納税猶予制度の適用を受けた場合、贈与者の死亡時まで納税猶予されるのは、制度の対象となる非上場株式に係る贈与税額の80％までである。

【解答4-5】

1. 誤り。非上場株式の**類似業種比準価額**の計算における**斟酌率**は、大会社：中会社：小会社＝0.7：0.6：0.5である。これに対して、原則的評価方式における**中会社のLの割合**（類似業種比準価額と純資産価額の併用割合）は、中会社の大：中会社の中：中会社の小＝0.9：0.75：0.6である。

2. 誤り。非上場株式の類似業種比準価額の計算における評価会社の1株（50円）当たりの**配当金額**は、**直前期末以前2年間の平均値**として算出する。しかし、評価会社の1株（50円）当たりの**利益金額**は、**直前期末以前2年間の平均値**と**直前期末以前1年間**の利益金額の**いずれか低い金額**を選ぶ。

3. 誤り。**従業員100人以上**の会社は**大会社**であり、類似業種比準価額の適用割合が中会社よりも高くなるが、一般的に類似業種比準価額は純資産価額よりも低いケースが多いため、結果として株式の相続税評価は低くなる傾向にある。

4. 誤り。中小企業経営承継円滑化法の贈与税の納税猶予制度の適用を受けた場合、贈与者の死亡時まで納税猶予されるのは、**株式の贈与税額**の80％ではなく**100％**（全額）である。なお、相続発生時に相続税の納税猶予制度の適用を受けた場合、納税猶予される相続税額は80％である。

5. 大会社の総資産に占める株式の割合が25％を超えた場合、その会社は「株式保有特定会社」に該当することとなり、純資産価額方式又はS1＋S2方式で評価される。

6. 中小企業経営承継円滑化法の贈与税の納税猶予制度の適用を受けるためには、受贈者は、贈与時に会社の代表者で、かつ、贈与者の親族でなければならない。

7. 中小企業経営承継円滑化法の贈与税の納税猶予制度の適用を受けるためには、贈与者は贈与時までに会社の代表取締役から取締役に降格しておけば足り、取締役を退任する必要はない。

5. 誤り。大会社で「株式保有特定会社」に該当することとなるのは、総資産に占める株式の割合が**50％以上**となったときである。その場合、その会社の株式は、純資産価額方式又はS1＋S2方式で評価される。

6. 誤り。受贈者は、贈与日現在20歳以上で、役員就任から継続して3年以上経過していること、同族関係者と合わせた議決権数の合計が総議決権数の50％を超え、かつ、その同族関係者内で筆頭株主となるという要件が課せられる。しかし、贈与者の親族であることは求められておらず、**親族外の第三者**が受贈者であっても、この制度の適用を受けることができる。

7. 正しい。贈与者の要件は、**代表者を退任**すること（取締役まで退任することは求められていない）、同族関係者と合わせた議決権数が総議決権数の**50％**を超え、かつ、その同族関係者内で**筆頭株主**であったことである。

Ⅷ ■ 金融商品取引に係るタックス・プランニング

[1] 金融商品の税務

(1) 預貯金の利子
　預貯金の利子は、**利子所得**として20.315％の源泉分離課税が行われる。

(2) 非上場株式の配当金
　非上場株式等の配当等は、**配当所得**として20.42％が源泉徴収され、総合課税の対象となる。

(3) 上場株式等の配当金
　上場株式の配当及び公募株式投資信託の収益分配金は、**配当所得**として、「総合課税」、「申告分離課税」、「源泉分離課税（20.315％）」のいずれかを選択することができるようになっていたが、平成28年から申告分離課税に一本化される。
　ただし、**上場株式の発行済株式総数の3％以上を保有する個人株主**については、配当支払い時に20.42％の所得税が源泉徴収され、総合課税の対象となる。

(4) 株式等の譲渡益
　非上場株式と上場株式等のいずれも、その譲渡益に係る税金は、**譲渡所得**として20.315％の申告分離課税が行われる。

(5) 公社債等の利子
　公社債等の利子は、**利子所得**として20.315％の源泉分離課税が行われて

いたが、平成28年からは申告分離課税（申告不要も選択可能）となる。

（6） 公社債等の譲渡益

公社債等の譲渡益は非課税であり、損失は切り捨てられていたが。平成28年からは**申告分離課税**となる。

（7） 公社債等の償還差益

公社債等の償還差益は、雑所得として総合課税の対象とされていたが、平成28年からは**申告分離課税**となる。

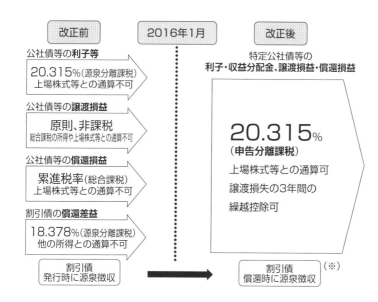

※：**割引債**（発行時に源泉分離課税の対象とされたものを除く）については、その償還時に**みなし償還差益**（償還金額の一定割合：償還期間が１年以内のものは0.2パーセント、１年超のものは25パーセント）に税率20.315パーセントによる源泉徴収が行われる。

［2］ 金融機関の特定口座

　上場株式等の譲渡益については、申告分離課税の対象となり原則、確定申告が必要であるが、**特定口座**制度は、この申告・納税手続の負担を軽減するために設けられている。特定口座を利用して上場株式等の譲渡を行った場合は、金融機関が、1年分の損益を取りまとめた**年間取引報告書**を作成し、翌年の1月末までに交付する。この年間取引報告書を添付することで、簡易な申告で納税できるようになる。また、特定口座での取引で生じた利益について、**源泉徴収**を選択した場合には、**申告不要**の**特例**の適用を受けられることになる。

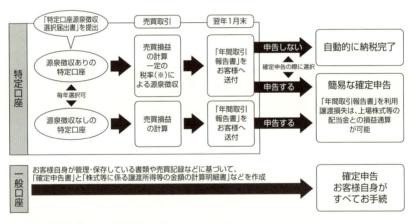

※：源泉徴収税率は20.315％

　平成28年から、以下の所得が特定口座の対象となるため、上場株式等と特定公社債等を同じ口座で管理することができるようになる。

・特定公社債の譲渡損益、償還損益
・特定公社債投資信託の譲渡損益、償還損益
・特定公社債の利子
・特定公社債投資信託の分配金

[3] 証券税制の改正

　平成27年末まで、金融商品の課税方法は、「総合課税」、「申告分離課税」、「源泉分離課税」の3つに区分されていた。しかし、平成28年以後は、金融所得課税の一体化に伴い、利付債券等の課税関係が大きく変更されることになる。すなわち、公社債や公募公社債投資信託等に対する税制は、上場株式等と同様の取扱いに統一されることとなり、**公社債等と上場株式等の損益通算**が可能となる。この結果、所得を確定申告する場合、**申告分離課税20.315%**に統一されることとなる（「源泉徴収ありの特定口座」であれば口座内で自動的に損益通算が行われ確定申告することなく納税が可能）。

第4章　税金

商品区分		所得	平成27年	平成28年以降
上場株式等	上場株式等(注1)	配当・分配金(注2)	申告分離課税 20.315%※ 申告不要	金融所得課税の一体化
	公募株式投信	譲渡損益	申告分離課税 20.315%※ 要申告(注3)(譲渡損は上場株式等の譲渡益・配当・分配金と通算可)	申告不要 ・配当、利子、分配金 ・源泉徴収ありの特定口座の譲渡益・償還益
公社債等	利付債	利子(注2)	源泉分離課税 20.315%※ 申告不可	確定申告をする場合 申告分離課税 20.315%※に統一
		譲渡損益(注5)	非課税（譲渡損はいずれの所得とも通算不可）	公社債等の利子・分配金 ⇔ 上場株式等譲渡損益 譲渡益（償還）損益 配当等譲渡損益 損益通算
		償還損益	総合課税（雑所得）（償還損はいずれの所得とも通算不可）(注6)	確定申告により損益通算 （「源泉徴収ありの特定口座」であれば口座内で自動的に損益通算が行われ確定申告することなく納税・還付可）
	公募公社債投信	分配金(注2)	源泉分離課税 20.315%※ 申告不可	
		譲渡損益	非課税（譲渡損はいずれの所得とも通算不可）	
		償還損益	総合課税（譲渡所得）（償還損は総合課税のいずれの所得とも通算可） 要申告	
	ゼロクーポン債等(注4)	譲渡損益	総合課税（譲渡所得）（譲渡損は総合課税のいずれの所得とも通算可） 要申告	
		償還損益	総合課税（雑所得）（償還損はいずれの所得とも通算不可）(注6) 要申告	

※：源泉徴収税率は20.315%（=復興特別所得税込みの所得税15.315%＋住民税5%）。

(注1) 上場株式等にETF（上場投資信託）、上場REIT（不動産投資信託）、ETN（上場投資証券）を含む。
(注2) 上場株式等の配当・分配金については総合課税による申告か申告不要の選択可。なお、公社債等の利子・分配金については平成28年以降も総合課税による申告の選択可。
(注3) 「源泉徴収ありの特定口座」の譲渡益については申告不要の選択可。
(注4) ゼロクーポン債（割引発行で利息のない海外発行の債券）と同様の取扱いとなる債券を含む。
(注5) 利率の著しく低い債券、発行価格が額面金額の75％以下、かつ、最低利率が最高利率の1.5倍以上の債券等の譲渡損益は「ゼロクーポン債等」と同じ取扱い。
(注6) 償還差損については、総合課税のなかで損益通算できる場合がある。

第5章

信託と
エステート・プランニング

Ⅰ ■ 信託の活用

[1] 信託の基本

　信託とは、「信じて託す」すなわち個人が持っている財産を守りながら、それを人に預けることである。具体的には、本人が自分で財産を管理することに不都合が生じた場合、それを人に財産を預け、預かった人がその財産の管理を行いながら、そこから生じた便益を本人に渡してあげる仕組みのことをいう。

　信託の定義は以下のとおりである。暗記しておこう。

> **信託とは？**
> 信託とは、「委託者」（現在の財産所有者）が信託行為によってその信頼できる人（「受託者」）に対して財産を移転し、受託者は委託者が設定した信託目的に沿って「受益者」（財産から経済的利益を受ける者）のために財産の運用・管理・処分を行うことをいう。

　信託の特徴は、委託者が持っていた財産の所有権（名義）が受託者に移転すること（名義が変更されること）にある。これによって、**財産の管理者と経済利益を受ける者が異なる**ことになる。

【信託の基本構造】

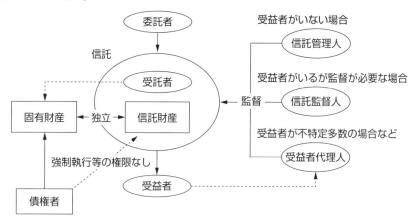

(出所：プライベートバンキング下巻)

　受託者とは、信託行為の定めにしたがい、信託財産に属する財産の管理又は処分を引き受け、信託目的の達成のために必要な行為を行う者をいう。受託者には、信託事務処理義務、善管注意義務、忠実義務、公平義務、分別管理義務、帳簿作成報告義務がある。

　受託者は、委託者から信託財産を預かることになるが、その一方で受託者個人の財産を持っているため、個人財産と信託財産を明確に区別できるようにしておかなければならない。そこで、信託法は、受託者に対して分別管理義務を課している。また、受託者は信託に係る法定調書を税務署に提出しなければならない。さらに、信託に係る会計帳簿と決算書を作成し、受益者へ報告しなければならない。

　このような契約関係は、初学者の方にはイメージが難しいかもしれない。そこで、賃貸マンション経営を行うお客様個人が不動産を信託するケースをイメージしてみたい。

　例えば、父親が持っている賃貸不動産を長女に預ける場合を考えてみよう。家族内で**信託契約**を締結する。つまり、父親は「私の不動産を預かっ

て下さい。」、長女は「はい、わかりました。私が預りましょう。」という契約である。その結果、不動産の所有権は父親から長女に移転することになる。

この場合、預ける人である父親が「**委託者**」、預かってくれる人である長女を「**受託者**」となる。父親は長女のことを信じて、大切な個人財産を託しているのである。もちろん、不動産の所有権移転であるから、不動産登記を行い、名義を長女に変更する。ただし、登記原因は「**信託**」となる。

【父親が不動産を長女に信託するケース】

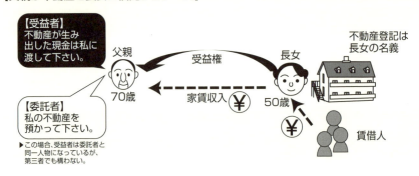

信託の特徴は、財産を預かった人が、その財産から生じる利益を享受するわけではないということである。つまり、財産を持っているにもかかわらず、単に預かっているだけで、そこから発生する利益は別の人が受け取ることとなる。このような利益を受け取る権利を「**受益権**」といい、それを持つ人を「**受益者**」という。

ここでのケースであれば、賃貸不動産の名義は受託者である長女となるにもかかわらず、賃貸不動産から発生する家賃収入は長女のものにはならない。例えば、家賃収入を受け取る権利を父親として設定することが可能である。もちろん、次女や長男など他の家族に設定してもかまわない。賃貸不動産の入居者が支払う家賃はいったん長女の銀行口座に振り込まれる

ことになるが、長女はそれを受益者である父親に渡さなければならない。

もちろん、父親が自ら設立した「**法人**」を**受託者**として賃貸不動産を信託するケースもあるだろう。この場合、信託財産である賃貸不動産の所有者は受託者である法人となる。したがって、賃貸不動産への入居者と賃貸契約書を締結する場合、賃貸契約書の当事者は法人となり、代表者が契約書に署名・押印することになる。その他、修繕の委託や、マンション管理会社への外注など、全ての契約書は**法人の代表者**が契約することとなる。

【父親が不動産を同族法人へ信託するケース】

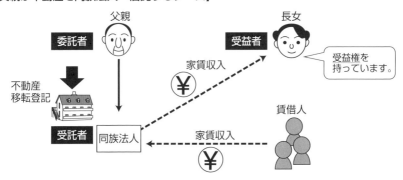

信託の設定方法は3つある。1つは、委託者と受託者との**契約**によって設定する方法ある。すなわち、委託者と受託者が信託契約書を作成する。この際、受託者は受益者に対して信託が設定されたことを通知しなければならない。

また、委託者が**遺言書**において信託の内容を記載しておく方法もある。例えば、「自分に相続が発生した場合、賃貸不動産を信託し、受託者を長男、受益者を次男とする。」と記載しておく。この方法によれば、委託者が死亡したときにその遺言書に記載内容に従って信託の効力が発生することになる。

さらに、委託者イコール受託者となる場合（自己信託）、委託者単独の意

思表示によって法的効力を発生させなければならいが、信託の内容を記録した**公正証書**を作成する方法がとられる。

【信託の開始】

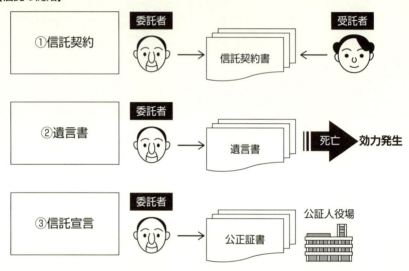

信託の**変更**については、委託者、受託者及び受益者の三者間で合意することができれば、いかなる変更も可能である。また、受益者が単独で変更できるケースもある。

信託の**終了**については、委託者と受益者が合意すれば、いつでも信託を終了させることができる。ただし、信託契約では終了のタイミングを定めておくことが一般的である、通常は信託目的を達成すれば終了となる。例えば、「障害者である長男の生活のために財産を管理運用することが目的」という信託契約であれば、長男が死亡するまで財産を管理できれば目的達成し、信託が終了する。

また、終了タイミングを自由に決めておくこともできる。例えば、「受益者である長男が代表取締役に就任したとき」や「信託財産である不動産

を売却したとき」、「受益者が成人したとき」など、原則として、委託者の意思を自由に反映させることができる。

【信託の終了】
受益者≠残余財産の帰属権利者の場合

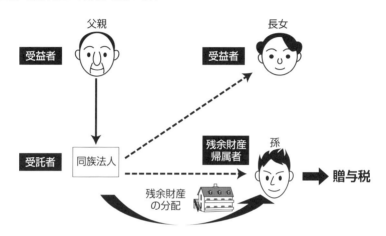

　なお、受託者＝受益者という状態が1年間継続したとき、個人が単独で所有権を持つ状態と変わらないため、信託は終了する。また、受託者がいない状態が1年間継続したときは、人に預けるという信託の仕組み自体が成り立たなくなるため、信託は終了する。信託が終了したとき、残された信託財産を**帰属権利者**へ移すことによって、信託の契約関係を清算する。受益者が残余財産の帰属権利者の場合、信託が終了しても経済価値の移転は無いため、課税関係は生じない。これに対して、受益者が残余財産の帰属権利者ではない場合、経済価値は受益者から残余財産の帰属権利者へ移転するため、**贈与税**が課されることとなる。

［2］ 信託を使った金融商品

　信託を使った金融商品として、第1に、**金銭信託**がある。これは、信託財産が金銭であるものをいう。

　第2に、**証券投資信託**がある。これは、投資家から預かった資金を使って株式や債券などへの投資を行い、そこから獲得した利益を投資家に分配する仕組みのことをいう。基本となる、委託者、受託者及び受益者に加えて、受益証券を販売する金融商品取引業者（銀行や証券会社）がいることがポイントである。

　受益証券は受益権を表彰する有価証券であり、受益権の譲渡や行使には受益証券が必要となる。

【証券投資信託の仕組み】

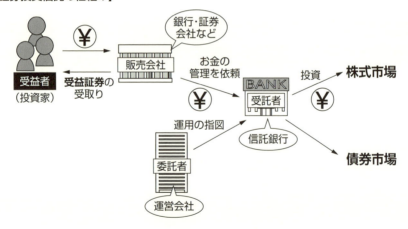

　証券投資信託の受益権を所有する投資家は、直接に株式や債券を購入しているわけではない。投資信託の受益証券を購入しているのである。すなわち、投資の専門家である運用会社が行っている株式投資や債券投資に参加して、株式や債券への投資から生じた**利益を受け取る権利**だけを購入し

ているのである。

これによって、数多くの投資家から多額の資金を集めることによって、効果的かつ効率的な金融商品投資を行うことができ、個人単独で投資する場合よりもリスクを抑えつつ高い利回りを期待することがでる。

証券投資信託は、運用対象によって**公社債投資信託**と**株式投資信託**に分けられる。また、購入時期や信託機関によって、いつでも購入や換金ができ満期が定められていない**追加型**(オープン型)投資信託、開始から満期まで定められている**単位型**(ユニット型)投資信託がある。

以上のような証券投資信託に対して、個人が所有する有価証券を信託し、個人が単独で受益権を所有するケースもある。つまり、金融商品ではなくオーダーメイドの信託である。プライベートバンカーは、こちらの方法をお客様に提案するケースも出てくるだろう。

そのような場合、有価証券の管理だけを受託者に任せる**有価証券管理信託**、その運用まで任せる**有価証券運用信託**、インサイダー取引規制を回避して売却し現金化することを目的とする**有価証券処分信託**がある。上場企業オーナーは、自社株式を売買するとインサイダー取引に該当してしまう可能性が高いため、自社株式を信託銀行に預けておくケースが多い。

[3]　新しい信託スキーム

新信託法のもとで活用可能となった信託スキームのうち、主として事業運営に関連するものとして、受益証券発行信託、限定責任信託、事業信託、自己信託がある。

受益証券発行信託とは、信託行為により受益権を発行する信託である。この結果、資産の売買は、資産そのものでなくその資産から利益を受ける権利である受益権となる。受益権を小口化して売却することにより、信託を活用した資金調達が可能となる。なお、受益証券発行信託では不特定多

数の受益者が存在することになるため、その課税方法は、受益者等課税信託ではなく**法人課税信託**である。

限定責任信託とは、受託者が受託した債務について、信託財産のみをもってその履行の責任を負う信託をいう。すなわち、受託者の信託事務遂行において第三者に債務を負った場合、その責任の範囲を信託財産に限定し、受託者の固有財産までは及ばないものとする信託である。ただし、債権者保護のため、**信託財産の範囲に責任が限定される債務であること**を登記しなければならない。

このように資産の信託と同時にそれを引当てとする**債務の移転が可能**であるため、ある1つの事業に属する資産と負債の両方を全て信託するとすれば、事業そのものを信託している状態となる。これを**事業信託**という。事業信託によって、特定部門の資産及び負債を信託して、その事業が生み出すキャッシュ・フローを受益権の目的として第三者から**資金調達**するスキームが可能となる。

【事業信託による資金調達】

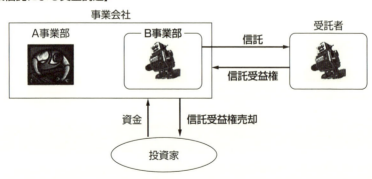

(出所:プライベートバンキング下巻)

例えば、会社が自社の一事業部門を自己信託し、その受益権を外部の投資家に売却することにより、当該事業に係る設備、人員、知的財産権等を

一体として信託財産として信託することが可能である。投資家からすれば、信託された事業の将来性やキャッシュ・フローのみによって投資判断すればよいので、意思決定プロセスが簡素化されることになる。

【事業の自己信託による資金調達】

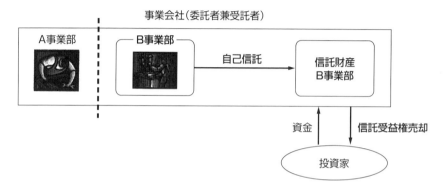

(出所：プライベートバンキング下巻)

遺言代用信託とは、委託者が生存中は自己を受益者とし、委託者の死亡時に信託契約上で指定された者に受益権を取得させるものをいう。これによって、遺言と同様の目的を相続手続なしで達成することが可能となる。

財産承継を確実に行いたいと考える場合、最初に思いつく方法は**遺言書を作成しておく**ことであろう。遺言は、個人の相続発生時における財産の承継先を指定するものである。しかし、相続時における手続が厳格に定められている遺言執行や所有権の移転手続には時間がかかり煩雑である。

そこで、活用したい方法が遺言代用信託である。これによって遺言と同様の目的を確実に実現させることができる。もちろん、相続発生時に効力が発生する信託契約である遺言信託でも同様の効果があるが、**遺言代用信託**は生前の契約締結時において効力が発生し、相続発生時には受益権の承継先を決めておくだけのものであることから、その効果は確実なものとな

る。

　例えば、賃貸不動産を持っている父親が、**遺言代用信託**を設定して長女を受益者とする場合、当初の受益者は父親であるが、父親の死亡時に長女は次の受益者となる。他の子供（長男）が受益者になってもいい。結果として子供は父親の財産を承継することになるため、遺言と全く同じ効果が生じることとなる。しかも、**相続時に遺言執行の手続が必要なくなる**ため、確実な財産承継を行うことができるのである。

【遺言代用信託の例】

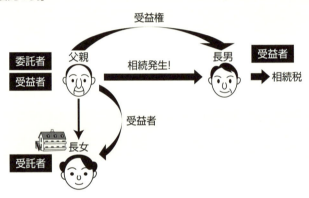

　遺言代用信託は、当初受益者である自分の次の世代の受益者を指定するだけのものである。すなわち、信託契約において指定される受益権の移転は、自分が死んだとき1回だけである。この点、次の受益者の次、さらにその次といったように第2次、第3次の受益者を指定したいと考えるケースも出てくるだろう。そこで、**後継ぎ遺贈型**の**受益者連続信託**が使われることになる。

　後継ぎ遺贈型受益者連続信託とは、委託者（下図におけるX）が生前は第1次受益者であるが、その死亡後は**相続人**（下図では配偶者であるY）が第2次受益者となり、さらにその相続人の死亡後は**次の相続人**（下図では長男A

が第3次受益者となるというように、複数の受益者が連続して受益者となるような定めになっている信託をいう。遺言では、相続人の次の相続まで決めることはできないため、信託でのみ実現可能な方法である。

これによって、何世代も先へ財産の受益権の移転先を指定しておくことが可能である（ただし、30年経過後に最初に発生する相続のときまで）。

後継ぎ遺贈型受益者連続信託は、税務上は受益権が移転したとみなされるため、受益者が変更するたびに、**相続税が課される**ことになる。しかも、課税価額は、信託財産全体の評価額である。このため、後継ぎが連続する途中の受益者は、自らの意思で信託財産を処分することができないにもかかわらず、信託財産全体に係る税金を負担しなければならない。それゆえ、途中の受益者は納税資金の準備に苦慮することが多い。

【後継ぎ遺贈型受益者連続信託】

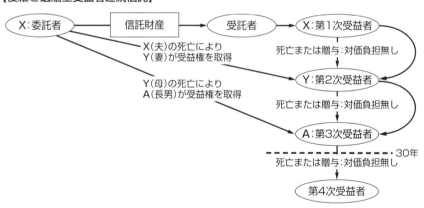

（出所：プライベートバンキング下巻）

受益者の定めのない信託（目的信託）とは、受益者がおらず、一定の信託目的の達成のために設定されている信託をいう。例えば、福祉、子孫育成、文化財保護などの非営利活動、市民ボランティア活動の支援などの目

的のために設定される。また、資産流動化法における倒産隔離スキーム組成のために設定することも認められている。

受益者がいないことから、税務上は受益者等課税信託とすることができず、**信託設定時に受託者に対して法人税を課税する**こととされている。

[4] 受益権の評価

受益権は、**財産評価基本通達**に基いて評価された信託財産の評価額によることとされている。土地であれば路線価等、建物であれば固定資産税評価額、上場有価証券であれば市場価格である。

ただし、受益権が**分離**された場合、特殊な評価が行われる。例えば、信託財産そのもの（元本）を受け取る権利（＝元本受益権）と、そこから発生する利益を受け取る権利（＝収益受益権）を分離させた場合である。例えば、信託財産が賃貸不動産であれば、土地と建物を受け取る権利が**元本受益権**、家賃収入から諸経費を差し引いた利益を受け取る権利が**収益受益権**となる。また、信託財産が投資信託であれば、当初個別元本と普通分配金に分離することができる。

このように分離された受益権の評価は、「**信託財産の評価額＝元本受益権＋収益受益権**」という計算式で表される。例えば、信託財産が賃貸不動産であれば、不動産の評価は土地と建物の相続税評価額（路線価等、固定資産税評価額）であることから、元本受益権と収益受益権の評価額の合計は、不動産の評価額に一致するということである。

一方、収益受益権は、各年度の収益ごとに**基準年利率**（国税庁）による**複利現価率**を乗じた金額の合計額となる。また、元本受益権は、信託財産の評価額から収益受益権の評価額を控除した金額となる。つまり、収益受益権の評価額を計算すれば、引き算で元本受益権の評価額が出るということである。

受益権を分離した結果、元本受益権は、信託財産から収益受益権を引き算することによって評価されることになるため、**元本受益権の評価がとても小さくなる**。したがって、信託の設定時に**相続時精算課税**よって贈与すれば、相続時に課税される財産の評価は、将来的に評価が下がった収益受益権と贈与時に評価が下がっていた元本受益権の合計となるため、相続税負担が軽減されることとなる。

【受益権が分離された信託の受益権の評価】

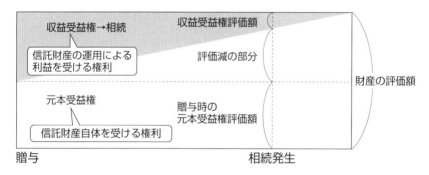

(出所:プライベートバンキング下巻)

【相続時精算課税で元本受益権を贈与した場合の効果】

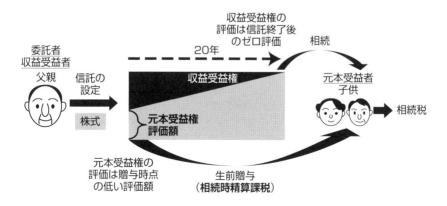

[5] 信託の課税方法

信託の仕組みによって課税方法が異なる。すなわち、受益者等課税信託、法人課税信託、集団投資信託の３つの課税方法である。

【信託の種類】

信託の種類	納税義務者	課税区分	課税方法	課税時期
受益者等課税信託	受益者またはみなし受益者	発生時課税（信託を導管とみなす）	受益者段階課税	信託収益発生時
法人課税信託	受託者	信託時課税	信託段階法人課税	信託段階
集団投資信託	受益者	受領時課税	受益者段階課税	受益者への信託収益分配時（課税繰延）

(出所：「新・信託法と税務」税務研究会 2008（奥村眞吾））

受益者等課税信託とは、受益者が信託財産を所有しているものとみなして、その信託に関わる所得に対して課税するものである（**パススルー課税**）。

法人課税信託とは、受託者を納税義務者として法人税等を課税するものである。受託者が個人であっても、信託財産に係る所得については法人税が課される。法人課税信託の受益権は、出資とみなされるため、含み益のある資産を信託すると、現物出資したことと同じ扱いとなる。つまり、受託者には課税されないが、委託者の譲渡所得に課税される。

【法人課税信託】

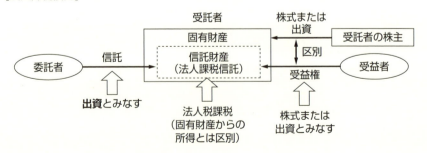

(出所：プライベートバンキング下巻)

集団投資信託とは、合同運用信託、一定の証券投資信託及び特定受益証券発行信託のことであり、信託財産に所得が発生した時点では受益者に課税せず、**受託者から受益者に対する利益の分配時**に**受益者に課税**するものである。

【集団投資信託】

(出所：プライベートバンキング下巻)

[6]　事業承継における信託の活用

　企業オーナーの相続において問題となるのが、相続税評価の高い自社株式の遺産分割である。相続発生後に遺産分割協議が整わなければ、全株式が**共有**状態になってしまい（法定相続割合による按分ではない。**1株ごとに相続人全員が共有**することになる）、後継者となるべき相続人の株主の地位を確立することができなくなる。それゆえ、事業承継における相続対策の中でも、遺産分割は最も重要な課題といえる。

　そこで、活用すべき方法が自社株式の**遺言代用信託**である。これは、現経営者がその生前に自社株式を信託財産とする**自益信託**（自分が受益者）を設定し、相続発生時に受益権が後継者に即座に移転する契約である。

【遺言代用信託を活用した自社株式の相続】

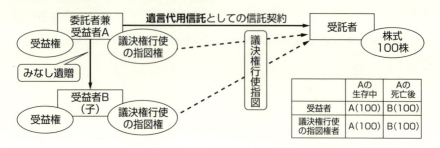

(出所：プライベートバンキング下巻)

　この方法によれば、相続発生後の遺産分割協議において相続人間の争いが発生したとしても、後継者が確実に自社株式を受益権という形式で取得できるようになる。すなわち、相続争いによって**経営の空白期間が生じることを防ぐ**ことができるのである。

　また、後継者に自社株式が集約されることになるため、後継者の地位の安定化を図ることができ、議決権の分散化を防ぐとともに、親族内において自社株式を安定的に管理し続けることが可能になるのである。

遺言代用信託のメリット
① 事業承継の確実性と円滑性
② 後継者の地位の安定性の確保
③ 議決権の分散化の防止
④ 財産管理の安定性

　遺言代用信託を行う際に同時に活用したい手法が、**受益権の分離**である。すなわち、受益権を**自益権**（配当と元本）に係る受益権と、**議決権行使の指図権**に分離することである。

　この方法は、遺産分割によって後継者が承継する自社株式が相続財産に占める割合が高くなりすぎ、それによって後継者ではない相続人の遺留分を侵害することになり、相続争いが発生してしまう場合において有効であ

る。

すなわち、自益権に係る受益権は、現金化できる財産的価値を有するものであるため、後継者以外の相続人にも平等に分割する一方で、**議決権指図権は会社経営を行う後継者にのみ相続させ**、後継者ではない相続人には相続させない。

これによって、遺産分割の問題を解決するとともに、**議決権の集約**による後継者の地位の確保という事業承継問題を解決するのである。

なお、議決権指図権が相続人の１人に偏って相続されることになるため、**議決権指図権**それ自体の相続税評価が問題となるが、現在の制度のもとでは**ゼロ評価**になるものとされている。したがって、自益権に係る受益権のみが相続財産として加算され、後継者と後継者ではない相続人との間で相続税評価の方法に差異は生じない。

【信託による議決権指図権の分離】

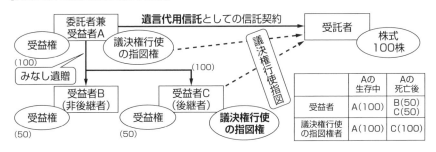

(出所：プライベートバンキング下巻)

[7] 民事信託

相続対策として**民事信託**を活用するケースが増えてきている。ここでは代表例をとり上げてみたい。

１つは、**暦年贈与を確実に遂行するための信託**である。例えば、長期的

な相続対策と子供の将来のことを考えて、子供が小さいうちから現金の暦年贈与を始めたいと考えたとしよう。しかし、子供は小さいので、多額の現金を贈与されたことを知らせず、子供名義の預金口座は私が管理し続けたいと考える。しかし、**親が預金口座を管理**しているとすれば、税務調査で「名義預金」だとして贈与が否認されるリスクが伴う。そこで、公正証書を作成し、銀行預金を信託財産として自分で預かるのである。つまり、親を受託者、子供を受益者として預金を信託する。そうすれば、信託によって**預金の受益権**が確実に子供に贈与され、名義預金として否認されることはない。また、贈与の際に受益者である子供の受諾も必要とされないため、**子供に知らせない形での贈与**も可能となる。

【暦年贈与が「名義預金」とされることを回避するための信託】

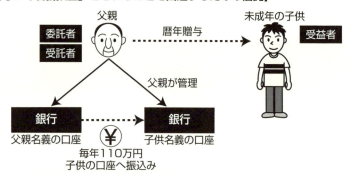

　もう1つは、**認知症対策のための信託**の活用である。高齢の父親が、賃貸不動産や多額の金融資産など高額の財産を持っている場合、認知症になった後の財産管理・処分が問題となる。認知症になって**判断能力が無くなると、法律行為（契約の締結など）ができなくなる**からである。例えば、賃貸不動産のテナントの賃料の入金管理ができなくなり、不動産の修繕、建替えなどを工務店に発注することができなくなる。また、金融商品の売買ができなくなるため、残高を移管したり、現金化したりすることができ

なくなる。つまり、**所有する財産に係る法律行為が何もできなくなってしまう**のである。そこで、子供を受託者とする信託契約を行い、財産の名義を子供に替えておくのである。受益者を父親とすれば自益信託となるため贈与税は課されない。これによって、財産の管理・処分に係る法律行為は子供が行うことになり、父親が認知症になってしまった後の問題は解決されるのである。

【認知症対策としての信託の活用】

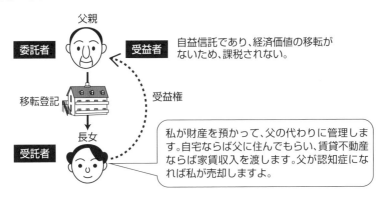

さらに、**身体障害者の子供の生活を守るために信託**を活用することができる。例えば、身体障害者の子供１人を持つ親が先に死んでしまいそうな場合、親としては、その後、残された子供が１人で生活できるのか心配になるに違いない。このような場合、親は受託者に財産を信託し、身体障害者の子供に受益権を付与すればよい。信頼できる親族がいれば、その親族を受託者とすればよいが、いない場合には、外部の信託会社を使えばよいだろう。親が他界したときには、子供は受託者から生活費や医療費が支払われることになり、１人でも生活を維持することが可能となる。

なお、特定障害者の方の生活費などに充てるために、一定の信託契約に基づいて特定障害者を受益者とする財産の信託があったときは、その受益

権の価額のうち、特別障害者である特定障害者の方については**6,000万円**まで、特別障害者以外の特定障害者の方については**3,000万円**まで贈与税が課されない。

【身体障害者の子供の生活を守るための信託】

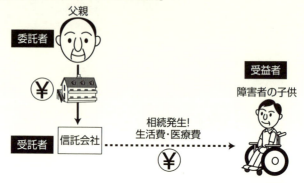

【コラム】プライベートバンカーの相続・事業承継の提案書⑧

著者が実務で作成したお客様向け提案書を紹介する。これは自社株式に伴う財産評価を引き下げるために、グループ企業2社を合併させた事例である。

創業オーナーは、純資産3億円のA社（不動産管理会社）の株式を保有していたが、その子会社として純資産▲3億円のB社（事業会社）があった。このままでは創業オーナーの相続が発生した場合、相続財産として自社株式3億円が含まれることになり、相続税が課される。また、2社に分社化している意味がなく、A社は持株会社としての機能も果たしていなかった。そこで、A社とB社を合併させたのである。これにより、企業経営は効率化され、B社はA社所有の不動産を賃借する関係にあったが、合併によって事業運営を一体化することができた。また、債務超過▲3億円の子会社との合併によって、A社株式の相続税評価がゼロ円まで引下げられたのである。

吸収合併スキーム

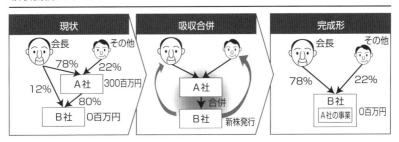

吸収合併
A社をB社に吸収合併させる方法です（存続会社をB社とします。）。
- ✓ B社の純資産が300百万円増加します。
- ✓ しかし、B社の債務超過（相続税評価額）は300百万円であるため、依然として純資産価額はゼロのままです。

B社株式のみ保有し、評価額は概ねゼロとなります。

例題5-1　以下の各記述を読み、正しいか誤っているかを判定しなさい。

【問題】

1. 被相続人が生前に委託者として遺言信託を設定していた場合、その相続人は委託者の地位を相続によって当然に引き継ぐこととなる。

2. 被相続人が信託契約に基づいて信託を設定していた場合、その相続人は委託者の地位を相続によって引き継ぐこととなる。

3. 自らを受託者とする自己信託を設定する場合、必ず公正証書を作成しなければならない。

4. 受託者が死亡した場合、1年以内に新たな受託者を選任する必要がある。この場合、新たな受託者が選任されるまで、家庭裁判所が選任した弁護士が一時的に信託財産を管理することとなる。

5. 将来の子孫を受益者とするなど、受益者が未存在の信託契約も有効である。

6. 信託契約は委託者と受託者の合意があれば成立し、受益者の合意は必要とされていないため、受益者は必ず受益権を取得することとなる。これは受益者には経済的利益を受けるのみであり、特段の不利益を被るおそれがないからである。

【解答5-1】

1. 誤り。**遺言信託**では、手厚く遺産分割を受ける相続人とそれ以外の相続人との利害が相反することになるため、相続人は**委託者の地位**を原則として**相続によって承継しない**こととされている。

2. 正しい。

3. 誤り。自己信託は、一般の書面や電磁的記録で作成することも可能であり、その場合、受益者へ**確定日付ある内容証明郵便**で通知することによって効力が生じるものとされている。

4. 誤り。受託者が死亡した場合、1年以内に新たな受託者を選任する必要がある。この場合、新たな受託者が選任されるまで、**旧受託者の相続人**が信託財産を管理することとなる。

5. 正しい。

6. 誤り。信託契約は委託者と受託者の合意があれば成立し、**受益者の合意は必要とされていない**。しかし、受益者に帰属する利益には税負担を伴うだけでなく、場合によっては損失を負担する場合もある。そこで、受益者には「**受益権の放棄**」を行って**受益者になることを拒否することができる**ものとされている。

7. 信託契約が終了した場合、受託者は残余財産を分配することになるが、残余財産の給付を目的とする残余財産受益者又は残余財産の帰属権利者が定められていなかった場合、委託者又はその相続人が帰属権利者とみなされることになる。

8. 信託財産の倒産隔離機能によって、受託者の債権者は信託財産に対して強制執行できないが、委託者の債権者は、委託者固有の財産をもって弁済できない場合にのみ、信託財産に対して強制執行することができる。

9. 遺言信託が設定され、その遺言書に信託の変更ができない旨の記載があった場合、相続人全員が合意したとしても、遺言と異なる遺産分割を行うことは絶対にできない。

10. 上場会社のオーナーが、自社株式を自ら管理して売買するとすればインサイダー取引の疑惑を招くおそれがあるため、信託銀行に有価証券を信託するケースが多い。

11. 信託契約によって遺産分割が決められていた相続では、信託行為によって遺留分を侵害された場合であっても、その相続人は、受益者である他の相続人に対して遺留分減殺請求権を行使することができない。

12. 限定責任信託では、信託財産に責任が限定される債務であることを登記しなければ、受託者がその信託事務遂行において第三者に債務を負った場合、その責任の範囲が受託者の固有財産まで及ぶことになる。

7. 正しい。**委託者の地位**が信託の成立以降は**不可欠ではなくなった**が、信託契約の場合、委託者の地位は**その相続人に承継され**、残余財産の帰属権利者となる。

8. 誤り。信託財産の倒産隔離機能によって、委託者の債権者と受託者の債権者は、いずれも**信託財産に対して強制執行できない**。

9. 正しい。このような遺言信託を設定した場合、遺産分割に係る被相続人の意思が必ず実現することになる。これを信託における**意思凍結機能**という。遺言信託の場合、相続人全員の話合いが設けられることはなく、委託者である被相続人の意思が実現する。

10. 正しい。

11. 誤り。信託行為によって遺留分を侵害された場合、その相続人は、受益者である他の相続人に対して**遺留分減殺請求権を行使することができる**。この場合の請求の相手方は、受託者又は受益者であるとされる。

12. 正しい。**限定責任信託**の受託者が第三者と取引する場合、受託者が受託した債務について、**信託財産のみをもってその履行の責任を負うこと**を**登記**しなければ、責任限定の効力が生じない。

13. 自社株式の遺言代用信託を設定した場合、相続開始と同時に自社株式の受益権が相続財産に加算されることになることから、遺産分割協議の期間中はその受益権が相続人全員の共有となる。

14. 信託財産として信託できるものは、金銭、有価証券、不動産などの有形資産だけであり、知的財産権などの無形資産は対象とはならない。

15. 受益証券発行信託では、細分化された有価証券としての受益証券が発行され、不特定多数の受益者が存在することになるが、信託財産から生じた所得は受益者に帰属するものとして課税される。

16. 第3次受益者まで決められた後継ぎ遺贈型受益者連続信託では、第2次受益者は、取得した受益権を第3次受益者へ移転させなければならないため、自ら信託財産の元本を処分することができない。したがって、第2次受益者が受益権を取得したとき、信託財産の元本部分に相当する受益権に係る相続税は課されないものとされている。

17. 法人課税信託とは、受託者となる法人を納税義務者として法人税が課されるものであり、受託者が個人の場合は所得税が課されることになる。

13. 誤り。自社株式の遺言代用信託を設定してあった場合、相続開始と同時に後継者が受益者となることから、相続財産の**遺産分割協議の対象から外れる**ことになり、自社株式が相続人間の**共有となることはない**。それゆえ、相続発生時においても、自社株式が後継者へ確実に相続され、会社経営に空白期間が生じないこととなる。

14. 誤り。信託財産として信託できるものは、金銭、有価証券、不動産などの有形資産だけでなく、知的財産権などの**無形資産も対象となる**。

15. 誤り。受益証券発行信託では、受益権を小口化して売却することにより、不特定多数の受益者が存在することになるため、信託財産から生じた所得を受益者に帰属させて課税する受益者等課税信託は実務上極めて困難である。そのため、税務上は**法人課税信託**として扱われている。

16. 誤り。**後継ぎ遺贈型受益者連続信託**において受益権が移転したときは、信託財産全体（元本）の評価に基づき、受益権に対して相続税が課される。このため、後継ぎが連続する途中の受益者は、自らの意思で信託財産を処分することができないにもかかわらず、**信託財産全体に相当する受益権に相続税を負担しなければならない**。

17. 誤り。**法人課税信託**とは、受託者を納税義務者として法人税等を課税するものである。受託者が法人だけでなく**個人であっても**、信託財産に係る所得については**法人税が課される**。

18. 法人課税信託の受益権は、出資とみなされるため、税務上は現物出資したことと同じ扱いとなる。したがって、含み益のある資産を信託すると委託者に譲渡所得が発生し、課税されることになる。

19. 自社株式を信託財産として信託した場合、その配当請求権を目的とする収益受益権と、残余財産請求権を目的とする元本受益権に分離させることはできるが、自益権を目的とする受益権と共益権を目的とする議決権指図権に分離することはできない。

20. 相続発生後の遺産分割協議において相続人間の争いが発生してしまうと、相続財産としての自社株式は、各相続人が法定相続割合に応じた株式を所有しているものとみなされる。

21. 議決権指図権の相続税評価は、相続人がどれだけ大きな割合の議決権を相続したとしても、ゼロ評価であることに変わらない。

18. 正しい。法人課税信託の場合も現物出資の課税関係と同じく、含み益のある資産を信託した場合、委託者に対する**譲渡所得課税**がある。

19. 誤り。自社株式を信託財産として信託した場合、自益権を目的とする受益権と共益権を目的とする**議決権指図権**に分離することが可能である。そして、それぞれを別の者に付与することによって、**議決権の集約化**を行うことも可能である。

20. 誤り。相続発生後に遺産分割協議が整わなければ、**全株式が共有状態**になってしまい、後継者となるべき相続人の株主の地位を確立することができなくなる。この際、注意すべきなのは、共有された自社株式の議決権を行使しようとするとき、法定相続割合に応じて按分されるわけではないという点である。すなわち、**１株ごとに相続人全員が共有する**ことになるため、１株の議決権を行使するために、相続人の過半数の同意によって意思決定しなければならない。後継者以外の相続人の数のほうが多ければ、最悪の場合、全株式の議決権を相続人以外の意思決定によって行使されてしまい、後継者が会社から追放されてしまうような事態も想定される。

21. 正しい。議決権指図権の相続税評価は、現在の制度のもとでは**ゼロ評価**になるものとされている。したがって、自益権に係る受益権のみが相続財産として加算され、議決権指図権は相続財産として加算されることはない。

22. 暦年贈与で子供へ贈与した現金に係る銀行預金口座を親が管理しているとすれば、税務調査で「名義預金」だとして過年度の贈与が否認されるリスクが伴う。

23. 親を受託者、子供を受益者として銀行預金を信託すれば、預金の受益権が確実に子供に贈与されることになる。しかし、贈与した事実を受益者である子供に必ず口頭で伝えておかなければならない。

24. 賃貸マンション経営を行う高齢の親が認知症になってしまうと、所有する賃貸マンションの管理ができなくなるため、親を受託者、子供を受益者とする信託契約を結んでおけば、財産管理の問題が生じることを防ぐことが可能となる。

25. 特定障害者の方の生活費などに充てるために、一定の信託契約に基づいて特定障害者を受益者とする財産の信託があったときは、全ての特定障害者を対象として、その受益権の価額のうち6,000万円まで贈与税が課されないという制度がある。

22. **正しい。子供の名義で開設した銀行預金口座や証券口座**は、親が自分の資産を管理するものとして、税務調査において過年度の贈与が否認される代表的な相続財産である。

23. 誤り。親を受託者、子供を受益者として銀行預金を信託する場合、受益者である子供の受諾が必要とされないため、**子供に知らせない形で受益権の暦年贈与を行うことが可能**である。

24. 誤り。親が**認知症**になってしまうと、判断能力が無くなり、法律行為の能力が無くなるため、所有する賃貸不動産の管理ができなくなる。そこで、**子供に不動産の管理を行わせる**ようにするため、受託者を子供、受益者を親とする信託契約を結んでおくことが有効である。この際、親が認知症になるまでの時期においては、受益権を親から子供へ**暦年贈与する**ことによって相続対策を進めていくことも可能である。

25. 誤り。精神又は身体に重度の障害がある特別障害者の子供の生活を支援するために信託財産の信託があったときは、その受益権の価額のうち、特別障害者である特定障害者の方については**6,000万円**まで、特別障害者以外の特定障害者の方については**3,000万円**まで贈与税が課されない。受益者である特別障害者が死亡した場合、信託契約は6カ月で終了し、残余財産はその特別障害者の相続財産となる。

Ⅱ ■ 成年後見制度

[1] 成年後見制度の基本

　高齢化社会において身上監護と財産管理を必要とする人々が急増することから、彼らの利益保護のために成年後見制度が設けられた。

　成年後見制度の定義は以下のとおりである。暗記しておこう。

> **成年後見制度**とは、認知症、知的障害、精神障害などによって物事を判断する能力が不十分な人たちについて、権利を守る援護者を選ぶ制度である。

　成年後見制度には、判断能力が不十分になった者を支援するための**法定後見制度**、本人の判断能力が健常な段階で将来判断能力が低下したときに備える**任意後見制度**、成年後見制度の利用に関する情報を**登記**する一方でその情報の利用者を制限する**成年後見登記制度**がある。

成年後見制度の構成
① 法定後見制度
② 任意後見制度
③ 成年後見登記制度

　成年後見人の業務として最も重要なものは、**本人の財産管理**である。例えば、生活費や医療費の支払い、銀行預金の入出金、賃貸不動産の管理事務、年金の受領などがある。ただし、相続対策として子供に生前贈与することは一切できなる。また、病院や介護施設への入所手続を行ったり、介護保険金の給付を受けたりする**身上監護**も重要な業務である。さらに、本人のために代弁したり、本人が交わした不利益な契約を取り消したりすることもある。

[2] 法定後見制度

　法定後見制度では、本人の**判断能力**は保護の必要性の程度によって、以下のように3分類される。

【認知症対策としての信託の活用】

区分	本人（要支援者）	支援者	監督人
補助	被補助人	補助人	補助監督人
保佐	被保佐人	保佐人	保佐監督人
後見	成年被後見人	成年後見人	成年後見監督人

　補助とは、比較的軽度な精神上の障害のある者を保護するための制度である。**補助開始の審判**の申立てにより、本人の同意の上、家庭裁判所が補助人を選任してスタートする。補助人には、重要な契約などに同意する権限を家庭裁判所が個別に付与することになる。

　保佐とは、精神上の障害により事理を弁識する能力が著しく不十分な者、すなわち判断能力が著しく不十分な者を保護するための制度である。**保佐開始の審判の申立て**により、家庭裁判所が保佐人を選任してスタートする。これによって、本人が重要な行為を行うときは保佐人の同意が必要となる。

　後見とは、精神上の障害により事理を弁識する能力を欠くのが常態である者、すなわち判断能力が全くない者を保護するための制度である。**後見開始の審判の申立て**により、家庭裁判所が成年後見人を選任してスタートする。これによって、成年後見人は、本人が行う全ての行為を包括的に代理することとなる。ただし、居住用財産の処分には家庭裁判所の許可が必要とされる。

[3] 任意後見制度

　多額の財産を持っているが、1人暮らしで身寄りがない高齢者にとって、将来の認知症とそれによる判断能力低下は気掛かりな問題である。そこで、元気なうちに**後見人を自ら決めておく**制度が設けられている。

　任意後見制度とは、身上監護、財産管理、代理権など支援の範囲を自ら決めておき、将来自分の信頼する人に後見人になってもらう制度である。任意後見契約を結ぶためには、本人が直接公証人に委任して**公正証書**を作成しなければならず、任意後見契約は**登記**される。家庭裁判所は任意後見人を監督する任意後見監督人を選任する。

【コラム】プライベートバンカーの相続・事業承継の提案書⑨

著者が実務で作成したお客様向け提案書を紹介する。これも相続税対策を目的として、法人設立と不動産投資を提案したものである。法人所有のタワーマンションによって財産評価を大きく引き下げようとしている。

数値例を見てみよう。5億円の有価証券を個人から法人へ現物出資し、そのうち1億円を現金化する。それを銀行借入れで調達した6億円と合わせて、7億円のタワーマンションを購入する（＝ 約1億円／戸 × 7物件）。タワーマンションの圧縮率は80％を超えるため、その3年後の評価額は1億4千万円まで下がる。その結果、法人持分の評価額がゼロまで下がるため、後は贈与税負担ゼロで子供に贈与すればよい。これに伴い大きな不動産投資リスク（価格下落リスク等）を負担することになるが、その見返りとして税負担が軽減されるのである。

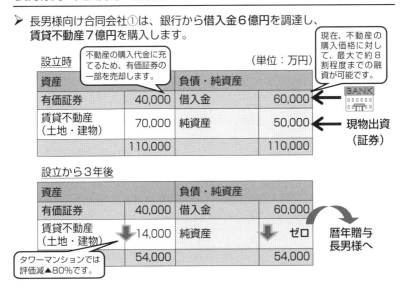

例題5-2 以下の各記述を読み、正しいか誤っているかを判定しなさい。

【問題】

1. 成年後見人の業務として本人の財産管理があるが、本人の意思に従った行為であるならば、本人の子供や孫に現金を暦年贈与することも可能である。

2. 成年後見人は本人の身上監護を行うため、介護施設のサービスに関する要望を本人のために代弁することがある。しかし、本人が介護施設と締結した不利益な契約を取り消すためには、家庭裁判所に審判が必要である。

3. 成年後見人は、精神上の障害により事理を弁識する能力を欠くのが常態である者(判断能力が全くない者)を保護するために、本人が行う重要な行為の代理権のみ有するものとされている。

4. 成年後見人は、本人が行う全ての行為を包括的に代理するものとされており、本人に利益をもたらし、生活環境が向上するのであれば、本人の自宅を売却し、別の住居に住み替えさせる権限も与えられている。

5. 任意後見契約を締結するためには、自ら信頼する人を見つけて、任意後見契約を結ぶとともに、公正証書を作成した上で、登記を行わなければならない。その後、家庭裁判所に任意後見監督人の選任するまで、任意後見契約の効力は発生しない。

【解答5-2】

1. 誤り。成年後見人が本人の財産管理を行う場合、常に本人の利益を考えなければならず、たとえ本人の意思に沿うものであったとしても、財産を**生前贈与することはできない**。

2. 誤り。成年後見人は、本人が交わした不利益な契約を取り消すことができ、**家庭裁判所の審判を仰ぐ必要はない**。

3. 誤り。成年後見人は、本人が行う全ての行為を**包括的に代理**することとされている（居住用財産の処分を除く）。したがって、重要な行為の代理権に限定されているわけではない。

4. 誤り。成年後見人は、本人が行う全ての行為を包括的に代理することとされているが、**居住用財産の処分**には**家庭裁判所の許可**が必要である。

5. 正しい。任意後見契約を結ぶためには、本人が直接公証人に委任して**公正証書**を作成するとともに、**任意後見契約を登記**しなければならない。そして、本人の判断能力が低下し、家庭裁判所が任意後見監督人を選任したときに、任意後見契約の効力が発生する。

III ■ エステート・プランニング

［1］ エステート・プランニングの基本

エステート・プランニングの定義は以下のとおりである。暗記しておこう。

> エステート・プランニングとは、**個人財産の承継を計画（及び実行）する**ことをいう。生前贈与、資産運用の戦略立案、資産運用の実施、運用結果の継続的なモニタリング、資産のリスク管理などを行うことである。

日本では諸外国と比べて相続税が重く、財産承継を行うたびに財産が目減りすることになる。一般的に、富裕層の財産は3回の相続を繰り返すと、ほとんどが相続税の支払いによって消えてしまい、4代目が相続するときには、初代が築き上げた財産の概ね1割しか残らないといわれている。

それゆえ、日本の富裕層はエステート・プランニングに**早期に着手しなければならない**。プライベートバンカーの役割はここにある。

［2］ エステート・プランニングの進め方

エステート・プランニングの手順は、顧客情報の入手、顧客財産の現状分析、エステート・プランニングの立案、フォローアップというプロセスを繰り返し実施することである。

まず、見込み客との面談において、**顧客情報を入手する**。保有する資産及び負債などの**定量的な情報**だけでなく、感情的側面に係る**定性的な情報**まで入手しなければならない。

定量的情報
① 資産及び負債の明細を入手し、財産目録を作成する。
② 戸籍謄本を入手し、相続人を確定する。
③ 不動産登記簿謄本、固定資産税明細書を入手し、不動産の所在等を確かめる。
④ 遺言書を作成している場合は、その内容を確認するとともに、相続時に家庭裁判所の検認が必要になることを家族が理解しているかを確かめておく。
⑤ 信託財産があれば信託契約書を入手し、その内容が本人（委託者）の意向に沿ったものであるかどうか確かめる。
⑥ 死亡退職金やストックオプションの内容を確かめる。
⑦ 過去の贈与契約書及び贈与税申告書を入手して、遺留分算定基礎財産を計算するとともに、名義預金や名義株式の問題がないか確かめる。

定性的情報
① 家族で遺したい財産の運用目的と基本方針を確かめる。
② 家族への財産の配分方法を確かめる。自分が配偶者より先に死亡した場合、配偶者が自分より先に死亡した場合、これら両方のシナリオを検討しておくべきである。
③ 夫婦のいずれもが死亡した場合、子供へどのように財産承継したいのか確かめる。
④ 慈善団体やお世話になった個人へ財産を寄附又は遺贈したいかどうか。

　次に、お客様の**個人財産の現状分析**を行う。プライベートバンカーの役割は、顧客に関する多様な情報を整理して顧客に提示し、顧客が財産全体を俯瞰することによって現状を把握するとともに、そこに伴う問題点を理解する手助けをすることである。

　特に、資産及び負債を把握しようとしてヒアリングしても、ほとんどの顧客は、**未払相続税という潜在的な債務**の存在に気がついていない。個人の財産を増やせば増やすほど、相続税という負債が増えていくことを感じていない。それゆえ、プライベートバンカーは**家計貸借対照表**を作成して将来の相続税額を計算し、顧客にその存在を認識させなければならない。

そして、プライベートバンカーがエステート・プランニングを立案し、お客様に提案する。その提案が受け入れられた場合、コンサルティング契約を締結する場合もあるだろう。

なお、エステート・プランニングは計画すれば終わりというわけではない。経済環境の変化や親族内の関係性の変化に対応しながら、**定期的なフォローアップ**を行う必要がある。特に、親族内での大きなイベント、例えば、本人の病気、親族の死去、孫の誕生、本人の離婚や再婚、経営する会社のM&AやIPOなどがあれば、その都度エステート・プランニングの**見直し**を行わなければならない。

エステート・プランニングの進め方
① 顧客情報の入手
② 顧客財産の現状分析
③ エステート・プランニングの立案
④ 定期的なフォローアップ

---

［3］ 顧客タイプによるエステート・プランニングの違い

資産のタイプによって顧客タイプを分けるとすれば、中小企業オーナー、上場企業オーナー株主、不動産オーナー（地主）、プロフェッショナル、金融資産家に分類することができる。エステート・プランニングを行おうとする場合、これらのタイプに分けて考える必要がある。

顧客タイプ
① 中小企業オーナー
② 上場企業オーナー株主
③ 不動産オーナー
④ プロフェッショナル（開業医師、開業弁護士）
⑤ キャッシュ・リッチ

(1) 中小企業オーナー

中小企業オーナーは、総資産のほとんどが**非上場株式**（自社株式）というタイプである。富裕層の中でも「超・富裕層」と別格扱いされる人たちのほとんどは企業オーナーである。すなわち、老舗企業のオーナーやその創業家一族、非上場会社のオーナー経営者、大病院の経営者などである。

一般的に高所得の職業といえば、開業医、弁護士、大企業の役員などが挙げられ、高額のフロー所得を稼いでいる。この高所得が長期間続けば超・富裕層になることが可能であるが、個人の労働時間や働く期間には限界があるため、フロー所得のみで超・富裕層のレベルに到達することは現実的には不可能である。それゆえ、高額所得ではなく、**株式というストックの価値増大**によって財産を増やすことが、超・富裕層となるために必要となる。

中小企業オーナーのエステート・プランニングを考える上で、最大の課題となるのが**自社株式**の取扱いである。自社株式は「経営権」と「財産権」という経営の根幹に関わるものであるため、重大な意思決定が伴う。

中小企業オーナーの財産承継では、会社の支配権を明確化させるために、後継者は少なくとも自社株の**過半数**（できれば3分の2）を保有させるように遺産分割しなければならない。しかし、後継者だけに自社株を承継させるとすれば、遺留分の問題などが発生する可能性がある。そうはいっても、持株比率を子供に切り分けてしまうと、会社の支配権争いという重大な問題が生じる危険性が出てくる。

また、非上場株式は容易に換金できないことから、売却以外の方法で納税資金を調達する必要がある。多額の相続税負担を要する相続の場合であれば、会社が金庫株として買い取ること、会社から借入れを行って相続税を支払うことなどによって**納税資金**を調達することになるかもしれない。

企業オーナーが保有する非上場株式は、相続税評価を引き下げる生前対策を行い易く、**相続税対策**は有効に機能する。しかし、会社の後継者の支

配権獲得を考慮した遺産分割において問題となるケースが多く、また、第三者に対する売却による現金化が困難であるために、**納税資金**の調達が問題となる。このため、企業オーナーのエステート・プランニングの中心は、遺産分割対策と納税資金対策となる。相続税対策はその次の課題である。

【中小企業オーナーの相続対策】

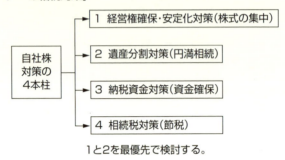

1と2を最優先で検討する。

(2) 不動産オーナー

不動産オーナーとは、総資産のほとんどが**不動産**（土地・建物等）であるお客様のことをいう。不動産オーナーが保有する不動産の課題は、相続時の遺産分割である。分割できない場合に不動産を共有とすれば、今度は売却することが難しくなり、親族間の様々なトラブルの種にもなりかねない。逆に、不動産を単独所有とすれば、他の相続人の不満や、遺留分の問題などが発生しやすい。それだけに、**不動産は相続争いを招く一番大きな原因**となる。

また、相続財産に占める不動産の比率が高くなってくると、**納税資金**の準備が不可欠となる。

したがって、不動産オーナーのエステート・プランニングでは、遺産分割対策と納税資金対策が中心となる。このため、遺言書の作成や民事信託の活用を検討することになろう。

(3) プロフェッショナル、キャッシュ・リッチ、上場企業オーナー株主

これらはまとめて**金融資産家**と呼ぶことができるだろう。総資産のほとんどが金融資産(現預金、金融商品、生命保険等)だからである。プロフェッショナルのように高額所得を稼ぐ富裕層は、手間のかかる不動産投資は避け、金融資産として財産を蓄積する傾向にある。また、上場企業オーナーが所有する上場株式は、それ自体が金融資産である。キャッシュ・リッチと呼ばれる富裕層は、例えば、M&Aによる会社売却で多額の現金を獲得した人、相続で多額の財産を承継した人などである。

金融資産の特徴は、不動産や自社株式と比較して**相続税評価が高いこと**である。それゆえ、金融資産家のエステート・プランニング、相続税対策が中心となる。その手段の代表例は、**不動産投資**による財産評価の引下げである。金融資産は、相続発生時の時価でそのまま課税されるため、相続税評価が低い**不動産への組換え**を検討すべきといえる。

【富裕層が保有する資産と相続対策の必要性】

○:問題なし　△:検討すべき　×:承継対策を実行すべき

	遺産分割	納税資金	相続税対策
非上場株式	△	×	○
不動産	×	△	△
金融資産	○	○	×

対策例⇒　　民事信託　　自社株買い　　不動産投資

例題5-3　以下の各記述を読み、正しいか誤っているかを判定しなさい。

【問題】

1. エステート・プランニングとは、個人財産の承継を計画すること、すなわち、生前贈与、資産運用の戦略を事前に計画することをいう。したがって、運用結果の継続的なモニタリングや報告などは、エステート・プランニングが完了した後の業務といえる。

2. 顧客が自筆証書遺言を作成している場合は、相続時に家庭裁判所の検認が必要になることを家族が理解しているかを確かめる必要がある。

3. 顧客から過去の贈与税申告書を入手した場合、過年度の贈与税の計算が誤っており、税金の過少申告となっていないかどうかを厳格に確かめる必要がある。

4. 顧客の定性的な情報として、プライベートバンカーは、顧客が想定している子供への遺産分割方法をヒアリングすべきである。その際、自分が配偶者より先に死亡した場合の遺産分割、配偶者が自分より先に死亡した場合の遺産分割、これら両方の遺産分割方法を検討しておくべきである。

【解答5-3】

1. 誤り。エステート・プランニングとは、個人財産の承継を計画し、実行することをいう。すなわち、生前贈与、資産運用の戦略立案だけでなく、資産運用の実施、運用結果の継続的なモニタリング、資産のリスク管理などを行うことである。

2. 正しい。顧客が自ら作成した遺言書のほとんどは自筆証書遺言であるが、相続時に**家庭裁判所の検認**が必要になることを家族が理解していない場合が多い。プライベートバンカーは、家庭裁判所の検認が必要となること、相続時に開封してはならないことを伝えるべきである。また、可能であれば、**公正証書遺言**に作り直し、相続時にトラブルが発生する可能性を下げておくべきであろう。

3. 誤り。税務申告は税理士業務であるため、プライベートバンカーは関与してはならない。過去の贈与契約書及び贈与税申告書を入手するのは、遺留分算定基礎財産を計算して**相続争いが発生するリスクの有無**を確かめるとともに、**名義預金や名義株式の問題**が生じていないかを確かめることにある。

4. 正しい。顧客の定性的情報として、**遺産分割方針**は最も重要なものである。これが財産承継計画の基本となるからである。その際、顧客自身が先に死亡して配偶者へ一次相続されるシナリオ、顧客の配偶者が先に死亡して顧客自身へ一次相続されるシナリオの両方を検討しておくべきである。また、いずれのシナリオにおいても、夫婦の両方が死亡した後の**二次相続までを視野に入れた遺産分割**を計画することが重要である。

5. 顧客の保有する資産及び負債の情報を入手する目的は、顧客が保有する財産の換金価値を時価ベースで把握するためである。それゆえ、家計貸借対照表を作成する場合、資産は売却可能価額で評価し、また、負債には現時点の債務のみを評価し、将来支払うべき相続税は含めない。

6. プライベートバンカーがエステート・プランニングを行う目的は、顧客との関係性を深め、自社が取り扱う手数料率の高い金融商品に販売することにある。それゆえ、エステート・プランニングの提供の見返りに金融商品の購入をお願いすることが営業の基本スタイルであり、エステート・プランニング自体に価値を認めてもらい、その対価としてコンサルティング報酬をもらうべきではない。

7. 中小企業オーナーの財産承継では、後継者の会社支配権が最重要課題であるため、後継者は自社株の過半数を必ず保有するように遺産分割しなければならない。

8. 金融資産の特徴は、不動産や自社株式と比較して相続税評価が高いことであるため、市場価格に比べて相続税評価が低い賃貸不動産への投資が有効な相続税対策となる。

5. 誤り。顧客情報の入手をする際、顧客が将来支払うべき**相続税**という潜在的な債務の存在に気がついていないケースが多い。それゆえ、プライベートバンカーは家計貸借対照表を作成して顧客にその存在を明示し、理解を促すべきである。すなわち、顧客の資産及び負債の情報を入手する目的は、**将来の相続税額を試算すること**にある。したがって、資産は相続税評価額によって評価するとともに、負債には**未払相続税額**を含めて家計貸借対照表を作成する。

6. 誤り。プライベートバンカーがエステート・プランニングを行う目的は、**顧客の財産管理と財産承継を支援すること**自体にある。結果的に、自社が取り扱う商品・サービスの販売につながることもあるが、それを優先してはならない。エステート・プランニングの提供それ自体に価値があるものでなければならず、その対価として**コンサルティング報酬**をもらうこともビジネスの１つとして考えられる。

7. 誤り。中小企業オーナーの財産承継では、会社の支配権を明確化させるために、後継者はできるだけ自社株式の**過半数**を保有させるように遺産分割しなければならない。しかし、後継者だけに自社株式を承継させるとすれば、後継者ではない相続人の遺留分を侵害する可能性があり、代償分割などで解決できないような場合は、後継者が自社株式の過半数を取得できないケースも想定される。

8. 正しい。金融資産は**相続税評価が高いこと**が問題となるため、財産評価を引き下げるために、**賃貸不動産への投資**を行い、相続税対策を行うことが効果的である。

9. 顧客が豪邸に住んでおり、その相続を巡って複数の相続人間で相続争いが起きてしまった場合、その豪邸の所有権の持分を均等に分けて共有とすれば争いは解決する。

10. 富裕層は財産規模が大きく、利害関係者が国内外に分散していることも多いことから、相続・事業承継に係る法律問題について考慮することが不可欠である。法人の顧問弁護士とは別に個人の顧問弁護士を法務アドバイザーとして雇うべきである。

11. 上場企業オーナーは、自社株式が証券取引所において売買されており、金融商品取引法への準拠が不可欠であるが、相続税の納税資金を準備するために持株を売却するのであれば、特に問題は伴わない。

9. 誤り。不動産オーナーが保有する不動産の課題は、相続時の遺産分割である。分割できない場合に不動産を共有とすれば、今度は**管理・処分を共有オーナー全員の合意のもとで行う**ことになり、売却などの重大な意思決定に合意できず失敗するケースが出てくる。不動産の共有は、親族間の様々なトラブルの種にもなりかねないため、**安易に不動産を共有すべきではない。**

10. 正しい。法人で顧問弁護士を雇っていても、個人では顧問弁護士を付けていないケースが多い。**法人と個人の法律問題は異なる**ため、個人の法律問題についても弁護士のアドバイスを受けるべきである。

11. 誤り。上場企業オーナーは、保有する株式の売買において金融商品取引法への準拠が不可欠であり、目的が何であろうとも持株を売却するのであれば、**インサイダー取引規制**の対象となる可能性に注意しなければならない。そのような場合、株式を信託し、受託者に売却させるなど、金融商品取引法に抵触しないような方法をとるべきである。

第6章

マス富裕層

I ■ マス富裕層の職業と財務

[1] マス富裕層とは何か

　マス富裕層とは、純金融資産が5,000万円超から1億円未満のお客様のことをいう。高齢化が進む日本において、マス富裕層は、今後成長が見込まれる有望なセグメントであり、全ての金融機関にとってプライベートバンキングの対象となり得る。

　この点、従来のプライベートバンキングの対象は、営業効率の観点から、純金融資産1億円超の富裕層が中心とされ、地域的には三大都市圏に集中していた。その狭い市場において、外資系金融機関や大手都市銀行のプライベートバンキング部門が激しい営業競争を繰り広げてきたのである。つまり、従来のプライベートバンキングの対象は富裕層や超・富裕層であり、マス富裕層は十分サポートされてこなかったのである。

　しかし、金融資産1億円超を持つ富裕層は、全世帯の僅か2％未満にすぎず、その市場が大きく拡大する可能性は小さい。そこで、今後は、大都市圏以外にも多く存在し、外資系や大手金融機関も手付かずの顧客セグメントであるマス富裕層に注目すべきといえる。特に、プライベートバンキングにこれから注力しようとする**中小金融機関や地方銀行は、富裕層の顧客セグメントで大手金融機関と真っ向から対峙することは避け、戦略的にマス富裕層にターゲットを絞ったほうがよい**だろう。

　マス富裕層のお客様は、全国的に数多く居住している。しかし、預金残高や有価証券の預り残高が富裕層の規模に届いていないことから、これまで金融機関から十分なサービスを受けることはなかった。しかし、このセグメントのお客様は、次の理由に基づき、**今後の成長**を期待することがで

きる。

　第1に、**インカムリッチ・プロフェッショナルが今後増加する**と考えられるからである。就業人口の低下を背景に、女性の社会進出が進み、夫婦ともに正規労働者という共働き世帯が増える。ダブルインカムの共働き世帯の資産は、まさにマス富裕層の規模となる。特に、地方都市の公務員、教職員の共働き夫婦が2人とも退職金を受け取ると、純金融資産だけで軽く5,000万円を超えるのである。

　第2に、**マス富裕層のお客様は、これまで金融機関によって十分なプライベートバンキングの提案を受けてこなかったため**、ニーズに適合するソリューションを提供すれば、金融機関へ大きな収益をもたらす可能性があるからである。マス富裕層のお客様は、これまで本格的なプライベートバンキングを提供されたことがない。それゆえ、いったん関係性を築いてしまえば、アップセルやクロスセルが期待されるばかりでなく、友人や知人への口コミが一気に広がることも期待できる。

　専門職に就く医師・弁護士・公認会計士等に加え、IT分野や業績連動報酬が期待できる金融プロフェッショナル等のインカムリッチ・プロフェッショナルが本気で資産形成を行い、それをプライベートバンカーが長期にわたり支援すれば、20年単位で見れば、本格的な富裕層顧客に成長しているはずであろう。つまり、**マス富裕層への営業は、将来の富裕層の囲込み戦略**と考えることもできる。

[2]　マス富裕層の職業

　マス富裕層に対するマーケティング戦略は、職業別に分類して考えるとよいだろう。

　最も重要なお客様は、**首都圏を中心に居住するインカムリッチ・プロフェッショナル**である。例えば、役員となった弁護士や公認会計士、税理

士等の職業会計人、外資系企業の経営層の幹部、金融機関やIT及び経営コンサルティング分野の専門家、10年以上の経験を持つ医師などである。

また、**営業黒字の小規模企業経営者**も重要である。小規模事業であれば、子供に事業承継されず、M&Aで他社へ売却されるケースが多い。そのため、事業の売却代金を受け取った企業オーナーが、一夜にして金融資産家として富裕層の仲間入りするケースがある。

さらに、**退職金を受け取った公務員、教職員の元共働き世帯**である。彼らは夫婦2人の退職金だけで軽く5,000万円を超えてくる。地方の住むマス富裕層の多くは、主としてこのような共働き世帯である。

［3］ マス富裕層のキャッシュ・フロー

高度な専門知識やスキルを持つインカムリッチ・プロフェッショナルの所得は、就業してから10年ほどで頭打ちとなるが、その後、引退するまで高い所得水準が継続する。しかし、ある年齢に達すると第一線を退かなくてはならず、引退後は経営側や指導者側に転向して生涯所得の拡大を図る工夫が必要となる。

こうした専門職に就くインカムリッチ・プロフェッショナルは、いずれも大変高いストレスに長時間さらされており、ストレス解消のために遊興費や衝動買いなど生活費の支出が大きく、所得が貯蓄に回らないケースが多い。しかし、堅実な貯蓄と運用を30歳代から着手すれば、60歳代には純金融資産を数億円持つバランスシート・リッチの富裕層となる可能性を持っている。

インカムリッチ・プロフェッショナルの報酬は、**インセンティブ制度**によるものが多い。短期インセンティブ制度が年次ボーナスであり、長期インセンティブ制度がストックオプションである。プライベートバンカーは、お客様がどんなストックオプションを持っており、それを行使した場合、

税引き後でどの程度の資産となるのか、お客様とともに毎年見直すことが必要である。こうしたストックオプションを有利な条件で保有するマス富裕層の中には、勤務先の企業の株式上場を機に一気に富裕層へと変身する場合もあるため、軽視してはならない。

例題6-1　以下の各記述を読み、正しいか誤っているかを判定しなさい。

【問題】

1. マス富裕層とは、純金融資産が5,000万円超から1億円未満のお客様のことをいい、金融機関の顧客層の中でも最も収益性が高いマーケットであるため、外資系金融機関や大手プライベートバンクの寡占市場となっている。

2. マス富裕層の潜在的な顧客の数が今後増加すると見込まれているのは、昔から土地を相続してきた地主の顧客の保有資産が、地価上昇によって増加するためである。

3. マス富裕層の顧客は、これまで金融機関からプライベートバンキングのサービスを受けた経験が無いため、新たに営業の対象とすれば、将来的に大きな収益が期待できる。

4. 専門職に就く医師・弁護士やIT・金融プロフェッショナルは、所得水準は高いが、生活水準を高く維持するための支出が多くなり、手元に残る資金、その貯蓄が乏しいという特徴がある。それゆえ、長期的な関係を期待すべきではない。

【解答6-1】

1. 誤り。マス富裕層の定義は正しいが、外資系金融機関や大手プライベートバンクは主として金融資産１億円超の富裕層をターゲットとして営業活動を展開しているため、マス富裕層の顧客を獲得しようとしておらず、寡占市場とはなっていない。

2. 誤り。マス富裕層の顧客数の増加が見込まれるのは、ダブルインカム世帯の増加、多額の退職金を受け取る地方公務員の定年退職の増加など、インカムリッチの資産家が増えるからである。不動産オーナーが保有する土地については、首都圏の除き、ほとんどの地域で地価下落が見込まれているため、その資産価値が増大する可能性は小さい。

3. 正しい。マス富裕層の顧客は、これまで本格的なプライベートバンキングのサービスを提供されたことがないため、いったん関係性を構築することができれば、友人・知人への紹介や口コミなど、営業基盤として一気に拡大する可能性があり、金融機関にとって大きな収益が期待できる。

4. 誤り。高所得の専門職やプロフェッショナルは、プライベートバンカーのアドバイスに基づき長期的な資産形成を行えば、将来的に本格的な富裕層へと成長する可能性が高い。それゆえ、長期的な関係性を構築すべきである。

5. 地方公務員は所得水準が低いため、プライベートバンカーの営業対象にはならない。

6. 短期的な投資は期待できないが、インカムリッチの顧客の勤務先から受け取っているインセンティブ制度の内容ついては、毎年確認しておく必要がある。

5. 誤り。退職金を受け取った地方公務員、教職員は、夫婦2人で退職金が軽く5,000万円を超えるため、その勤勉さで貯蓄した資金を合わせると、1億円近くの財産を保有するマス富裕層になっている可能性が高い。

6. 正しい。インカムリッチ・プロフェッショナルの報酬は、インセンティブ制度によるものが多い。このうち長期の制度として代表的なものにストックオプションがあるが、これが行使された場合、大きな所得を獲得されるため、顧客が投資を実行する絶好のチャンスとなる。それゆえ、顧客のインセンティブ制度の内容や評価額を毎年確認し、チャンスを逃さないようにすべきである。

II ■ マス富裕層へのソリューション

[1] 資産形成期のソリューション

　マス富裕層の課題は、**資産形成期**と**資産保全期**に分けて考える。マス富裕層の場合、資産形成期で成功していれば、資産保全期で大きな問題に直面することはない。老後資金を十分に蓄え、財産承継についても暦年贈与で済んでしまうからである。

　資産形成期にあるマス富裕層のお客様には、**リスク・マネジメント**のソリューションを提供したい。これには、リスクの発生を防止するリスク・コントロールと、リスクが顕在化したときの損害補償するリスク・ファイナンスの2つの方法がある。

　個人のリスク・コントロールの観点からは、安定的なキャッシュ・フローを生み出す心身の健康管理が最重要となる。また、生涯学習を通じた継続的な能力開発も必要である。さらに、身に付けた能力を必要とし、喜んで報酬を支払ってくれる顧客を提供してくれる人脈の開発・維持も欠かせない。

　一方、リスク・ファイナンスの観点からは、資産形成の途中で病気やケガで働けなくなった場合に必要となる**生命保険**の加入が必要となる。また、引退した後の生活費の不足を考え、老後資金の貯蓄も忘れてはならない。

　マス富裕層に対するプライベートバンキングでは、**リスク・マネジメントの観点からヒアリングする**ことで、効率の良い現状把握と適切な提案が可能となる。特に、リスク・コントロールに係る項目について話すことで、金融面だけではなく、包括的なアドバイスがプライベートバンカーから提供されているとお客様が感じ、良好な人間関係を築くことができるだろう

(1) 強制的な貯蓄商品

　地方銀行や信用金庫等にとっては、資産形成期にあるマス富裕層を対象とする営業に特化する戦略は有効であろう。特に、地方銀行の大口預金者は、そのほとんどが高齢者であるため、**相続をきっかけに高齢者の大口預金が次々と消えていくことになる**（地方の地場証券会社の**預り資産**も次々と流出する）。なぜなら、相続人である子供たちの多くが大都市圏に生活拠点を移し、既に大手金融機関と取引を開始しているからである。

　こうした高齢者の持つ大口預金を失うリスクを回避するためには、**大都市で働く次世代も絡めた相続税対策に重点的に取り組む必要がある。**

　インカムリッチ・プロフェッショナルのお客様は、小規模企業の経営者であっても、実態は個人事業主と同じで、自ら働いて稼いでいる。したがって、何らかの事情で収入が下がったとき、生活水準を下げなければならないことを心配している。しかし、個人のキャッシュ・フローが大きく変動しても、十分な金融資産を蓄積していれば、このような心配は必要ない。

　インカムリッチ・プロフェッショナルのお客様が資産形成を行うには、**強制貯蓄と定時定額投資**の仕組みを利用することがよい。すなわち、毎月の給与口座（銀行の普通預金）から自動引落しで資金を投資口座に振り替え、運用元本を形成する。毎月一定額が強制貯蓄されていくことから、銀行口座の残高が減ってゆき、不要な支出を抑制することができる。また、定時定額投資は、「ドルコスト平均法」による経済効果を生み出すものである。

(2) 非課税貯蓄制度の活用

　代表的な非課税貯蓄制度として、**個人型確定拠出年金**と、**小規模企業共済**がある。これらは、課税の繰延べによる節税効果を目的として設計されている。つまり、現役のときの給与所得で受け取るのではなく、**退職所得**の一時金や**老齢年金**として受け取ることによって、所得税負担を軽減させることができる。

個人型の確定拠出年金制度には２つのタイプがある。１つは、確定給付型年金制度のない雇用労働者（国民年金の第２号被保険者）が月額上限23,000円まで入ることのできるタイプである。もう１つは、基礎年金しかない個人事業主が**月額上限68,000円**まで入ることのできるものである。いずれも、**月額の掛金は所得控除の対象**となり、運用から発生した**キャピタル・ゲインは非課税**となる。ただし、将来の受取りの際に、繰り延べていた所得やキャピタル・ゲインに所得税が課される。これらには中途解約ができない制約があるものの、一時金の**退職所得**、公的年金等の**雑所得**となることによって税負担を軽減する。

インカムリッチ・プロフェッショナルのお客様には、この程度の少額な積立ては無意味に感じられるかもしれないが、プライベートバンカーとしては、この分野からお客様に定時定額投資に馴染んでもらえるよう、税制上のメリットを絡めて上手に説明することが必要である。

これに対して、**小規模企業共済**とは、常時使用する従業員が20人以下（商業・サービス業なら10人以下）の個人事業主及び会社役員が、将来の退職金として受け取ることを目的に、掛金を非課税で積み立て運用することができる制度である。これを利用すれば、月額掛金が最低1,000円から**最高70,000円まで所得控除の対象**とすることができる。配偶者である役員も利用できるため、この制度と個人型確定拠出年金の両制度を毎月限度額まで夫婦で併用すれば、１年間で**最大331万円**（＝（68,000円＋70,000円）×夫婦２人×12ヵ月）を**所得控除**の対象とすることができる。小規模企業共済金の受取りは、**退職一時金**、又は10年～15年の**老齢年金**となるため、所得税負担を軽減させることができる。

（3） 法人契約の生命保険の活用

小規模企業経営者は、実質的に個人事業主として、会社の最終的な資金繰りを、個人資産で賄っている。そのため、会社の業績が悪いときに銀行

から融資してもらえず、資金繰りに行き詰まる危険性が伴う。そこで、法人税の節税を行うと同時に簿外資産（含み益）の蓄積を図るため、**法人契約で経営者を被保険者とする生命保険が購入されてきた。**退職金を支払うときや企業の業績が悪化したときに生命保険を解約すると、解約返戻金の受取りに伴う利益は、当該事業年度の損失と相殺され、法人税負担を上手にコントロールすることができる。

また、生命保険は、年払い保険料を事業年度末の最終月に一括して支払うことができるため、節税手段として即効性がある。

なお、次年度以降、保険料支払いに余裕がなくなったならば、「**払済み**」という手法によって、過去に支払った保険料で契約継続できる死亡保障額まで減額することができる。この結果、それ以降の保険料を支払うことなく一定の死亡保障額を維持することができる。

(4) 暦年贈与による相続税対策

マス富裕層の相続税対策は、暦年贈与によって解決する場合がほとんどである。ただし、お客様の財産規模、年齢や健康状態によっては、110万円の基礎控除額を超えて暦年贈与しなければならないこともあるだろう。

例えば、暦年贈与の対象を2人の子供とその配偶者2人、孫4人とすれば合計6人となるが、1人当たり年間500万円の暦年贈与を行う場合の贈与税を計算すると、48万5千円となる。

```
500万円－110万円（基礎控除額）＝390万円
390万円×15％－10万円＝48万5,000円
```

48万5,000円の贈与税は、暦年贈与額500万円に対して**9.7％**にすぎない。このケースは、1人当たり年間500万円であるから、6人合計で3,000万円という多額の暦年贈与が行われることになるが、年間の贈与税の合計額は291万円にすぎない。なお、年をまたいで、12月31日には3,000万円、1月

1日に3,000万円を6人に暦年贈与すれば、技術的には2日間で6,000万円の暦年贈与を582万円の税負担で実行可能だということである。

同じような事例をもう1つ考えてみよう。以下のような親族構成で、父親の総資産が2億円あったとしよう（全て現金）。相続まで何もしなければ、相続税は3,340万円となる。

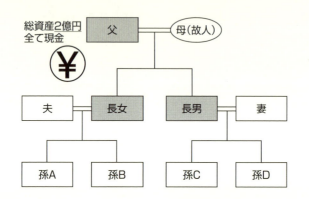

基礎控除
2億円－（3,000万円＋600万円×2人）
＝1億5,800万円

法定相続分と相続税額
1億5,800万円÷2人＝7,900万円
7,900万円×30％－700万円
＝1,670万円
1,670万円×2人＝**3,340万円**

基礎控除後の金額 （各相続人の取得金額）		税率	控除額
超～	以下		
0円～	1,000万円	10％	0円
1,000万円～	3,000万円	15％	50万円
3,000万円～	5,000万円	20％	200万円
5,000万円～	1億円	30％	700万円
1億円～	2億円	40％	1,700万円
2億円～	3億円	45％	2,700万円
3億円～	6億円	50％	4,200万円
6億円		55％	7,200万円

これに対して、10年間にわたり毎年210万円ずつ子供とその配偶者及び孫（合計8人）へ暦年贈与した場合、10年間の贈与税の合計額は800万円であるが、相続税はゼロとなる。

以上のような、マス富裕層の財産規模であれば、生前に**暦年贈与**を続けることによって、**相続税はゼロ**まで引き下げることが可能である。

暦年贈与の贈与税額
(210万円−110万円)×10%×8人×10年
＝800万円

10年後の残された相続財産
2億円−(210万円×8人×10年)
＝3,200万円

基礎控除
3,200万円＜4,200万円(＝3,000万円+600万円×2人)
よって相続税ゼロ

贈与税の税率表		
課税標準	税率	控除額
200万円以下	10%	−
300万円以下	15%	10万円
400万円以下	20%	25万円
600万円以下	30%	65万円
1,000万円以下	40%	125万円
1,000万円超	50%	225万円

(5) 海外不動産による税負担の軽減

　マス富裕層の**所得税対策**としての海外不動産への投資も効果的である。これは、不動産の取得価額に占める**建物**の比率が高いこと、ノンリコース・ローンを利用しやすいこと、中古物件の減価償却の耐用年数が短いことによるものである。

　米国には築50年以上の優良な木造住宅物件が多く存在している。中古物件を事業に供した場合、その資産の償却年数は、法定耐用年数ではなく**使用可能期間**となる。もし法定耐用年数を全部経過して、使用可能期間の算定が困難な場合、簡便法により、その資産の法定耐用年数の**20%**に相当する年数を耐用年数とすることができる。

　例えば、米国の木造住宅の法定耐用年数である22年を超えた住宅を購入し、賃貸するケースを考えてみよう。約2百万ドルの中古住宅物件を借入金比率70%(自己資金比率30%)で購入すると、必要な資金は60万ドルとなる。土地比率を25%とすると、75%に相当する150万ドルが建物として減価償却の対象となる。簡便法で償却年数を計算すると、22年×**20%**＝4.4年で、1年未満は切捨てとなるため、**4年で減価償却**を行うことになる。日本で所得税の申告を行うお客様は、日本国内所得と海外源泉所得を合算して、日本における課税所得を計算しなければならない。それゆえ、海外源泉の

不動産所得のマイナスを日本国内の課税所得と**損益通算**し、大幅な節税効果を享受することも可能となる。

(6) オペレーティング・リース取引による税負担の軽減

　航空機のオペレーティング事業へ**個人出資**することで、リース事業のマイナスの所得は**不動産所得**として計上され、給与所得との損益通算が認められる。このため、リース事業への投資は、インカムリッチ・プロフェッショナルの所得税対策として有効な手段となる。近年、航空機を対象とするオペレーティング・リース取引に人気が高い。

　税務上のリース取引とは、ノンキャンセラブル要件とフルペイアウト要件の2つを満たす取引である。すなわち、賃借人が、資産からもたらされる経済的利益を実質的に享受することができ、かつ当該資産の使用に伴って生ずる費用を実質的に負担すべきこととされている。しかし、税務上の「リース取引」に該当しなければ、**賃貸借取引**として取り扱われ、所有資産の減価償却費を**損益通算**できる。そこで、以下のような**オペレーティング・リース取引**を用いて航空機のリース事業への直接投資を行うことが一般的である。

　オペレーティング・リース取引とは、リース期間中に物件価額の全額回収（フルペイアウト）を予定しないリース契約のことをいう。この契約では、賃貸人がリース終了後、リース対象物件の残価リスクを負うことになり、またリース期間中の途中解約が認められる。航空機リースがオペレーティング・リース取引に該当すれば、税務上のリース取引とは見なされない。すなわち、リース事業の減価償却費を給与所得と**損益通算**することができる。

　ちなみに、所得税負担の軽減という観点から、ヘリコプターや航空機をリース対象とすることには、大きなメリットがある。これらの機体は、経済的耐用年数に比して**法定耐用年数が短く、減価償却額が大きく計上され**

る。そのため、例えば、法定耐用年数を過ぎた中古ヘリコプターを直接保有し、オペレーティング・リース事業を始めれば、税法上は簡便法によって2年間の定率法で減価償却するケースがあり、1年目で大きな減価償却費を計上することができる。また、これらの機体をリース資産として5年超保有していれば、機体の売却益は長期譲渡所得となる。すなわち、売却代金から取得費や特別控除額50万円を控除した後に、その2分の1が課税所得となることから、税負担は軽い（不動産のように分離課税は認められていない）。

しかし、航空機のオペレーティング・リース取引にもいくつかの**リスク**が伴う。航空機の事故リスク、運航会社の倒産や債務不履行リスク、為替変動リスク、航空機の保守・整備リスク、航空機市場の価格変動リスク、リースアレンジャー事業者の倒産リスクなどである。

[2] 資産保全期のソリューション

(1) 老後資金の確保

マス富裕層の資産保全期で重要なことは、現役時代のライフスタイル（＝生活費）を維持しながら、死ぬまで金融資産（＝老後資金）が枯渇しないようにすることである。具体的に必要となるソリューションは、**老後資金の運用・管理の支援**である。資産形成期で築き上げた老後資金を死ぬ前に使い果たしてしまわないよう、継続的な財産管理が必要である。常に現状をモニタリングし、生活費の水準を調整し、資産運用を見直し、場合によっては退職時期も延長することもあるだろう。そのため、**老後資金の耐用年数**（＝金融資産を一定の利回りで運用したものを毎年の引出し金額で除して、何年間消費することができるかを計算）を継続的にモニターする必要がある。

老後資金が不足する可能性があれば、**退職時期を延長**すべきである。僅か数年間だけ退職時期を延長するだけで、貯蓄も増え、老後の生活は劇的

に変化することになろう。特に、インカムリッチ・プロフェッショナルの多いマス富裕層の場合、**その高い専門性から、健康である限り自分の好むワークライフバランスで働き続けることを考えるべき**であろう。そのためには、独立したプロフェッショナルとして働くことのできる**スキル、人脈、自己管理能力**の3点を老後に備えて早い段階から準備しておかなければならない。

一方、リスク・マネジメントとしては、**医療保険と介護保険**への加入である。こうした保険で将来発生する生活費上昇を抑えることができる。また、金融資産運用においては、必要以上にリスクを取り過ぎることのないようにしなくてはならない。

資産保全期の運用戦略の設計では、「**インフレ**」と「**長寿**」という2大リスクの備えに焦点を絞り、資産耐用年数を意識した手堅い戦略を考えることが重要である。

(2) 不動産に係る相続税対策

相続が迫ってきたら、次世代への財産承継スキームを考える。**不動産はインフレに強い**ことがメリットとなるが、相続税の納税に問題が伴うケースが多い。特に、総資産に占める不動産の比率の高いマス富裕層にとっては、自宅に課せられる相続税対策が不可欠である。そこで、プライベートバンカーが考えるべきことは、**小規模宅地等の特例の適用**である。

また、インフレとは別に、地価下落によって資産価値が毀損する問題も忘れてはならない。地方都市の人口減少率が首都圏に比べて高いことを考慮すれば、地方の土地の価格下落リスクは大きい。こうした将来の価格下落リスクを回避するためにも、**地方の土地は生前に売却して首都圏の土地と買い換えるべきである**。坪単価の高い首都圏の土地であれば、小規模宅地の特例による評価減の効果が極めて大きくなる。首都圏で働く子供が望めば、**首都圏に子供との2世代住宅を建設することで**、理想的な相続対策

ができることもあるだろう。

(3) リバースモーゲージによる相続税対策

　小規模宅地等の特例適用以外に考えるべき相続税対策は、**坪単価も高く流動性も高い首都圏の土地を対象としたリバースモーゲージ**である。リバースモーゲージとは、高齢者の老後生活資金の捻出手法であり、居住している自宅を担保として老後資金を借り入れ、生存中は元利払いを一切することなく、死亡したときに自宅で元利金を代物弁済するスキームである。首都圏にある優良な土地であれば、担保余力が大きいため、銀行は喜んで融資を行おうとするだろう。

　首都圏のマス富裕層のお客様は、首都圏の自宅を対象としたリバースモーゲージが有効な相続対策となる。これによって、**土地に見合う「マイナス資産」を作り出し、財産評価を引き下げることができるからである。**

　ただし、リバースモーゲージを提供する銀行には、金利上昇リスク、長生きリスク、担保価値下落リスクが伴う。そこで、銀行の立場からリスクを最小化するため、**リバースモーゲージは、価格下落リスクの小さい首都圏の優良な不動産を対象とすべきである。**例えば、六本木や赤坂のタワーマンションであれば理想的であろう。

　もちろん、銀行としては、子供の連帯保証付きの融資としなければならない。そこで、親子2世代を対象とするプライベートバンキングを提供する。つまり、親が**リバースモーゲージで手にした資金は、子供へ暦年贈与を行い**、自分の債務を保証してくれた子供に自宅と借入金を相続させる。一方、子供は将来の借入金返済や老後資金のために、**親からの暦年贈与で手にした資金を金融商品で運用し、資産形成に努める**のである。

(4) 個人の生命保険契約の見直し

　マス富裕層のお客様個人の生命保険は、不適切な契約内容となっている

ケースが多いことから、プライベートバンカーは、機会があればお客様の保険証書をチェックしたほうがよい。資産形成期を通じ、子供の扶養リスクのために掛けた生命保険の多くは、保険料負担を軽減する目的から、例えば、100万円程度の小さな終身保険の上に5,000万円の定期保険が乗っており、その期間は子育てが完了する65歳までであるという保険設計となっている。このような保険契約には、「**定期保険付き終身保険**」という商品名が付されているが、その実態は**多額な保険料が掛捨てとなる保険**である。わずか100万円程度の満期金を受け取って用済みとなった生命保険を解約し、将来の相続税対策を考えず放置しているケースが多い。

しかし、生命保険でも、運用性のある変額や定額年金保険は高齢になっても健康診断を要せず、告知義務だけで加入することができる。一時払い終身保険であれば、90歳まで加入できる商品がある。生命保険契約を見直して、相続税対策として**生命保険の非課税枠を使い切ること**が重要である。

(5) 遺言書の作成指導

目に見えない財産を子供に伝えることは、公平性から見た財産承継としては最も重要となる。富の源泉となった個人の能力というヒューマンキャピタルや人脈というソーシャルキャピタルといったものが渾然一体となり、その人の財産を築く原因となっているはずである。こうした目には見えない一族として守るべき伝統や遺産や家族への思いといったものをどのように次世代に伝えるかが重要な課題である。その手段となるのが、**遺言書**である。

プライベートバンカー自身がこうした遺言書の書き方に習熟し、お客様にその効用を伝え、書き方を指導できるようになれば、その一連のプロセスを通じ、さらに深いレベルで顧客を理解し、信頼を得ることができるようになるだろう。

【コラム】プライベートバンカーの相続・事業承継の提案書⑩

　著者が実務で作成したお客様向け提案書を紹介する。これは相続対策の内容ではなく、その実行支援を委託された場合の報酬額を提示したものである。

　初期的な作業としては、自社株評価（企業オーナーの場合）と財産評価（相続税試算）が必要となる。それによってお客様の財産の全体像を把握し、将来の財産承継の方向性を決めると同時に、相続税対策の方法を立案する。

　コンサルティング報酬は金融機関や不動産会社であれば、金融商品や不動産の取引手数料からの大きな収益が期待できるため、無料サービスとすることも考えられる。著者は税理士法人に所属しているため、有料としている。

　その一方、資産管理法人の設立に伴い、法人税務に係る税理士顧問業務が発生する。これについては、金融機関や不動産会社であれば、提携する税理士に依頼することになろう。

業務内容と報酬額のご提案

業務内容	報酬額
自社株評価と財産評価（相続税試算）	無料 （本件実行しないという決断をされた場合、そこで終了となります。）
不動産管理法人の会計税務顧問 （記帳、決算、法人税・地方税・消費税の申告）	不動産管理会社パック 36万円/年
財産承継コンサルティング（1年間） （最適なスキーム立案、資産組み換え実行支援、相続税シミュレーション、不動産投資の助言など）	コンサル報酬20万円/月×12ヵ月

➢ 上記は税抜き金額ですので、別途消費税等が課されます。
➢ 報酬のお支払いは、日税ビジネスサービスによる銀行自動引落しとなります。
➢ 旅費・交通費・宿泊費は、ご負担ください。
➢ 登記費用、司法書士報酬、不動産鑑定費用、不動産仲介手数料などの諸経費が発生する可能性があります。
➢ 給与計算及び個人の所得税申告と贈与税申告には、別途報酬が発生します。
➢ 民事信託を行う場合、法人と同様の作業が発生しますので、60万円/年が必要となります。

第6章 マス富裕層

例題6-2 以下の各記述を読み、正しいか誤っているかを判定しなさい。

【問題】

1. 資産形成期にあるマス富裕層の顧客には、リスク・コントロールのサービスを提供すべきであるが、その商品として個人契約の生命保険が最適である。

2. リスク・コントロールに係る内容についてヒアリングすることによって、人間関係を深めることが可能である。

3. 顧客に相続が発生すると、地方金融機関の預り資産が一気に流出することがある。しかし、高齢者を中心に取引を行っている以上、これは避けられないことであるため、プライベートバンカーは、顧客が元気な生前の間になるべく多くの収益を稼ぐことに専念すべきである。

4. マス富裕層に適合する商品として、非課税貯蓄制度の基づくもの、例えば、個人型の確定拠出年金がある。これは、月額の掛金が所得控除の対象となり、運用から発生したキャピタル・ゲインは非課税となるため、税務上のメリットを享受することができる。

【解答6-2】

1. 誤り。生命保険は資産形成の途中で病気やケガで働けなくなった場合に備えるリスク管理の手段であり、リスク・ファイナンスの１つとして位置づけられる。リスク・コントロールのサービスは、心身の健康管理、能力開発、人脈拡大の支援などである。

2. 正しい。直接の収益につながるリスク・ファイナンスの金融商品の販売だけでなく、直接の収益にはつながらないリスク・コントロールの支援を行うことによって、プライベートバンキングのサービスが単に商品販売だけでなく包括的なアドバイスであると顧客に感じてもらうことが可能である。

3. 誤り。地方にいる高齢者は、都心に住む子供たちと離れて暮らしていることが多く、その相続が発生すると、相続人が口座を解約してしまうため、一気に預り資産が流出することになる。それゆえ、先手を打って相続人となる子供たちに対する営業活動に取り組むべきである。例えば、NISA口座を活用して**暦年贈与**を行ったり、定時定額投資の商品を提供したりすることによって子供たちとの関係性構築に取り組むべきである。

4. 正しい。個人型の確定拠出年金には、確定給付型年金制度のない雇用労働者に対するもの、基礎年金しかない個人事業主に対するものがある。いずれも月額の掛金は所得控除の対象となるとともに、キャピタル・ゲインは非課税である。将来の給付の際に繰り延べていた所得が実現し、所得税が課されることになるが、**一時金**は**退職所得**、**公的年金**は**雑所得**になることから、給与所得よりも税負担が軽くなる。

5. 小規模企業共済とは、常時使用する従業員が100人以下の個人事業主及び会社役員が、将来の退職金として受け取ることを目的とした制度であり、月額掛金として最高70,000円まで**所得控除**の対象とすることができる。

6. 個人型の確定拠出年金の月額掛金の上限は68,000円であるから、小規模企業共済の月額掛金の上限70,000円と合わせて、最大で138,000円×12カ月＝1,656,000円の**所得控除**を受けることができるが、夫婦で併用することはできない。

7. 経営者の退職金の財源として、法人契約で長期平準定期保険又は逓増定期保険に加入することは効果的である。

8. 相続税対策として海外不動産投資が効果的であるといわれるのは、法定耐用年数を全部経過した木造住宅物件は、時価と比べて相続税評価が大きく引き下げられるからである。

5. 誤り。**小規模企業共済**が適用できる企業は、常時使用する従業員が100人ではなく、**20人以下**である。その個人事業主及び会社役員が、将来の退職金として受け取ることを目的とした制度であり、月額掛金として**最高70,000円まで所得控除**の対象とすることができる。

6. 誤り。**個人型の確定拠出年金**の**月額掛金上限68,000円**と小規模企業共済の月額掛金上限70,000円を合わせ、さらに夫婦で併用することができるため、最大で138,000円×2人×12カ月＝331万円の**所得控除**を受けることができる。

7. 正しい。法人契約で長期平準定期保険又は逓増定期保険は、単なる掛捨ての保険ではなく、その解約返戻金が支払保険料累計額に近くなる点に特徴がある保険商品である。経営者の退職する時期に解約返戻金の**返戻率が最高になるタイミング**を合わせておけば、退職金の財源となり、返戻金の益金と退職金の損金をうまく**相殺**することができる。

8. 誤り。海外不動産の相続税評価は、時価（＝通常の取引価格）であり、日本のように路線価や固定資産税評価額は使用されていないことから、相続税評価が引き下げられることはない。したがって、相続税対策としての効果は無い。海外不動産の節税効果は、中古物件の減価償却の耐用年数が短いことから、不動産所得の赤字を作り出すことができ、それを国内所得と損益通算することで**所得税負担を軽減**させるものである。

9. 航空機のリース取引を活用した節税を行う場合、減価償却費の計上による節税効果という観点からは、ノンキャンセラブルとフルペイアウトの要件を満たして、賃借人（レッシー）が実質的に航空機を所有する取引形態のほうが有利である。これは匿名組合を活用するスキームでも同様である。

10. 資産保全期におけるマス富裕層のリスク要因に「長寿」がある。長く生きる顧客には、早期に退職し、金融資産運用を早い段階からスタートすることを提案すべきである。

11. 地方に大きな土地を持つお客様が不動産を売却して、東京都内の投資用マンションを購入すると**相続税を節税**することができる場合がある。

12. リバースモーゲージは居住している自宅を担保とした借入金であり、高齢のお客様の老後の生活資金を調達するために有効な方法である。しかし、リバースモーゲージそれ自体に節税効果があるわけではない。

9. 誤り。航空機のリース取引による節税は、航空機の賃貸人(レッサー)となって多額の減価償却費を計上することによるものである。とすれば、賃貸人が経済的に所有するものとして取り扱われるオペレーティング・リース取引(=税務上の「リース取引」の要件を満たさない)を選択することになる。ただし、匿名組合を通じて航空機を所有するスキームによれば、組合員に対する損失分配が制限されるため、節税効果を享受することができない。それゆえ、現在は、航空機やヘリコプターを**直接保有**して、オペレーティング・リース取引で貸し出す方法が主流になっている。

10. 誤り。長寿に伴うリスクは、老後資金を枯渇してしまうリスクである。したがって、退職時期を延長して収入を増やすこと、適切な医療・介護保険に加入して生活費支出を抑えること、金融資産は手堅く運用することをアドバイスすべきである。

11. 正しい。地方の土地を生前に売却し、首都圏の土地と買い換える相続対策は相続税の節税を目的としたものである。これは、単位当たりの地価(坪単価など)の高い首都圏の土地であれば、**小規模宅地等の特例**による評価減の金額が大きくなるからである。

12. 誤り。リバースモーゲージは借入金によって、担保不動産に見合うマイナス資産(債務)を作り出し、資金を消費する、又は、子供に暦年贈与することによって**財産評価を引き下げる**ことができる。したがって、相続税の節税手段となる。

III ■ マス富裕層へのマーケティング

[1] ソリューションの定形化

　マス富裕層は、富裕層や超・富裕層に比べて、**定型化した手法**でお客様に適切な解決策を見いだすことができる。お客様を職業や財務ステージで正しく類型化することができれば、共通のニーズや課題が見えてくるため、それらに対応した定形ソリューションをパッケージ化することができるだろう。

　現在、マス富裕層に最適なソリューションは、**リバースモーゲージ、生命保険、子供への暦年贈与資金による子供名義での口座開設**の3つである。これらによって預り資産を増やすことを目標とし、新規開拓営業を推進する。

[2] 組織的な営業戦略

　マス富裕層を囲い込むには、次のステップで営業を組織的に行うことが有効である。

(1)【第1ステップ】顧客データベースの構築

　短期間で成果を上げるには、まず既存顧客が多い職種に特化し、彼らの属する業界団体と連携してセミナーの共同開催を企画する。彼らが資産保全期ならば、地価が高い地域に住み、5,000万円以上の預金残高を持つ70歳から79歳までのお客様を対象として「**相続税セミナー**」を開催する。その際、**リバースモーゲージ、非課税枠を活用するための一時払い終身保険**、

子供や孫への暦年贈与の３点セットを用いた相続税対策を説明するのである。

(2)【第２ステップ】顧客囲込みのための外部組織との提携

　当初は既存顧客を中心に営業活動を行うが、その後は新規顧客開拓のために**外部組織との提携戦略**を展開していく。主な提携先候補は以下のとおりである。

- ✓ 職業団体
- ✓ 公務員・教職員組合
- ✓ 医師会・歯科医師会
- ✓ 弁護士会・税理士会
- ✓ 各種中小企業経営者団体
- ✓ 会計事務所・社労士事務所

　マス富裕層のお客様のほとんどは所得税の確定申告を行っている。そこで、**会計事務所と連携してセミナーを共同開催する。**

　また、**人材紹介会社との提携**も有効である。特に、エグゼクティブサーチ会社と呼ばれる人材紹介会社は、首都圏の外資系企業に勤めるインカムリッチ・プロフェッショナルを掴んでいる場合が多い。彼らと連携してインカムリッチ・プロフェッショナル向けに節税型の報酬プログラムの提案を行ったり、所得税対策セミナーを開催したりすることは、顧客データベースの構築に有効である。

　さらに、**保険代理店との提携**も有効である。特に、地方都市では、地域で圧倒的なシェアを持つ独立系の保険代理店は、節税目的の生命保険に加入するマス富裕層の経営者を一番多く掴んでいる。地域金融機関が、これらのお客様に対して、融資や資産運用といった分野で保険代理店を支援する補完的役割を担うパートナーに徹すれば、業務提携は成功するであろう。

(3)【第3ステップ】データベースや提携先と連動したセミナーの実施

　セミナーの内容については、金融機関がお客様に売り込みたいサービスや金融商品だけでなく、ターゲットのお客様が共通に課題と感じているテーマをとり上げることが望ましいだろう。今ならば「**相続税セミナー**」である。その際、セミナーのテーマや講師を選ぶ主催者のセンスを通して付き合うべき金融機関であるかどうかをお客様が判断していることを忘れてはならない。

　ただし、セミナー開催は、お客様のニーズ換起には効果を発揮するものであるが、取引実行に至るまでの効果はないという事実は知っておかなければならない。それゆえ、セミナー終了後1週間以内に、**セミナーに参加したお客様との個別面談を実施することが不可欠**である。セミナー会場でのアンケート調査に基づいて、お客様を訪問するのである。決してセミナーだけで終わってはならない。個別面談の場で用いるトーク集も予めテンプレート化しておけば、経験の乏しいプライベートバンカーでも成果を上げることができ、営業活動が効率化されることだろう。

【コラム】日本最強の資産管理会社？寿不動産の株主構成

サントリーホールディングスの親会社である寿不動産の株主構成を見てみよう（親会社等状況報告書より筆者作成）。

サントリーHDの主な株主	
寿不動産	89.32
従業員持株会	4.69
三菱東京UFJ銀行	1.00
三井住友銀行	1.00
三井住友信託銀行	1.00
日本生命保険	1.00
	(%)

寿不動産の主な株主	
サントリー芸術財団	13.81
サントリー文化財団	9.21
佐治信忠	4.97
鳥井信吾	4.97
酒井朋久	4.97
佐治英子	4.97
鳥井信佑	4.97
酒井幾代	4.97
鳥井信宏	4.84
坂口美木子	4.84
	(%)

サントリーHDの株主構成を見ると、創業家一族の資産管理会社である寿不動産が89.32%を保有する筆頭株主である。

創業家一族のトップに君臨していた鳥井春子氏が、2010年10月に亡くなった。莫大な相続税が課されることとなったが、税負担を軽減させるために、相続財産は公益財団法人へ寄付された。これは、公益財団法人へ寄付した場合、寄付した財産に対して相続税が課されないからであろう。その結果、サントリー芸術財団が、寿不動産株式13.81%を保有する筆頭株主となった。サントリーHDの創業家一族は公益財団法人に相続財産を寄付することで、創業家一族の財産が外部へ流出するのを防いだのである。

また、多くの株主の持分比率が4.97%として、5%を僅かに下回る水準に設定されているのは、「中心的な同族株主」を外すことによって、評価が著しく低くなる「配当還元価額」によって寿不動産株式を評価することが目的であろうと推測できる。

例題6-3 以下の各記述を読み、正しいか誤っているかを判定しなさい。

【問題】

1. マス富裕層の顧客を増やす営業活動の基本は、既存顧客からの紹介である。

2. 生命保険の代理店は、節税目的の生命保険に加入するマス富裕層の経営者を一番多く掴んでいるため、地域金融機関が連携すべき相手として最適である。

3. ある地方金融機関は、顧客の個別面談よりも「相続セミナー」でまとめて集客するほうが効率的だと考え、セミナー開催のみに注力した。これは正しい営業戦略である。

4. マス富裕層のニーズに適合するサービスは、生命保険とリバースモーゲージ、そしてNISAなど小口投資商品の販売である。

5. 遺言書の作成支援は法律行為であり弁護士法に違反するおそれがあるため、プライベートバンカーが顧客にそれを指導してはならない。

【解答6-3】

1. 誤り。紹介営業も有効な手段ではあるが、一般的な富裕層と違い、マス富裕層に関して紹介営業を行っていては効率が悪い。集客力のある提携先とのセミナー共同開催によって**多数の見込み顧客を囲い込むこと**が基本である。

2. 正しい。節税目的の生命保険は、マス富裕層からの人気が高く、これを販売する生命保険代理店は、数多くのマス富裕層を顧客に持っている。それゆえ、地域金融機関が融資や資産運用といった分野で補完的役割を担うパートナーになることができれば、業務提携が可能である。

3. 誤り。セミナー開催は、顧客のニーズ喚起には効果を発揮するものであるが、取引実行に至るまでの効果はない。それゆえ、セミナー終了後、セミナーに参加した顧客との**個別面談を実施すること**が不可欠である。セミナー会場でのアンケート調査に基づいて、お客様を**個別訪問**すべきである。

4. 誤り。小口投資商品の販売も可能であるが、マス富裕層のニーズに適合しているとはいえない。マス富裕層は相続対策として暦年贈与を行うニーズがあるため、顧客の子供名義で口座開設させ、親の口座から子供の口座へ資金を振り替えることによって**暦年贈与**を行うなどのサービスが求められる。

5. 誤り。遺言書の書き方を指導したとしても弁護士法に抵触することはない。それゆえ、プライベートバンカーは顧客の相続対策のアドバイスの一環として積極的に遺言書の作成を勧め、その書き方を指導すべきである。

第7章

職業倫理

I ■ 職業倫理についての考え方

[1] プライベートバンカーの職業倫理

　証券アナリストの場合、仕事の相手方はプロであるが、プライベートバンカーにとってのお客様は個人が中心となる。それゆえ、プライベートバンカーはお客様個人やその家族の信頼に応えて、お客様の利益のために、専門的能力を発揮して、最大限の努力をしなければならない。また、プライベートバンカーは、その分野の専門的知識・情報量の豊富さにおいて顧客に対し圧倒的な優位にあるが、その優位性に乗じて自己の利益を図ってはならない。

　プライベートバンカーは、**強い自己抑制とともに、単なる契約上の義務を超えてお客様のために自発的に最善を尽くすこと**が求められる。これがプライベートバンカーの職業倫理の考え方であり、日本証券アナリスト協会の職業行為基準において明文化されている。

　プライベートバンカーが、職業行為基準に違背する事態が生じた場合には、**サービス停止**や**登録抹消**という懲戒処分を受けることとなる。

[2] 法令、自主規制とプライベートバンキング業務

　銀行員を前提とすると、通常の銀行業務に比べてプライベートバンキング業務は広汎であるがゆえに関連の法令の縛りがきつくなる。支店の営業職員が担当する富裕層のお客様から依頼されて提供する銀行預金、投資信託、生命保険の販売は、銀行法、金融商品取引法あるいは保険業法で規定されている業務又は関連代理業務となる。富裕層のお客様と友好的な関係

性を築くことができれば、そのニーズを本店のプライベートバンキング部門につないでビジネス・チャンスを広げることも可能となるだろう。

　顧客との間のコミュニケーションも進んで気心も知れ、相続・事業承継のアドバイスを求められたときは、**投資政策書**を作成して提案することになる。そのような業務に対しては、コンサルティング報酬をいただくケースといただかないケースが考えられる。いずれにせよ、金融機関の営業職員が一般論から一歩踏み込んだ税務の個別アドバイスをしてしまうと、税理士法に抵触するおそれがあるので注意が必要である。そのような場合、銀行の本店にあるプライベートバンキング関連部署（プライベートバンキング部、ウェルス・マネジメント部、ソリューション企画部など）の専門職員を帯同して顧客を訪問させて、法令違反がないよう慎重に対応すべきである。帯同訪問する専門職員は、税務について顧問税理士から事前に十分なアドバイスを受け、業務範囲を事前に明確にしておく。

　プライベートバンカーが提案する**投資政策書**は、税務、法務、企業経営など提案内容が広範囲にわたるため、支店の営業職員が自ら作成するのは困難であろう。それゆえ、通常はプライベートバンキング関連部署の専門職員に作成を依頼することになる。業務推進に伴う法令違反を避けるために、銀行内部のプライベートバンカーを活用するとともに、**弁護士、税理士など外部専門家も活用する**。このように複数のスタッフから成るチームによって作成した投資政策書を支店の営業担当者が使用し、法令遵守しながら富裕層顧客のニーズに沿った提案を行うのである。

【相続・事業承継のアドバイス業務における営業担当者と本社スタッフとの連携】

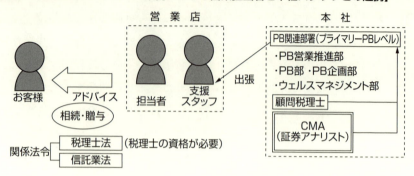

(出所:プライベートバンキング下巻)

Ⅱ ■ プライベートバンカーの職業行為基準

　プライベートバンカーとは、公益社団法人日本証券アナリスト協会が実施するプライベートバンキング教育資格試験に合格し、かつ協会が貸している資格付与要件を満たすことによって、プライベートバンカー資格が付与された者のことをいう。プライベートバンカーの社会的役割は、**個人富裕層のお客様へ最善のアドバイスを提供する**ことである。また、職業行為基準では、最善のアドバイスを提供する**信任義務**に加えて、利益相反の排除、専門家としての能力の維持向上、顧客の秘密保持、投資の適合性が定められている。

<u>プライベートバンカーの信任義務</u>
　①「**忠実義務**」＝お客様に忠実でなければならない。
　②「**注意義務**」＝お客様への注意や配慮を行ってはならない。

［1］　顧客への最善のアドバイス提供

基準1-1（信任関係）
　「信任関係」とは、顧客とプライベートバンカー、信託の受益者と受託者等、一方が相手方の信頼を受けて、専門的業務又は相手方の授権に基づく業務を行う関係をいう。

基準1-2（信任義務と注意義務）
　「信任義務」とは、信任関係に基づき信頼を受けた者が、相手方に対し

て真に忠実に、かつ職業的専門家としての十分な注意をもって行動する義務をいう。

基準1-3（受任者としての忠実義務）
プライベートバンカーがPB業務を行うに当たっては、顧客その他信任関係の相手方の最善の利益に資することのみに専念しなければならず、**自己及び第三者の利益を優先させてはならない。**

基準1-4（注意義務）
プライベートバンカーがPB業務を行う場合には、その時々の具体的な状況の下で法令、規則、業界慣行を遵守した上で専門家として尽くすべき正当な注意、技能、配慮及び誠実さをもってその業務を遂行しなければならない。

基準1-5（職業的専門家としての注意義務）
プライベートバンカーは、PB業務を行うに当たって、専門的見地から適切な注意を払い、公正かつ客観的な判断を下すようにしなければならない。

基準1-6（公平性）
プライベートバンカーは、PB業務を行う場合には、すべての顧客を公平に取り扱うようにしなければならない。

［2］ 利益相反の排除

基準2-1（公正性と客観性に関する情報開示）
プライベートバンカーは、公正かつ客観的なPB業務の遂行を阻害する

と合理的に判断される事項を、顧客に提示しなければならない。

基準2-2（報酬及び紹介料の開示）

　プライベートバンカーは、基準2-1のほか次の事項を顧客に開示しなければならない。
① プライベートバンカーが、その顧客に対して提供したPB業務の対価として、自己の所属する会社または団体以外から収受し又は収受することを約束したあらゆる**報酬**。
② プライベートバンカーが、その顧客に第二者の役務提供を受けることを推奨すること、またはその顧客を第二者に紹介することに関して収受し若しくは収受することを約束した、すべての**報酬**。

基準2-3（推奨銘柄の保有禁止）

　業務のうち顧客に対する投資情報の提供または投資推奨（以下「投資推奨等」という）の業務に従事するプライベートバンカーは、顧客に投資推奨等を行う証券の実質的保有をしてはならない。ただし、公正かつ客観的なPB業務の遂行が阻害されることがないと合理的に判断される場合において、投資推奨等において当該証券の実質的保有の事実が顧客に開示されているときには、この限りではない。

基準2-4（推奨銘柄に係る顧客取引の優先）

　投資推奨等の業務に従事するプライベートバンカーは、投資推奨等を行う場合は、自己が実質的保有をしまたはそれが見込まれる証券の取引に優先して、顧客が当該投資等に基づいて取引を行うことができるよう、十分な機会を与えなければならない。

基準2-5（投資管理業務における利益相反の防止）

　投資管理業務に従事するプライベートバンカーは、自己が実質的保有をし、またはそれが見込まれる証券の取引が、自己の関与する運用財産において行う取引の利益を損なうことがないよう、当該運用資産のための取引を自己の取引に優先させなければならない。

基準2-6（自己取引の禁止）

　プライベートバンカーは、顧客が同意した場合を除き、顧客との取引において当事者となりまた自己の利害関係者の代理人となってはならない。

［3］　専門家としての能力の維持・向上

基準3-1（社会的信用と地位の向上）

　プライベートバンカーは、PB業務の持つ重要な社会的役割にかんがみ、誠実に職務を励行し、互いにプライベートバンカーの社会的信用及び地位の向上に努めなければならない。

基準3-2（専門能力の維持・向上）

　プライベートバンカーは、常にPB業務に関する**理論と実務の研鑽に精進し**、その責務にふさわしい専門能力を維持し、向上させなければならない。

［4］　顧客の秘密保持

基準4-1（守秘義務）

　プライベートバンカーは、業務を行う場合には、当該業務の依頼者である顧客に関し知り得た秘密を他に漏らしてはならない。

[5] 投資の適合性

基準5-1（顧客の適合性の把握）

　顧客の財務状況、投資経験、投資目的を十分に確認すること。また、必要に応じてこれらの情報を更新（最低でも年1回以上）すること。

基準5-2（適合性の原則の遵守）

　顧客の財務状況、ニーズ、投資対象及びポートフォリオ全体の基本的特徴など関連する要素を十分に考慮して、投資情報の提供、投資推奨または投資管理の適合性と妥当性を検討し、顧客の投資目的に最も適合する投資が行われるよう常に配慮すること。

[6] 不実表示に係る禁止等

基準6-1（不実表示の禁止）

　プライベートバンカーは、次に掲げる事項について不実表示をしてはならない。
　ⅰ）　プライベートバンカーが顧客に対して行うことができるPB業務の種類、内容および方法その他PB業務に係る重要な事実
　ⅱ）　プライベートバンカーが有する資格

[7] 資格・認可を要する業務上の制約

基準7-1（職務範囲の逸脱の禁止）

　プライベートバンカーは、資格・認可が必要とされる業務については、法の定める資格・認可を得ることなく、かかる業務を遂行してはならない。

例題7-1　以下の各記述を読み、正しいか誤っているかを判定しなさい。

【問題】

1. **信任義務**とは、信任関係に基づき信頼を受けた者が、相手方に対して真に忠実にサービス提供しなければならない。プライベートバンカーと顧客は信任関係にあるから、プライベートバンカーは信任義務を負うことになる。

2. プライベートバンカーは、弁護士や税理士のような士業とは異なるから、職業的専門家としての十分な注意をもって行動する義務は負っていない。

3. プライベートバンカーが顧客にプライベートバンキング業務を提供する際、その時々の具体的な状況の下で法令、規則、業界慣行を遵守した上で、通常人に期待されるレベルの注意、技能、配慮及び誠実さをもって、その業務を遂行しなければならない。

【解答7-1】

1. 正しい。プライベートバンカーは、顧客との信任関係の下で、信頼を受けたものは、相手方の信頼に応え、相手方の最大の利益を図るために全力を尽くすという**高い倫理観**を伴った行動が要請される。「相手方に対して真に忠実に」とあるのが**忠実義務**を意味しており、信頼を受けた者は、自らの立場を認識し、専ら**相手方の最善の利益を図る**ように行動しなければならず、相手方の犠牲の上に自己や第三者の利益を図るようなことはあってはならない。

2. 誤り。**信任義務**は、信任関係において、信頼を受けて、専門的業務を行う者が負う義務である。信頼を受けた者の**注意義務**を規定している。信任関係において、ある者が信頼を受ける理由は、その者が通常人に比し、高い専門的能力を持っていることを期待されている点にある。したがって、プライベートバンカーは、**職業的専門家として要求される能力、思慮、勤勉さ**を十分に発揮しなければならない。

3. 誤り。プライベートバンカーは、その時点での顧客やファンドなど投資の主体の状況、客観的な経済・金融情勢など投資をめぐる環境を見極めながら、**投資の専門家として要求される注意、配慮**を払い、また**専門的な技能**を発揮し、さらに信任を受けたものとしての勤勉さを発揮してプライベートバンキング業務を行わなければならない。プライベートバンカーは、顧客から「職業的専門家」としての信任を得て業務を行うわけであるから、その注意義務は**通常人に期待される以上のもの**が要求されることになる。

4. プライベートバンカーも所属する組織の利益を確保しなければならないから、プライベートバンカーには、多額の手数料が期待できる資産規模の大きな富裕層を重点的に対応し、資産規模が小さな顧客には最小限の対応で留めるような区別が求められる。

5. 証券会社に所属するプライベートバンカーが、顧客に有価証券を販売する際、その証券会社が有価証券の発行を引き受けていた場合には、その証券会社が発行会社から受け取る報酬(引受手数料など)を、顧客に開示しなければならない。

6. プライベートバンカーが、顧客の財務状況、投資目的を確認することができたならば、これらの情報を1年に一度は必ず更新しなければならない。

4. 誤り。プライベートバンカーは、プライベートバンキング業務を行う場合には、**すべての顧客を公平に取り扱う**ようにしなければならない。

5. 正しい。プライベートバンカーが所属する組織で職務を遂行する過程で、**顧客の利益と自己の利益が相反する立場**に置かれることはあり得ることである。しかし、そのような事態が生じたとき、プライベートバンカーに対して、すべての利益相反が生じる行為を禁止するとすれば、過重な義務をに負わせることになる。そこで、プライベートバンカーは、公正かつ客観的なプライベートバンキング業務の遂行を阻害すると合理的に判断される事項を、顧客に開示しなければならないものとされる。具体的には、プライベートバンカーは、その顧客に対して提供したプライベートバンキング業務の対価として、**自己の所属する会社以外から受け取ることを約束した報酬**を顧客に開示しなければならない。例えば、報酬提供者が証券の発行会社の場合は、投資推奨や投資管理が発行会社に有利なように行われるおそれがあるため、**発行会社からの報酬の収受**を顧客に開示し、顧客がその事実を知ったでプライベートバンカーの提供する業務を受け入れるかどうかの判断をしてもらうこととしている。

6. 正しい。プライベートバンカーが把握する顧客の財務状況、投資目的は定期的に更新する必要があるが、職業倫理では、**最低でも年1回**はこれらの情報を更新しなければならないものと規定する。

7. プライベートバンカーが、顧客を不動産仲介業者や生命保険代理店に紹介することによって、それら業者から報酬を受け取る場合（紹介料、コンサルティング報酬など名目は問わない）は、その報酬を顧客に開示しなければならない。

8. 有価証券の投資推奨等の業務に従事するプライベートバンカーは、自己が個人的に保有している有価証券について、顧客に対して売却の推奨を行う場合には、自己が保有している有価証券を売却してはならない。

7. 正しい。プライベートバンキング業務を通じて、顧客の財産管理や財産承継のアドバイスする際、生命保険の契約や不動産の購入・売却を行うことがあるが、その際に業務を依頼する生命保険代理店や不動産仲介業者から、**紹介料やコンサルティング料などの報酬**を受け取るような場合（紹介料の受取りは、違法行為となることがあるため注意を要する）、顧客の利益を犠牲にして自己の利益を図るおそれがある。つまり、保険代理店や不動産仲介業者の最適な選定手法が確保されない。そこで、そのような場合は、報酬を受け取ることを顧客に開示し、顧客がその事実を知ってもなお紹介された外部業者のサービスを受け入れるかどうかの判断させなければならない。このため、プライベートバンカーは、顧客紹介によって外部業者から受け取る報酬を顧客へ開示しなければならないものとされている。

8. 誤り。顧客に対する有価証券の投資推奨等の業務に従事するプライベートバンカーは、**推奨する有価証券の保有を行ってはならない**という基本原則があるが、公正かつ客観的なプライベートバンキング業務の遂行が阻害されないと合理的に判断され、かつ実質的な保有の事実が投資推奨等において顧客に開示される場合はその例外とすることが職業倫理に規定されている。それゆえ、例外規定に該当する具体例として、プライベートバンカーは、自己が保有をしている有価証券について、売りの推奨を行う場合には、売り推奨を行った後、**顧客がそれを考慮して売るかどうかの判断をするに十分な時間が経過した後**でなければ、自己が保有している証券を売ってはならず、逆に買い推奨をしようとしている証券については、**顧客がその買い推奨を考慮し買うかどうかの判断を行うのに必要な十分な時間をおいた後**でなければ、自己の買いを行ってはならないものとされている。つまり、**リサーチ・フロントランニング行為は禁止**されているのである。

9. プライベートバンカーは、どのような場合であっても、顧客との取引において当事者となり、あるいは、自己の親族の代理人となってはならない。

10. 顧客が自分の個人情報を開示することを拒否した場合、顧客の財務状況、プライベートバンカーは、ニーズ・投資目的を把握することができないが、そのような状況においても、プライベートバンカーが妥当だと判断する限りにおいて、顧客に対して投資情報の提供、投資推奨を行ってもよい。

11. 適合性の原則とは、顧客の投資目的に最適な収益率とリスクの組合せを持った投資対象の選定やポートフォリオの構築を行うように努めなければならないとする原則である。

9. 誤り。プライベートバンカーは顧客の最善の利益に資することに専念しなければならないが、自己が顧客に対し取引の当事者すなわち相手方となる場合には顧客の最善の利益の追求が妨げられる可能性が強い。顧客の利益と、その取引相手方となったプライベートバンカーの**利益は相反するから**である。そこで、原則として、このような行為は禁止されている。また、プライベートバンカー本人が直接の当事者にならないが、利害関係者の代理人となる行為も、同様である。しかし、利益相反状況に陥ることを顧客が認識し、**プライベートバンカーが取引の相手方になることを顧客が同意した場合**（それを**顧客が望んだ場合**）には、このような取引が禁止されることはない。

10. 誤り。プライベートバンカーは、顧客の投資に関してどのような制約条件があるかを検討し、その上で顧客のリスク許容度を考慮しながらどの程度の収益率を目指すかを決定しなければならない。そのために、プライベートバンカーは、**顧客の財務状況、ニーズ、投資目的**を十分に考慮して、投資情報の提供、投資推奨の適合性と妥当性を検討し、顧客の投資目的に最も適合する投資が行われるよう常に配慮しなければならない。したがって、**顧客の財務状況、ニーズ、投資目的**が全くわからない段階で、投資情報の提供、投資推奨を行ってはならない。

11. 正しい。**適合性の原則**は、プライベートバンキング業務に従事するプライベートバンカーが常に念頭に置いておくべき基本原則である。しかし、求められる**適合性**の考慮の度合いは、プライベートバンカーが属する業態や従事する業務の種類によって異なったものとなることは当然であり、一律にこの原則が適用になるわけではない。

12. 莫大な財産を持つ富裕層の顧客には、国債などの低リスク・低収益な金融商品よりも、外国企業が発行する外貨建ての仕組債や劣後債など、高リスク・高収益の金融商品の購入を推奨すべきである。

13. 金融機関に所属するプライベートバンカーは、個人で税理士資格を保有している場合に限り、顧客に対して相続税の節税に関する具体的な提案を行うことが許容される。

14. プライベートバンキング資格保有者が、日本証券アナリスト協会が定める職業行為基準に違反した場合、「PB職業倫理等審査委員会」の判断により懲戒処分を受けることがある。

12. 誤り。富裕層に属する顧客といっても、**顧客の置かれている現状**（家族構成、年齢など）、**財務状況**や**投資目的**は様々である。例えば、収益を生計費に充てるために投資を行う場合もあろうし、リスク分散のために投資を行う場合もある。したがって、ハイリスク・ハイリターンの投資を実行するだけの財産規模がある富裕層であっても、一概にそのような投資を推奨すべきとはいえない。場合によっては、安全な国債への投資を推奨することもあり得る。

13. 誤り。相続税の節税に関する具体的な提案は**税理士業務**に該当する可能性が極めて高い。ただし、税理士のような資格に基づく業務に関してプライベートバンカーには規制があり、プライベートバンカーは、資格・認可が必要とされる業務については、法の定める資格・認可を得ることなく、その業務を遂行してはならないものとされている。また、プライベートバンカーが金融機関に所属している場合、その提供するサービスは、金融機関が行ったものとして法律効果が発生するが、金融機関は税理士法人ではないため、税理士業務を行うことができない。したがって、個人で税理士資格を保有していたとしても、金融機関に所属するプライベートバンカーが、**相続税の節税に関する具体的な提案を行うことは禁止されることになる。**

14. 正しい。**懲戒処分**を受けると、①口頭又は文書による注意、②プライベートバンキング資格保有者が与えられている権利ないし優遇措置の停止、③プライベートバンキング資格登録の抹消などが行われる。

15. 証券会社のリテール部門に所属するプライベートバンカーが、会社から指示された「今月の推奨商品」を積極的に販売することによって（シナリオマーケティング）、顧客の投資目的に合わない商品を購入させてしまうことは、やむを得ないことである。

16. 顧客から、自ら経営する会社の非上場株式をM＆Aで売却してほしい相談を受けたとき、プライベートバンカーがM＆Aを仲介することがあるが、自分の知らない買手よりも知っている買手のほうが信頼できるから、自分の顧客である会社を買手候補として優先的に紹介し、売手と買手の双方の代理人として、しっかりと働くべきである。

15. 誤り。プライベートバンカーは、顧客の財務状況、ニーズ、投資対象及びポートフォリオ全体の基本的特徴など関連する要素を十分に考慮して、投資情報の提供、投資推奨の適合性と妥当性を検討し、顧客の投資目的に最も適合する投資が行われるよう、「常に」配慮しなければならない。したがって、証券会社が自社の利益を優先して、収益性の高い金融商品を「**今月の推奨商品**」と掲げて販売することは許されない。例えば、信託報酬率の高いアクティブ型投資信託、特別分配金に偏った毎月分配型REITに重点を置いて販売する行為は、プライベートバンカーの職業倫理規定に違反することになる。

16. 誤り。顧客の会社同士を引き合わせM&Aの仲介を行う場合、双方から手数料を受け取る可能性が高いが（両手取引）、双方より受領する行為は、顧客に対して提供した業務の対価として、顧客以外の第三者から報酬を受け取ることとなり、プライベートバンカーの職業倫理に違反する。それゆえ、**双方代理で仲介手数料を受け取ってはならない**。仮に売手又は買手のいずれか一方から手数料を受け取らなかったしても、プライベートバンカーが金融機関に所属しているならば、そのような利益相反行為は金融庁の検査対象となるため、**金融機関がM＆Aの仲介業務を行うことは現実的に不可能**である（したがって、片側だけの助言となる）。

第8章

参考資料

I ■ 税率表

[1] 所得税の税率表

課税される所得金額	税率	控除額
195万円以下	5%	――
330万円以下	10%	9.75万円
695万円以下	20%	42.75万円
900万円以下	23%	63.60万円
1,800万円以下	33%	153.60万円
4,000万円以下	40%	279.60万円
4,000万円超	45%	479.60万円

(注) 平成25年1月1日から平成49年12月31日までの間、復興特別所得税として2.1%上乗せされます。

[2] 住民税の税率表

課税される所得金額	税率
一律	10%

[3] 贈与税の税率表

右記以外の贈与			20歳以上で直系尊属からの贈与		
基礎控除後の課税価格	税率	控除額	基礎控除後の課税価格	税率	控除額
200万円以下	10%	─	200万円以下	10%	─
300万円以下	15%	10万円			
400万円以下	20%	25万円	400万円以下	15%	10万円
600万円以下	30%	65万円	600万円以下	20%	30万円
1,000万円以下	40%	125万円	1,000万円以下	30%	90万円
1,500万円以下	45%	175万円	1,500万円以下	40%	190万円
3,000万円以下	50%	250万円	3,000万円以下	45%	265万円
3,000万円超	55%	400万円	4,500万円以下	50%	415万円
			4,500万円超	55%	640万円

[4] 相続税の税率表

法定相続人の取得金額	税率	控除額
1,000万円以下	10%	─
3,000万円以下	15%	50万円
5,000万円以下	20%	200万円
1億円以下	30%	700万円
2億円以下	40%	1,700万円
3億円以下	45%	2,700万円
6億円以下	50%	4,200万円
6億円超	55%	7,200万円

II ■ 相続税額早見表

相続財産額 \ 相続人の基礎控除額 \ 税額	配偶者と子1人 4,200万円		子1人のみ 3,600万円
	相続税の総額	配偶者控除後	相続税の総額
5,000万円	80万円	40万円	160万円
1億円	770万円	385万円	1,220万円
1億5,000万円	1,840万円	920万円	2,860万円
2億円	3,340万円	1,670万円	4,860万円
2億5,000万円	4,920万円	2,460万円	6,930万円
3億円	6,920万円	3,460万円	9,180万円
3億5,000万円	8,920万円	4,460万円	1億1,500万円
4億円	1億920万円	5,460万円	1億4,000万円
4億5,000万円	1億2,960万円	6,480万円	1億6,500万円
5億円	1億5,210万円	7,605万円	1億9,000万円
5億5,000万円	1億7,460万円	8,730万円	2億1,500万円
6億円	1億9,710万円	9,855万円	2億4,000万円
6億5,000万円	2億2,000万円	1億1,000万円	2億6,570万円
7億円	2億4,500万円	1億2,250万円	2億9,320万円
7億5,000万円	2億7,000万円	1億3,500万円	3億2,070万円
8億円	2億9,500万円	1億4,750万円	3億4,820万円
8億5,000万円	3億2,000万円	1億6,000万円	3億7,570万円
9億円	3億4,500万円	1億7,250万円	4億320万円
9億5,000万円	3億7,000万円	1億8,500万円	4億3,070万円

Ⅱ 相続税額早見表

相続人の基礎控除額／相続財産額／税額	配偶者と子2人 4,800万円		子2人のみ 4,200万円
	相続税の総額	配偶者控除後	相続税の総額
5,000万円	20万円	10万円	80万円
1億円	630万円	315万円	770万円
1億5,000万円	1,495万円	748万円	1,840万円
2億円	2,700万円	1,350万円	3,340万円
2億5,000万円	3,970万円	1,985万円	4,920万円
3億円	5,720万円	2,860万円	6,920万円
3億5,000万円	7,470万円	3,735万円	8,920万円
4億円	9,220万円	4,610万円	1億920万円
4億5,000万円	1億985万円	5,493万円	1億2,960万円
5億円	1億3,110万円	6,555万円	1億5,210万円
5億5,000万円	1億5,235万円	7,618万円	1億7,460万円
6億円	1億7,360万円	8,680万円	1億9,710万円
6億5,000万円	1億9,490万円	9,745万円	2億2,000万円
7億円	2億1,740万円	1億870万円	2億4,500万円
7億5,000万円	2億3,990万円	1億1,995万円	2億7,000万円
8億円	2億6,240万円	1億3,120万円	2億9,500万円
8億5,000万円	2億8,495万円	1億4,248万円	3億2,000万円
9億円	3億870万円	1億5,435万円	3億4,500万円
9億5,000万円	3億3,245万円	1億6,623万円	3億7,000万円

相続財産額 \ 税額 / 相続人の基礎控除額	配偶者と子3人 5,400万円		子3人のみ 4,800万円
	相続税の総額	配偶者控除後	相続税の総額
5,000万円	0万円	0万円	20万円
1億円	525万円	263万円	630万円
1億5,000万円	1,330万円	665万円	1,440万円
2億円	2,435万円	1,218万円	2,460万円
2億5,000万円	3,600万円	1,800万円	3,960万円
3億円	5,080万円	2,540万円	5,460万円
3億5,000万円	6,580万円	3,290万円	6,980万円
4億円	8,310万円	4,155万円	8,980万円
4億5,000万円	1億60万円	5,030万円	1億980万円
5億円	1億1,925万円	5,963万円	1億2,980万円
5億5,000万円	1億3,800万円	6,900万円	1億4,980万円
6億円	1億5,675万円	7,838万円	1億6,980万円
6億5,000万円	1億7,550万円	8,775万円	1億8,990万円
7億円	1億9,770万円	9,885万円	2億1,240万円
7億5,000万円	2億2,020万円	1億1,010万円	2億3,490万円
8億円	2億4,270万円	1億2,135万円	2億5,740万円
8億5,000万円	2億6,520万円	1億3,260万円	2億7,990万円
9億円	2億8,770万円	1億4,385万円	3億240万円
9億5,000万円	3億1,020万円	1億5,510万円	3億2,500万円

〈参考文献〉

公益社団法人日本証券アナリスト協会編『プライベートバンキング（上巻・下巻）』（ときわ総合サービス㈱・2012年）

著者紹介

岸田　康雄（きしだ　やすお）

島津会計税理士法人 東京事務所長、事業承継コンサルティング株式会社代表取締役。
一橋大学大学院商学研究科修了（経営学及び会計学専攻）、国際公認投資アナリスト（日本証券アナリスト協会検定会員）、公認会計士、税理士、中小企業診断士、日本公認会計士協会経営研究調査会「事業承継専門部会」委員。
中央青山監査法人（PwC）にて金融機関の会計監査及び財務デュー・ディリジェンスに従事。その後、メリルリンチ日本証券、ＳＭＢＣ日興証券、みずほ証券に在籍し、オーナー系中小企業の相続対策から大企業のM&Aまで数多くの事業承継と組織再編をアドバイスした。現在は、年間50件を超える富裕層の相続税申告と相続生前対策コンサルティングを行っている。

【著書】
「図解ですっきり！信託＆一般社団法人を活用した相続対策ガイド」（中央経済社）、「金融機関・FP・PB・税理士のための事業承継・相続における生命保険活用ガイド」（清文社）、「相続生前対策完全ガイド」（中央経済社）、「会社売却（M＆A）の手続・評価・税務と申告実務」（清文社）、「M＆Aアドバイザリーガイド」（中央経済社）、「証券投資信託の開示実務」（中央経済社）など。

【本書に関するご質問】
■ 島津会計税理士法人東京事務所（日本橋相続税相談室）
　（フリーダイヤル）　0120-00-4679

【連絡先】
■ 島津会計税理士法人東京事務所（日本橋相続税相談室）
　〒103-0027 東京都中央区日本橋1-7-11日本橋東ビル6階
　☎03-3527-9981
　http://日本橋相続.東京.jp/
■ 事業承継コンサルティング株式会社
　〒103-0027 東京都中央区日本橋1-7-11日本橋東ビル6階
　☎03-3527-9033
　http://kishida-cpa.main.jp/

富裕層マーケットで勝つための新たな営業手法
プライベートバンキングの基本技術

2015年11月20日　発行

著　者	岸田　康雄 Ⓒ	
発行者	小泉　定裕	
発行所	株式会社 清文社	東京都千代田区内神田1-6-6（MIFビル） 〒101-0047　電話 03(6273)7946　FAX 03(3518)0299 大阪市北区天神橋2丁目北2-6（大和南森町ビル） 〒530-0041　電話 06(6135)4050　FAX 06(6135)4059 URL http://www.skattsei.co.jp/

印刷：大村印刷㈱

■著作権法により無断複写複製は禁止されています。落丁本・乱丁本はお取り替えします。
■本書の内容に関するお問い合わせは編集部までFAX（03-3518-8864）でお願いします。

ISBN978-4-433-56145-1